JN428663

Learn OpenCV 4 by Building Projects

프로젝트 예제로 배우는 OpenCV 4 제2판

David Millán Escrivá · Vinícius G. Mendonça · Prateek Joshi 지음

이은주 · 김기범 옮김

Build real-world computer vision and image processing applications with OpenCV and C++

Packt>

도서출판 홍릉

Learn OpenCV 4 by Building Projects, 2/Ed
by David Millán Escrivá, Vinícius G. Mendonça, Prateek Joshi

Copyright © Packt Publishing 2018.
First published in the English language under the title 'Learn OpenCV 4 by Building Projects -Second Edition- (9781789341225)'
Korean Translation Copyright © 2021 by HongReung Publishing co.
All rights reserved.

The Korean edition was published by arrangement with Packt Publishing Ltd. through Agency-One, Seoul.

프로젝트 예제로 배우는 OpenCV 4

인 쇄 : 2021년 5월 24일 초판 1쇄
발 행 : 2021년 5월 31일 초판 1쇄

역 자 : 이은주 · 김기범
발행인 : 송 준
발행처 : 도서출판 홍릉
주 소 : 01093 서울시 강북구 인수봉로 50길 10
등 록 : 1976년 10월 21일 제5-66호

전 화 : 02-999-2274~5
팩 스 : 02-905-6729
e-mail : hongpub@hongpub.co.kr
http://www.hongpub.co.kr
ISBN : 979-11-5600-861-3(93000)

정 가 : 29,000원

역자와의 협의하에 인지생략

낙장 및 파본은 구입처나 본사에서 교환하여 드립니다.

이 책의 한국어판 저작권은 에이전시 원을 통해 저작권자와의 독점 계약으로 도서출판 홍릉에 있습니다.
저작권법에 의해 한국 내에서 보호를 받는 저작물이므로 무단전재와 무단복제를 금합니다.

Learn OpenCV 4 by Building Projects

프로젝트 예제로 배우는 OpenCV 4 제2판

Build real-world computer vision and image processing applications with OpenCV and C++

역자소개

이은주

- 계명대학교 컴퓨터공학과 공학박사
- 계명대학교/한동대학교 시간강사
- 계명대학교 특성화창의인재팀 연구교수
- 현재 : 한양대학교ERICA 스마트융합공학부 조교수
  한양대학교서울 대학원 휴먼컴퓨터인터랙션학과 겸임
- 관심분야 : 지능형시스템, 컴퓨터비전, 딥 러닝

김기범

- 고려대 컴퓨터학과 학사
- 미국 일리노이대 컴퓨터과학과 석사
- 미국 버지니아공대 컴퓨터과학과 공학박사
- (전) 미국 모토로라 중앙연구소 연구원
- (전) 캐나다 퀸즈대 겸임교수
- (전) 일본 고지공대 조교수
- (전) 춘천교대 연구교수
- (전) 계명대 게임모바일공학과 조교수
- 현재 : 한양대 대학원 휴먼컴퓨터인터랙션학과
  ERICA 소프트웨어융합대학 ICT융합학부 부교수
- 연구분야 : 인간과컴퓨터상호작용(HCI), 가상증강현실(VR/AR), 인공지능, 컴퓨터비전

서문

OpenCV는 컴퓨터 비전 애플리케이션을 개발하는 데 가장 많이 사용되는 라이브러리 중 하나입니다. OpenCV를 통해 다양한 컴퓨터 비전 알고리즘을 실시간으로 실행할 수 있습니다. OpenCV는 수년 동안 사용되어 왔으며, 이 분야의 표준 라이브러리가 되었습니다. OpenCV의 주요 장점 중 하나는 거의 모든 컴퓨터 플랫폼에서 사용할 수 있도록 매우 최적화되어 있다는 것입니다.

이 책은 컴퓨터 비전의 다양한 분야에 사용되는 C++로 구현한 OpenCV 기능에 대한 입문서입니다. 각 장에는 사용 사례를 보여주는 실제 예제 코드 샘플들이 포함되어 있습니다. 이를 통해 주제를 쉽게 파악하고 실제로 어떻게 적용할 수 있는지를 이해할 수 있습니다. 따라서, 이 책은 C++ OpenCV 라이브러리 사용법 및 다양한 애플리케이션을 구축하는 방법에 대한 실용적인 안내서로 활용될 것입니다.

이 책은 누구를 위한 책입니까?

이 책은 C++로 OpenCV를 활용하여 컴퓨터 비전 애플리케이션을 개발하려는 OpenCV를 처음 접하는 개발자를 위한 책입니다. C++에 대한 기본 지식은 이 책을 이해하는 데 도움이 되겠지만 꼭 필요한 것은 아닙니다. 이 책은 특히 컴퓨터 비전을 시작하고 기본 개념을 이해하려는 사람들에게도 유용합니다. 벡터, 행렬, 행렬 곱셈과 같은 기본적인 수학적 개념을 알고 있으면 이 책을 보다 잘 활용할 수 있습니다. 이 책을 통해, 독자는 OpenCV를 사용하여 처음부터 다양한 컴퓨터 비전 애플리케이션을 구축하는 방법을 배울 수 있습니다.

이 책에서 다루는 내용은 무엇입니까?

1장, **OpenCV 시작하기**에서는 다양한 운영 체제에서의 OpenCV 설치 및 인간의 시각 시스템에 대한 소개와 컴퓨터 비전의 다양한 주제를 소개합니다.

2장, **OpenCV 기초**에서는 OpenCV에서 이미지 및 비디오를 읽고 쓰는 방법 및 CMake를 사용하여 프로젝트를 빌드하는 방법에 대해 설명합니다.

3장, **그래픽 사용자 인터페이스 배우기**에서는 대화형 애플리케이션을 구축하기 위해 그래픽 사용자 인터페이스와 마우스 이벤트 감지기를 구축하는 방법을 다룹니다.

4장, **히스토그램 및 필터**에서는 히스토그램 및 필터를 살펴보고 이미지를 만화화하는 방법을 보여줍니다.

5장, **자동 광학 검사, 객체 분할 및 감지**에서는 노이즈 제거, 임계값 및 윤곽선 분석과 같은 다양한 이미지 전처리 기술에 대해 설명합니다.

6장, **객체 분류**에서는 객체 인식 및 기계 학습을 다루고 SVM(Support Vector Machine) 알고리즘을 사용하여 객체 분류 시스템을 구축하는 방법을 설명합니다.

7장, **얼굴 부위 탐지와 마스크 오버레이**에서는 얼굴 부위 탐지 및 Haar 캐스케이드에 대해 논의하고 이 방법을 사용하여 사람 얼굴의 다양한 부분을 감지하는 방법을 설명합니다.

8장, **비디오 감시, 배경 모델링 및 모폴로지 연산**에서는 배경 제거, 비디오 감시 및 형태학적 이미지를 탐색하고 이들이 서로 결합되는 방법을 설명합니다.

9장, **객체 추적**에서는 색상 및 특성 기반 추적 기술을 사용하여 실시간 영상에서 객체를 추적하는 방법을 다룹니다.

10장, **텍스트 인식을 위한 분할 알고리즘**에서는 광학 문자 인식, 텍스트 분할, Tesseract OCR 엔진에 대해 소개합니다.

11장, **Tesseract를 활용한 텍스트 인식**에서는 Tesseract OCR 엔진이 텍스트 감지, 추출 및 인식에 사용되는 방법을 설명합니다.

12장, **OpenCV를 활용한 딥러닝**에서는 일반적으로 사용되는 두 가지 딥러닝 아키텍처(객체 감지용 YOLO v3 및 얼굴 감지용 Single Shot Detector)를 사용하여 OpenCV에서 딥러닝을 적용하는 방법을 살펴봅니다.

이 책을 최대한 활용하려면

C++에 대한 기본 지식은 이 책을 이해하는 데 도움이 될 것입니다. 예제는 다음 기술을 사용하여 작성되었습니다. OpenCV 4.0; CMake 3.3.x 이상 버전; Tesseract; Leptonica (Tesseract 사용을 위해 필요); Qt 및 OpenGL(선택 사항).

자세한 설치 지침은 관련 장에서 제공됩니다.

예제 코드 파일 다운로드

이 책에서 소개하는 예제 코드는 `www.packt.com`에서 다운로드받을 수 있습니다. 만약, 이 책을 다른 곳에서 구입한 경우 `www.packt.com/support`를 방문하여 등록 후 파일을 직접 e메일로 받을 수 있습니다.

다음 단계에 따라 코드 파일을 다운로드할 수 있습니다.

1. www.packt.com에 등록 후 로그인합니다.
2. **Support Home**을 클릭합니다.
3. **Code Downloads**의 **Go to Code Downloads**를 클릭합니다.
4. **Search Title**에 'Learn OpenCV 4 By Building Projects'를 입력하고 화면의 지시를 따릅니다.

파일이 다운로드되면 다음 압축 응용 프로그램 등을 사용하여 폴더의 압축을 해제하십시오.

- Windows용 WinRAR/7-Zip
- Mac용 Zipeg/iZip/UnRarX
- Linux용 7-Zip/PeaZip

책의 코드 번들은 GitHub의 `https://github.com/PacktPublishing/Learn-OpenCV-4-By-Building-Projects-Second-Edition`에서도 다운로드받을 수 있습니다. 코드에 대한 업데이트가 있는 경우 기존 GitHub 저장소에서 업데이트됩니다.

또한 `https://github.com/PacktPublishing/`에서 Packt 출판사가 제공하는 책들의 다양한 비디오 및 코드 번들도 제공받을 수 있습니다!

컬러 이미지 다운로드

이 책에 사용된 스크린 샷/다이어그램의 컬러 이미지를 담은 PDF 파일도 제공됩니다. 아래 웹페이지 링크에서 다운로드받을 수 있습니다:

`https://www.packtpub.com/ sites/default/files/downloads/9781789341225_ColorImages.pdf`.

실행 코드

다음 링크에서 코드실행 동영상을 확인할 수 있습니다.:

`http://bit.ly/2Sfrxgu`

사용된 글자 모양 규칙

이 책에서 전반적으로 사용되는 여러 가지 활자모양의 규칙은 다음과 같습니다.

`CodeInText`: 텍스트, 데이터베이스 테이블 이름, 폴더 이름, 파일 이름, 파일 확장자, 경로 이름, 더미 URL, 사용자 입력 및 Twitter 핸들의 코드 단어를 나타내는 활자입니다. 다음은 활자 사용 예입니다. '또한, 이 패키지를 설치하는 것은 선택 사항입니다. `opencv_contrib`를 설치하지 않아도 OpenCV가 제대로 작동합니다.'

코드 블록은 다음과 같이 설정됩니다:

```
// Load image to process
   Mat img= imread(img_file, 0);
```

```
    if(img.data==NULL){
        cout << "Error loading image "<< img_file << endl;
        return 0;
    }
```

코드 블록의 특정 부분에 대한 주의 집중이 필요할 때 관련 줄 또는 항목은 굵게 설정됩니다:

```
for(auto i=1; i<num_objects; i++){
    cout << "Object "<< i << " with pos: " << centroids.at<Point2d>(i) << " with area " << stats.at<int>(i, CC_STAT_AREA) << endl;
```

모든 명령 줄의 입력 또는 출력은 다음과 같이 작성됩니다.

```
C:> setx -m OPENCV_DIR D:OpenCVBuildx64vc14
```

Bold : 새로운 용어, 중요한 단어 또는 화면에 표시되는 내용을 표시할 때 사용됩니다. 예를 들어, 메뉴 또는 대화 상자의 단어는 다음 예와 같이 텍스트에 나타납니다. **'관리 패널에서 시스템 정보를 선택하십시오.'**

이 기호는 경고 또는 중요한 메시지를 나타냅니다.

이 기호는 팁과 요령을 나타냅니다.

연락하기

독자의 피드백은 언제나 환영합니다.

일반 피드백: 이 책에 대한 질문이 있는 경우 메시지 제목에 책 제목을 언급하고 customercare@packtpub.com으로 e메일을 보내주십시오.

정오표: 콘텐츠의 정확성을 보장하기 위해 많은 주의를 기울였습니다만, 혹시 이 책에서 실수를 발견하셨다면 저희에게 알려주시면 감사하겠습니다. www.packt.com/submit-errata를 방문하여 해당 책의 정오표 제출 양식 링크를 클릭한 다음, 세부 정보를 입력하시면 됩니다.

불법 복제: 인터넷에서 어떤 형태로든 불법 복제물을 발견하면 위치 주소나 웹사이트 이름을 copyright@packt.com으로 보내주시면 감사하겠습니다.

저자가 되고 싶은 경우 : 임의의 주제에 대해 전문 지식이 있고 책을 쓰거나, 기고하는 데 관심이 있다면 authors.packtpub.com을 방문하세요.

후기

이 책을 읽고 난 후에 구입한 사이트에서 후기를 남겨주세요. 새로운 독자는 귀하의 솔직한 의견을 보고 구매를 결정하는 데 도움받을 수 있으며, Packt에서는 책에 대한 귀하의 생각을 이해할 수 있으며, 저자는 독자 의견을 피드백 받을 수 있습니다. 감사합니다!

Packt에 대한 자세한 내용은 packt.com을 방문하십시오.

감사의 글

이 책을 번역하는 데 도움을 준 한양대 HCI 대학원 게임연구실 한상선, 김현규, 김지문 학생에게 감사를 표합니다. 그리고 여러 번 번역이 지연되었음에도 불구하고, 배려하고 기다려 주신 홍릉과학출판사 김기용 이사님께 깊은 감사를 드립니다.

차례

CHAPTER 1 OpenCV 시작하기

CHAPTER 2 OpenCV 기초

CHAPTER 3 그래픽 사용자 인터페이스 배우기

CHAPTER 10 텍스트 인식을 위한 분할 알고리즘

CHAPTER 11 Tesseract를 활용한 텍스트 인식

CHAPTER 12 OpenCV를 활용한 딥러닝

CHAPTER 1

OpenCV 시작하기

컴퓨터 비전 애플리케이션은 흥미롭고 유용하지만 근본적인 알고리즘들은 계산 집약적이었습니다. 하지만, 클라우드 컴퓨팅의 등장으로 인해 컴퓨터의 처리 능력이 향상되어 다시 관심을 얻고 있습니다.

OpenCV 라이브러리는 실시간으로 컴퓨터 비전 알고리즘을 효율적으로 실행할 수 있도록 합니다. OpenCV 라이브러리는 오랫동안 존재해왔고 컴퓨터 비전 분야의 표준 라이브러리가 되었습니다. OpenCV의 주요 장점 중 하나는 매우 최적화되어 있으며 거의 모든 플랫폼에서 사용할 수 있다는 것입니다.

이 책은 우리가 사용할 다양한 컴퓨터 비전 알고리즘을 보여주고 왜 그 알고리즘을 사용하는지, 그리고 어떻게 OpenCV에서 구현하는지를 다룹니다.

1장에서는 다양한 운영 체제에 OpenCV를 설치하는 방법을 알아볼 것입니다. 또한, OpenCV가 제공하는 기능이 무엇인지, 그 기능을 이용하여 무엇을 할 수 있는지 논의하고자 합니다.

이 장을 학습한 뒤, 여러분은 다음과 같은 질문들에 답할 수 있습니다:

- 인간은 어떻게 시각적 데이터를 처리하고 이미지 콘텐츠를 이해합니까?
- OpenCV로 무엇을 할 수 있고 이를 위해 사용할 수 있는 Open CV의 모듈은 무엇입니까?
- OpenCV를 Window, Linux 및 Mac OS X에 어떻게 설치합니까?

인간의 시각 시스템 이해하기

OpenCV의 기능들을 배우기에 앞서, 우리는 왜 그런 기능이 필요한지 이해할 필요가 있습니다. 인간의 시각 시스템이 어떻게 작동하는지 이해하는 것은 여러분이 적절한 알고리즘을 개발하기 위한 중요한 요소입니다.

컴퓨터 비전 알고리즘의 목표는 컴퓨터가 이미지와 동영상의 콘텐츠를 보고 쉽게 이해할 수 있도록 만드는 것입니다. 사람은 별 노력 없이 시각 정보를 이해하는 것 같은데 말이죠! 그렇다면 어떻게 기계가 인간과 같이 정확하게 정보를 이해할 수 있도록 만들까요?

다음 그림을 보겠습니다:

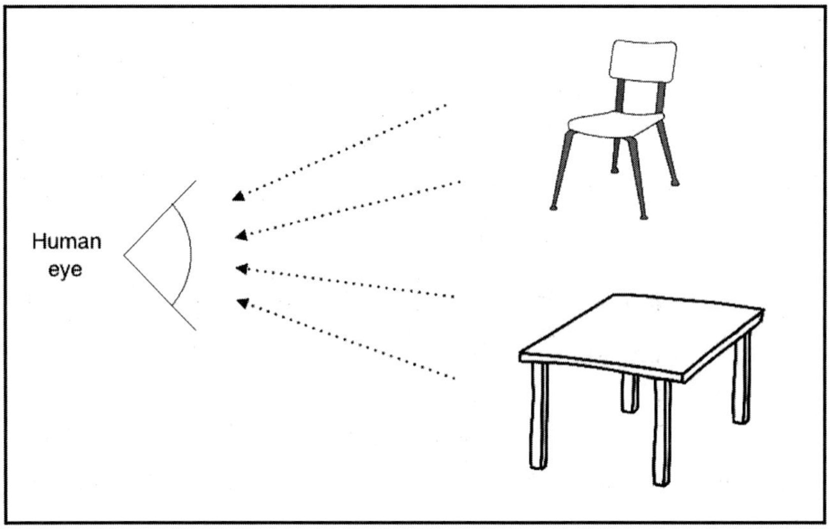

인간의 눈은 색, 모양, 빛 등 들어오는 모든 정보를 포착합니다. 위 그림에서, 인간의 눈은 두 개의 주요 물체에 대한 모든 정보를 포착하고 일정한 방법으로 저장합니다. 인간의 시각이 어떻게 작동하는지 이해한다면 우리는 이 사실을 이용하여 원하는 것을 얻을 수 있습니다.

예를 들어, 우리가 알아야 할 몇 가지 사항이 있습니다:

- 시각 시스템은 고주파 콘텐츠보다 저주파 콘텐츠에 더 예민합니다. 저주파 콘텐츠는 픽셀 값이 빠르게 변하지 않는 평면 영역을, 고주파 콘텐츠는 픽셀 값이 많이 변동하는, 모서리와 가장자리 영역을 예로 들 수 있습니다. 우리는 평평한 표면에 있는 얼룩은 쉽게 알아채지만, 거친 표면에 있는 얼룩 같은 것은 쉽게 알아채지 못합니다.
- 인간의 눈은 색의 변화보다 밝기의 변화에 민감합니다.
- 시각 시스템은 움직임에 민감합니다. 비록 시야의 가장자리에 있는 물체라도, 시야 안에서 무언가 움직이면 우리는 빠르게 인식할 수 있습니다.
- 우리는 시야에 있는 특징적인 점을 기억하는 경향이 있습니다. 여러분이 4개의 검은 다리를 가진 하얀 탁자와 테이블 표면의 한 모서리에 있는 빨간 점을 보고 있다고 가정합시다. 탁자를 볼 때, 탁자의 표면과 다리가 반대의 색을 가지고 있고 한 모서리에 빨간 점이 있다는 것을 기억하게 됩니다. 뇌는 이런 면에서 정말 똑똑합니다! 우리는 이러한 작업을 자동적으로 실행하게 되고, 다시 그 물체를 보게 되면 즉시 예전에 본 경험이 있다는 것을 떠올릴 수 있습니다.

시야각에 대한 이해를 돕기 위해서, 우리가 보는 다양한 것들의 각도를 위에서 내려다봅시다:

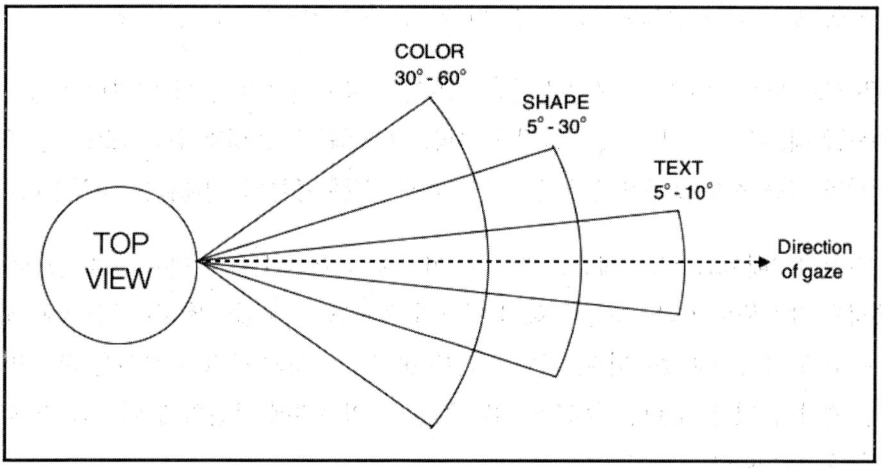

인간의 시각 시스템은 실제로 훨씬 더 많은 것을 할 수 있지만, 우리가 학습을 시작하기에는 이 정도로도 충분합니다. 이것에 관련된 더 자세한 사항은 인터넷에서 HVS (Human Visual System) 모델을 찾아보길 바랍니다.

인간은 어떻게 이미지 콘텐츠를 이해할까?

주변을 둘러보면 많은 물건을 볼 수 있습니다. 당신은 매일 많은 다른 물체들과 마주치고, 거의 즉각적으로 아무런 노력 없이 그 물건들을 인식하게 됩니다. 당신의 시선이 의자를 향했을 때, 그 물체가 의자라는 것을 깨닫기까지는 몇 분씩이나 기다릴 필요없이 곧바로 알게 됩니다.

반면에, 컴퓨터는 이런 일을 하기가 매우 어렵습니다. 그래서 연구자들은 왜 컴퓨터가 물체를 인식하는 작업에 우리만큼 능숙하지 않은지 알아내기 위해 수년 동안 연구해왔습니다.

이 질문의 답을 얻기 위해서는 인간이 어떻게 물체를 인식하는지 알아야 합니다. 시각 정보 처리는 내부적인 시각적 흐름에서 발생합니다. 내부적인 시각적 흐름이란 물체 인식과 관련한 인간의 시각 시스템의 경로를 말합니다. 이는 기본적으로 물체를 인식하는 작업을 돕는, 여러 계층으로 이루어진 뇌 안의 특정 영역을 의미합니다.

인간은 서로 다른 물체를 쉽게 인식할 수 있고, 유사한 물체들을 범주화할 수 있습니다. 물체를 볼 때, 우리의 뇌는 대상 물체의 방향, 크기, 원근, 조명과 같은 개별적인 요소들이 아니라, 포괄적으로 중요한 특징을 감지하여 같은 종류의 객체들을 구분합니다.

정상 크기의 2배이고 45도 회전한 의자도 여전히 의자입니다. 우리는 포괄적으로 중요한 특징을 감지하는 처리과정을 통해서 변형된 의자도 쉽게 알아볼 수 있습니다. 하지만 기계는 쉽게 인식하지 못합니다. 이는 인간은 물건의 모양과 중요한 특징을 바탕으로 기억하는 경향이 있기 때문에, 물건이 어떻게 놓여 있는지에 무관하게 여전히 그 물건을 알아볼 수 있습니다.

인간의 시각 시스템은 위치, 규모, 관점에 관하여 이러한 계층적 불변성을 구축하여 물건에 대한 지식을 견고하게 만듭니다. 시스템을 심층적으로 보면, 인간이 곡선 및 직선과 같은 모양에 반응할 수 있는 세포를 시각 피질에 가지고 있다는 것을 알 수 있습니다.

인간의 내부 시각 흐름을 더 살펴보면 나무나 문과 같은 더 복잡한 물체에 반응하도록 훈련된 더 복잡한 세포들이 있음을 알 수 있습니다. 내부 시각 흐름에 있는 뉴런들은 다른 부위에 비해 증가한 수용 영역의 크기를 보이는 경향을 보입니다. 이는 이 뉴런들이 선호하는 자극의 복잡성 증가와 연관되어 있습니다.

왜 기계는 이미지 콘텐츠를 이해하는 것이 어려울까?

우리는 이제 시각 데이터가 어떻게 인간의 시각 시스템에 들어가고 우리 시스템이 어떻게 처리하는지 이해할 수 있습니다. 하지만 문제는 아직 뇌가 어떻게 시각적 데이터를 인식하고 정리하는지 완전히 이해하지 못하고 있다는 점입니다. 기계 학습에선, 알고리즘을 이용하여 이미지에서 몇 개의 특징을 추출하고 컴퓨터에게 학습하도록 요청하면 됩니다. 그러기 위해 우리는 여전히 형상, 크기, 원근, 각도, 조명, 폐색 등과 같은 변형들을 처리할 필요가 있습니다.

예를 들어서, 기계는 같은 의자라도 다른 시점에서 보면 다른 물체로 인식합니다. 그러나 인간은 그것을 어떤 시점에서 보든 의자라는 사실을 쉽게 인식합니다. 그렇다면 우리는 어떻게 기계에게 다른 관점에서 보더라도 같은 의자라는 사실을 설명할 수 있을까요?

이를 위한 한 가지 방법은 물체의 크기, 각도, 관점 등을 포함한 모든 변형을 저장하는 것입니다. 그러나 이 과정은 번거롭고 시간이 많이 걸립니다. 또한, 실제로 모든 변형을 포괄할 수 있는 데이터를 수집하는 것은 불가능합니다. 시스템이 이러한 방식으로 물체들을 인식할 수 있는 모델을 만들기 위해서는 엄청난 양의 메모리와 많은 시간이 필요합니다.

이러한 작업을 모두 거친다고 해도, 물체의 일부가 가려져 있다면 시스템은 여전히 물체를 인식하지 못할 것입니다. 시스템은 가려진 물체를 전혀 다른 새로운 물체로 인식하기 때문입니다. 따라서 우리가 컴퓨터 비전 라이브러리를 제작할 때에는 복잡한 알고리즘을 만들기 위해 여러 가지 방법으로 결합될 수 있는 기본적인 기능 블록을 만들어야 합니다.

OpenCV는 이러한 많은 기능을 제공하며, 매우 최적화되어 있습니다. 우리가 OpenCV로 무엇을 할 수 있는지 이해한다면 흥미로운 애플리케이션을 만드는데 효과적으로 사용할 수 있을 것입니다.

그럼 다음 섹션에서 자세히 살펴봅시다.

OpenCV로 무엇을 할 수 있을까?

OpenCV를 이용한다면 거의 모든 컴퓨터 비전 작업을 수행할 수 있습니다. 문제는, 원하는 결과를 얻기 위해 많은 컴퓨터 비전 알고리즘과 모듈을 함께 사용해야 한다는 점입니다. 따라서 원하는 결과를 얻기 위해서 어떤 OpenCV 모듈과 함수를 사용해야 하는지 이해하면 됩니다.

그럼 OpenCV로 무엇을 할 수 있는지 알아보겠습니다.

내장된 자료 구조와 입/출력

OpenCV의 가장 좋은 점 중 하나는 컴퓨터 비전의 이미지 처리와 관련된 작업을 처리할 수 있는 내장된 기본 자료 구조를 제공한다는 점입니다. 만약 무언가를 완전한 기초부터 작업해야 한다면 `Image`(이미지), `Point`(점), `Rectangle`(직사각형) 등과 같은 기본 자료형들부터 새롭게 정의해야 할 것입니다. 이런 자료형들은 거의 모든 컴퓨터 비전 알고리즘에 필수적입니다.

OpenCV는 코어 모듈에 이런 모든 기본 구조를 곧바로 쓸 수 있도록 포함된 상태로 제공됩니다. 이런 구조들은 이미 속도와 메모리 효율 면에서 최적화되었기 때문에 사용자가 애플리케이션을 구현하는데 있어서 세부적인 사항은 걱정하지 않아도 된다는 점 또한 장점입니다.

`imgcodecs` 모듈은 이미지 파일의 읽기와 쓰기를 처리합니다. 입력한 이미지를 조작하여 새로운 사진을 생성할 때, 간단한 명령만으로 `.jpg` 혹은 `.png` 파일로 이미지를 저장할 수 있도록 해줍니다.

카메라로 작업할 때 또한 많은 비디오 파일을 다룰 것입니다. `videoio` 모듈은 비디오 파일의 입력과 출력에 관련된 모든 것을 처리합니다. 이 모듈을 이용하여 웹캠에서 비디오를 캡처하거나 다양한 형식의 비디오파일을 쉽게 읽을 수 있습니다. 심지어, 초당 프레임, 프레임 크기 등의 속성을 설정하여 다수의 프레임들을 비디오 파일로 저장할 수도 있습니다.

이미지 처리 작업

컴퓨터 비전 알고리즘을 사용할 때, 반복적으로 해야 할 기본적인 이미지 처리 작업들이 있습니다. 이 작업들을 위한 대부분의 기능들은 `imgproc` 모듈에 포함되어 있습니다. 이 모듈을 이용하면 이미지 필터링, 모폴로지 연산, 기하학적 변환, 색상 변환, 이미지 위에 그리기, 히스토그램, 형상 분석, 모션 분석, 특징 탐지 등의 다양한 작업을 할 수 있습니다.

다음 예제 사진들을 봅시다:

오른쪽 사진은 왼쪽 사진을 회전시킨 것입니다. OpenCV에서는 코드 한 줄만 사용하여 이러한 변화를 줄 수 있습니다.

또한, 모서리 탐지를 위한 구조화된 포레스트, 도메인 변환 필터, 적응형 매니폴드 필터 등과 같은 고급 이미지 처리 알고리즘을 포함하고 있는 `ximgproc`이라고 불리는 모듈도 있습니다.

GUI(사용자 인터페이스)

OpenCV는 높은 레벨의 사용자 인터페이스 작동을 처리하는 `highgui` 모듈을 제공합니다. 만약 여러분이 어떤 문제를 처리 중, 특정 단계로 진행하기 전에 이미지가 어떻게 표시되는지 확인하고 싶다고 가정해보겠습니다. 이 모듈에는 이미지 또는 비디오를 보여주는 창을 만드는데 사용할 수 있는 함수가 있습니다.

여러분이 키보드의 버튼을 누르기 전까지 다음 과정으로 넘어가지 않고 기다리는 함수도 있습니다. 또한, 마우스 이벤트를 감지하는 함수도 있습니다. 그래서 이 모듈은 인터랙티브한 애플리케이션을 개발하는데 매우 유용합니다.

이 함수들을 이용하여 윈도우에 사각형을 선택하고, 이 영역을 기준으로 작업을 진행할 수도 있습니다. 다음 그림을 살펴봅시다.

위의 그림에서, 사용자가 이미지 윈도우 상에 녹색 사각형을 그리면, 사각형의 좌표를 얻어서, 그 영역 안에서만 작업할 수 있습니다.

비디오 분석

비디오 분석은 비디오 내에 연속된 프레임들 사이의 움직임 분석, 비디오 내의 서로 다른 객체를 추적, 비디오 감시를 위한 모델 제작 등과 같은 작업을 포함합니다. OpenCV에서는 이 모든 기능을 처리할 수 있는 `video` 모듈을 제공합니다.

`Videostab`이라는 모듈은 비디오 안정화를 다룹니다. 일반적으로 카메라를 손에 들고 영상을 찍을 때 흔들림이 발생할 수 있습니다. 최근 장치들은 비디오 안정화 처리를 한 후 사용자에게 최종적으로 보여지도록 합니다.

3D 재구성

3D 재구성은 컴퓨터 비전에서 중요한 주제입니다. 2D 이미지로 구성된 이미지들 집합을 사용하여 관련 알고리즘을 적용해 3D 장면을 재구성하는 기술을 의미합니다. OpenCV는 `calib3d` 모듈에서 3D 위치를 계산하기 위해 2D 이미지들에 있는 다양한 물체들 사이의 공간적 관계를 찾는 알고리즘을 제공합니다.

이 모듈은 또한 카메라의 매개변수를 추정하는데 필수적인 카메라 보정을 처리할 수 있습니다. 이 매개변수들은 카메라 앞에 있는 장면을 어떻게 볼지 정의해줍니다. 알고리즘을 디자인하기 위해서는 이 매개변수를 이해해야 하는데, 그렇지 않으면 예상치 못한 결과를 얻게 될 것입니다.

다음 예제 그림을 봅시다:

위의 그림에서, 같은 물체를 여러 다른 위치에서 촬영하고 있습니다. 3D 재구성은 의자를 촬영한 2D 이미지들을 이용하여 원래 물체의 3D 모델을 재구성하는 것입니다.

특징 추출

앞서 논의한 바와 같이, 인간 시각 시스템은 나중에 기억하기 위해 주어진 장면에서 중요한 특징을 추출하는 경향이 있습니다. 이를 모방하기 위해서 사람들은 주어진 이미지에서 특징점을 추출할 수 있는 다양한 특징 추출기를 디자인했습니다. 인기 있는 알고리즘은 SIFT(Scale Invariant Feature Transform), SURF(Speeded Up Robust Features) 및 FAST(Features From Accelerated Segment Test)가 있습니다.

OpenCV의 `feature2d` 모듈은 특징을 탐지하고 추출하는 함수들을 제공합니다. `xfeature2d` 모듈은 몇 가지 특징 추출 함수를 더 제공하는데, 일부는 아직 실험단계입니다. 기회가 된다면 이 모듈들을 사용해 보는 것을 추천합니다.

또한, `bioinspired` 모듈은 생물학으로부터 영감을 얻은, 컴퓨터 비전 모델을 위한 알고리즘들을 제공합니다.

객체 탐지

객체 탐지는 주어진 이미지에서 객체의 위치를 탐지하는 작업을 말합니다. 이 과정에서 객체의 종류는 고려하지 않습니다. 만약 여러분이 의자 탐지기를 디자인한다면, 이미지에 있는 의자가 빨강색에 높은 등받침인지, 파랑색에 낮은 등받침인지 여러분에게 알려주지 않고 오직 의자의 위치만을 알려줍니다.

객체의 위치를 탐지하는 것은 많은 컴퓨터 비전 시스템에서 중요한 단계입니다. 다음 예제 그림을 봅시다:

만약 이 이미지에서 의자 탐지기를 실행한다면, 탐지기는 모든 의자 주변에 초록색 상자를 생성해줄 것입니다. 하지만 무슨 종류의 의자인지를 설명해주지는 않을 것입니다.

다양한 스케일의 객체 탐지를 수행하기 위해서는 계산량이 많기 때문에 계산 집약적인 작업이 필요하며 이를 해결하기 위한 방법으로 Paul Viola-Michael Jones이 2001년 논문에서 대단한 알고리즘을 발표했고, 다음에 링크된 웹페이지를 통해 그 내용을 확인할 수 있습니다: `https://www.cs.cmu.edu/~efros/courses/LBMV07/Papers/viola-cvpr-01.pdf`. 이들은 물체 종류에 영향을 받지 않는 객체 탐지를 디자인할 때 쓸 수 있는 신속한 방법을 제안했습니다.

OpenCV에서는 `objectect`와 `xobjectect` 모듈이 객체 탐지를 디자인하기 위한 프레임워크를 제공하고 있습니다. 선글래스나 부츠와 같은 임의의 물건을 탐지하는 탐지기를 개발할 때 이 모듈들을 사용할 수 있습니다.

기계 학습

기계 학습 알고리즘은 객체 인식, 이미지 분류, 얼굴 감지, 시각 검색 등을 위한 컴퓨터 비전 시스템을 구축하기 위해 광범위하게 사용됩니다.

OpenCV는 **베이지안 분류기**, **k-최근접 이웃 알고리즘**(KNN), **서포트 벡터 머신**(SVM), **결정 트리**, **신경망 네트워크** 등 많은 기계 학습 알고리즘을 포함하는 `ml` 모듈을 제공합니다.

또한, 대규모 데이터집합에서 가장 근접한 이웃을 빠르게 검색할 수 있는 알고리즘을 포함한 FLANN(Fast Approximate Nearest Neighbor Search Library) 모듈이 있습니다.

컴퓨터 사진 기법

컴퓨터 사진 기법이란 카메라로 찍은 이미지를 개선하기 위해 첨단 영상 처리 기법을 사용하는 것을 말합니다. 광학 작업이나 이미지 캡처 방법에 집중하는 대신, 컴퓨터 사진 기법은 시각 데이터를 조작하기 위한 애플리케이션들을 사용합니다. 이 애플리케이션들은 고화질 동적 범위 이미징, 파노라마 이미지, 이미지 재조명, 라이트 필드 카메라가 포함됩니다.

다음 예제 그림을 봅시다:

생생한 색감 좀 보세요! 이 사진은 고화질 동적 범위 이미징의 예시입니다. 이것은 전통적인 이미지 캡처 기법을 사용해서는 얻을 수 없는 사진입니다. 이러한 작업을 위해서는 같은 장면이지만 서로 다른 노출 수준으로 사진들을 촬영하고, 그 사진들을 같이 기록한 뒤 섞어야 합니다.

OpenCV의 `photo`와 `xphoto` 모듈은 컴퓨터 사진 기법과 관련된 다양한 알고리즘을 가지고 있습니다. 또한, `stitching` 모듈은 파노라마 이미지를 만들기 위한 알고리즘을 제공합니다.

위의 이미지는 다음 웹페이지 링크에서 확인할 수 있습니다:
`https://pixabay.com/en/hdr-high-dynamic-range-landscape-806260/`

모양 분석

모양의 개념은 컴퓨터 비전에서 중요합니다. 인간은 이미지에 있는 다양한 모양들을 인식함으로써 시각데이터를 분석합니다. 이것은 사실 많은 알고리즘에서 중요한 단계입니다.

예를 들어서, 이미지에 있는 특정 로고를 인식하려 한다고 가정해 봅시다. 우리는 로고가 다양한 모양, 방향, 크기로 나타날 수 있다는 것을 알고 있습니다. 물체가 가진 모양의 특성을 정량화하는 것이 하나의 좋은 시작 방법일 것입니다.

Shape 모듈은 다양한 모양들을 추출하고 얼마나 이들이 비슷한지 비교하거나, 물체의 모양을 변화하는 등의 작업에 필요한 모든 알고리즘을 제공합니다.

옵티컬 플로우 알고리즘

옵티컬 플로우 알고리즘은 비디오의 연속되는 프레임에서 특징을 추적하기 위해서 사용됩니다. 비디오에 있는 특정 물체를 추적하기 위해서, 특징 추출기를 매 프레임마다 다시 돌리는 것은 엄청난 연산량을 필요로 할 것이고, 이로 인해 작업 속도도 느려질 것입니다. 따라서 현재 프레임에서 특징을 추출한 뒤 이어지는 프레임에서 특징을 추적하는 것이 효율적입니다.

옵티컬 플로우 알고리즘은 컴퓨터 비전에서 비디오 기반 애플리케이션에 굉장히 많이 사용되고 있습니다. `optflow` 모듈은 옵티컬 플로우를 수행하는 데 필요한 모든 알고리즘을 포함하고 있습니다. 또한 `tracking` 모듈은 특징을 추적하는데 사용할 수 있는 알고리즘을 가지고 있습니다.

얼굴과 객체 인식

얼굴 인식은 주어진 이미지에서 사람을 식별하는 것을 말합니다. 주어진 이미지에서 단순히 얼굴의 위치만 추적하는 얼굴 탐지와는 다릅니다.

만약 카메라 앞에 있는 사람을 인식하는 실용적인 생체 인식 시스템을 개발하고 싶다면, 먼저 얼굴 탐지기를 실행하여 얼굴의 위치를 확인한 뒤, 얼굴 인식기를 실행하여 누구인지 식별할 필요가 있습니다. OpenCV에서는 `face` 모듈이 얼굴 인식에 대해서 다룹니다.

앞에서 이야기했듯이, 컴퓨터 비전은 인간이 시각 데이터를 인식하는 방법에 기초하여 알고리즘을 모델링하고 있습니다. 따라서 물체 인식, 물체 감지, 물체 추적 등 다양한 응용 분야에 도움을 줄 수 있는 가장 두드러진 특징 영역을 영상에서 찾는 것이 도움이 될 것입니다. `saliency` 모듈은 이를 위해서 디자인된 모듈입니다. 이 모듈은 비디오나 정적 이미지에서 가장 두드러진 특징 영역을 탐지하는 알고리즘들을 제공합니다.

표면 매칭

최근, 주변의 물체를 3D 구조로 캡처할 수 있는 장치들이 늘고 있습니다. 이런 장치들은 필수적으로 일반 2D 컬러 이미지와 함께, 깊이 정보를 캡처합니다. 따라서 3D 물체를 이해하고 처리할 수 있는 알고리즘을 만드는 것이 중요합니다.

마이크로소프트 **키넥트**는 비주얼데이터와 함께 깊이 정보를 캡처하는 장치의 한 예시입니다. 3D 물체 인식을 위해 해야 할 일은 데이터베이스에 있는 모델 중 하나와 맞추어

봄으로써 캡처된 3D 물체를 인식하는 것입니다. 만약 우리가 사물을 인식하고 위치를 파악할 수 있는 시스템을 가지고 있다면, 그 시스템은 많은 다른 애플리케이션에 사용될 수 있을 것입니다.

`surface_matching` 모듈은 3D 특징을 이용한 3D 물체 인식과 포즈 추정을 위한 알고리즘을 포함하고 있습니다.

텍스트 탐지 및 인식

주어진 장면에서 텍스트를 식별하거나 콘텐츠를 인식하는 것에 대한 중요도가 높아지고 있습니다. 이는 번호판 인식, 자가용 도로 표지판 인식, 콘텐츠 디지털화를 위한 책 스캔 등의 애플리케이션에 사용됩니다.

`text` 모듈은 텍스트 탐지와 인식 기능을 처리하는 다양한 알고리즘을 포함하고 있습니다.

딥러닝

딥러닝은 컴퓨터비전의 이미지 인식 분야에 큰 영향을 미치어 다른 기계 학습이나 인공지능 알고리즘보다 더 높은 수준의 정확도를 달성했습니다. 딥러닝은 새로운 개념이 아닙니다; 1986년 대중에게 소개되었으며, 2012년경 새로운 GPU 하드웨어가 병렬 연산에 최적화되고 CNN(Convolutional Neural Network)의 구현으로 복잡한 신경망 네트워크 아키텍처 훈련이 합리적인 시간 안에 가능해지면서 혁명적 발전이 일어났습니다.

딥러닝은 이미지 인식, 객체 탐지, 음성 인식, 자연어 처리 등 다양한 응용 사례에 적용할 수 있습니다. 3.4버전 이후, OpenCV는 딥러닝 알고리즘을 개발해오고 있고 최근 버전에서는 TensorFlow나 Caffe와 같은 중요한 프레임워크들이 추가되었습니다.

OpenCV 설치하기

그렇다면 OpenCV를 각 운영체제에 어떻게 설치하고 실행하는지 살펴보겠습니다.

Windows

미리 빌드된 라이브러리를 이용하여 OpenCV를 간편하게 설치할 수 있습니다. `opencv.org` 사이트에 접속해서 윈도우용 최신 버전을 다운로드하면 됩니다. 현재 버전은 4.5.2이며, OpenCV 홈페이지에서 다운로드할 수 있습니다. 설치를 진행하기 전에 관리자 권한을 가지고 있는지 확인해야 합니다.

다운로드된 파일은 실행 파일이므로 더블 클릭하여 설치를 시작합니다. 설치 프로그램은 설치할 내용 파일들을 설치 대상 폴더에 압축을 해제합니다. 사용자는 원하는 설치 경로를 선택할 수 있습니다.

이전 단계들을 모두 끝냈다면, OpenCV 환경 변수를 설정하고 시스템 경로에 추가하여 설치를 완료합니다. 우리는 OpenCV 라이브러리의 빌드 경로를 환경 변수에 설정할 것입니다. 이는 우리가 진행할 프로젝트에 사용될 것입니다.

윈도우 명령 프롬프트를 실행하여 다음 명령문을 입력합니다:

```
C:> setx -m OPENCV_DIR D:OpenCVBuildx64vc14
```

본 책에서는 64비트 컴퓨터에 Visual Studio 2015를 설치했다고 가정하고 설명하고 있습니다. 만약 Visual Studio 2012를 사용하고 있다면, 위의 명령문에서 `vc14` 대신 `vc11`으로 수정하면 됩니다. 지정된 경로는 OpenCV 바이너리 파일을 사용할 수 있는 곳이며, 경로 안에 `lib`와 `bin`이라는 두 개의 폴더가 있어야 정상입니다. Visual Studio 2018을 사용하는 경우 OpenCV를 처음부터 컴파일해야 합니다.

다음으로 `bin` 폴더의 경로를 시스템 경로에 추가해야 합니다. 이 작업은 우리가 DLL(Dynamic Link Library)의 형태로 OpenCV 라이브러리를 사용하기 위해 필요합니다. 기본적으로 여기에 모든 OpenCV 알고리즘이 저장되고 운영체제가 런타임에만 이를 로드할 것입니다.

해당 작업을 위해서는 운영체제가 라이브러리의 위치를 알아야 합니다. `PATH` 시스템 변수에는 DLL을 찾을 수 있는 모든 폴더 목록이 포함되어 있습니다. 따라서 이 PATH 시스템 변수 목록에 OpenCV 라이브러리의 경로를 추가할 필요가 있습니다.

왜 이 모든 작업이 필요할까요? 물론 설치 실행 파일 폴더에 필요한 DLL을 모두 복사하는 방법이 있지만 이는 불필요하게 들어가는 간접적 노력이고, 특히 많은 다른 프로젝트를 할 때에는 더욱 그렇습니다.

우리는 이 폴더를 추가하기 위해서 PATH 변수를 수정해야 합니다. Path Editor와 같은 소프트웨어를 이용하여도 됩니다. 이 프로그램은 다음 링크된 웹사이트에서 다운받을 수 있습니다: `https://patheditor2.codeplex.com`. 프로그램을 다운로드 받아 설치한 뒤, 실행해서 PATH 사용자 환경변수 값에 아래 항목을 추가하면 됩니다(PATH 변수 칸에 마우스 오른쪽 버튼을 클릭하여 'Insert New Item'을 클릭해도 됩니다):

```
%OPENCV_DIR%bin
```

새 항목을 등록하면, 설치 완료입니다!

Mac OS X

이 섹션에서는 Mac OS X에 OpenCV를 설치하는 방법을 살펴볼 것입니다. Mac OS X는 사전에 컴파일된 바이너리가 제공되지 않으므로 OpenCV를 처음부터 컴파일해야 합니다.

진행하기 앞서, 먼저 CMake를 설치해야 합니다. CMake가 설치되지 않았다면 다음 링크된 웹사이트에서 다운로드할 수 있습니다: `https://cmake.org/files/v3.12/cmake-3.12.0-rc1-Darwin-x86_64.dmg`. 파일 확장자는 `dmg`이므로 바로 설치하기를 실행하면 됩니다.

그 다음, `opencv.org`에서 최신 버전의 OpenCV를 다운로드합니다. 이 책에서 사용하는 버전은 4.0.0이고 다음 웹사이트 링크에서 다운로드할 수 있습니다: `https://github.com/opencv/opencv/archive/4.0.0.zip`. 원하는 경로의 폴더에 압축 풀기를 진행하면 됩니다.

또한 OpenCV 4.0.0은 `opencv_contrib`이라는 새로운 패키지를 추가하고 있지만 아직 안정적이지 않고 최신 컴퓨터 비전 알고리즘에서 자유롭게 상업적으로 사용할 수 없는 일부 알고리즘을 포함하고 있어서 유의해야 합니다. 이 패키지를 설치하는 것은 선택이며 꼭 설치하지 않아도 OpenCV는 정상적으로 작동합니다.

하지만 나중에 OpenCV에서 활용할 수 있도록 이 패키지를 설치하는 것을 권장합니다. 이 패키지는 새로운 알고리즘을 배우고 알고리즘을 익히는데 좋은 도구입니다. `opencv_contrib` 다운로드는 다음 링크된 웹사이트에서 가능합니다: `https://github.com/opencv/opencv_contrib/archive/4.0.0.zip`

다운로드한 압축파일을 원하는 폴더에 압축 해제하면 됩니다. 편의를 위해 OpenCV를 설치했던 폴더에 압축을 해제하여, `opencv-4.0.0`과 `opencv_contrib-4.0.0`이 같은 폴더에 위치하도록 하면 됩니다.

이제 OpenCV를 빌드할 준비가 되었습니다. 터미널 창을 열어 OpenCV 4.0.0의 압축을 푼 폴더로 이동합니다. 올바른 경로로 교체한 후 다음 명령어를 실행시킵시다:

```
$ cd /full/path/to/opencv-4.0.0/
$ mkdir build
$ cd build
$ cmake -D CMAKE_BUILD_TYPE=RELEASE -D
CMAKE_INSTALL_PREFIX=/full/path/to/opencv-4.0.0/build -D
INSTALL_C_EXAMPLES=ON -D BUILD_EXAMPLES=ON -D
OPENCV_EXTRA_MODULES_PATH=/full/path/to/opencv_contrib-4.0.0/modules ../
```

이제 OpenCV 4.0.0을 설치할 차례입니다. `/full/path/to/opencv-4.0.0/build` 디렉토리로 이동해서 다음 명령문을 실행시킵시다:

```
$ make -j4
$ make install
```

위의 명령문에서 `-j4` 플래그는 설치에 4코어를 사용하라는 지시입니다. 이 명령문으로 설치 속도를 올릴 수 있습니다! 이제 라이브러리 경로를 정할 차례입니다. 터미널에서

~/.profile 파일을 vi ~/.profile 명령문으로 연 뒤, 다음 명령문을 더합니다:

```
export
DYLD_LIBRARY_PATH=/full/path/to/opencv-4.0.0/build/lib:$DYLD_LIBRARY_PATH
```

우리는 opencv.pc에 있는 pkgconfig 파일을 /usr/local/lib/pkgconfig에 복사하고 opencv4.pc로 이름을 변경합니다. 만약 이미 OpenCV 3.x.x 버전을 설치했더라도 이 방법으로 충돌을 피할 수 있습니다. 이제 다음 명령을 실행합니다:

```
$ cp /full/path/to/opencv-4.0.0/build/lib/pkgconfig/opencv.pc
/usr/local/lib/pkgconfig/opencv4.pc
```

PKG_CONFIG_PATH 변수도 업데이트해야 합니다. ~/.profile 파일을 열고 다음 명령문을 추가합니다:

```
export PKG_CONFIG_PATH=/usr/local/lib/pkgconfig/:$PKG_CONFIG_PATH
```

다음 명령문을 이용하여 ~/.profile 파일을 다시 로드합니다:

```
$ source ~/.profile
```

이제 우리가 할 작업이 완료되었습니다! 다음 명령을 입력해 잘 작동하는지 확인해 봅시다:

```
$ cd /full/path/to/opencv-4.0.0/samples/cpp
$ g++ -ggdb `pkg-config --cflags --libs opencv4` opencv_version.cpp -o
/tmp/opencv_version && /tmp/opencv_version
```

만약 터미널 창에 Welcome to OpenCV 4.0.0이라는 글이 출력된다면 잘 설치된 것입니다. 앞으로 이 책 전반에 걸쳐 OpenCV 프로젝트들을 빌드하기 위해서 CMake를 이용할 것입니다. 2장, 'OpenCV 기초'에서 더 자세히 다룰 것입니다.

Linux

이번에는 우분투(Ubuntu)에서 OpenCV 설치하는 방법을 알아봅시다. 시작하기 전에 몇 가지 종속 항목을 설치해야 합니다. 터미널 창에서 다음 명령문을 실행하여 패키지 관리자를 통해 설치를 진행합시다:

```
$ sudo apt-get -y install libopencv-dev build-essential cmake libdc1394-22
libdc1394-22-dev libjpeg-dev libpng12-dev libtiff5-dev libjasper-dev
libavcodec-dev libavformat-dev libswscale-dev libxine2-dev
libgstreamer0.10-dev libgstreamer-plugins-base0.10-dev libv4l-dev
libtbbdev libqt4-dev libmp3lame-dev libopencore-amrnb-dev libopencore-
amrwb-dev libtheora-dev libvorbis-dev libxvidcore-dev x264 v4l-utils
```

종속 항목 설치가 완료되었다면 이제 OpenCV를 다운로드, 빌드, 설치합니다:

```
$ wget "https://github.com/opencv/opencv/archive/4.0.0.tar.gz" -O
opencv.tar.gz
$ wget "https://github.com/opencv/opencv_contrib/archive/4.0.0.tar.gz" -O
opencv_contrib.tar.gz
$ tar -zxvf opencv.tar.gz
$ tar -zxvf opencv_contrib.tar.gz
$ cd opencv-4.0.0
$ mkdir build
$ cd build
$ cmake -D CMAKE_BUILD_TYPE=RELEASE -D
CMAKE_INSTALL_PREFIX=/full/path/to/opencv-4.0.0/build -D
INSTALL_C_EXAMPLES=ON -D BUILD_EXAMPLES=ON -D
OPENCV_EXTRA_MODULES_PATH=/full/path/to/opencv_contrib-4.0.0/modules ../
$ make -j4
$ sudo make install
```

이제 opencv.pc에 있는 pkgconfig 파일을 /usr/local/lib/pkconfig에 복사하고, 그 이름을 opencv4.pc로 변경합니다:

```
$ cp /full/path/to/opencv-4.0.0/build/lib/pkgconfig/opencv.pc
/usr/local/lib/pkgconfig/opencv4.pc
```

설치가 완료되었습니다! 이제 명령줄에서 OpenCV 프로그램을 컴파일할 수 있게 되었습니다. 또한, OpenCV 3.x.x가 이미 설치 되어있더라도 충돌이 일어나지 않을 것입니다.

설치에 문제가 없는지 다음 코드를 통해 확인해 봅시다:

```
$ cd /full/path/to/opencv-4.0.0/samples/cpp
$ g++ -ggdb `pkg-config --cflags --libs opencv4` opencv_version.cpp -o
/tmp/opencv_version && /tmp/opencv_version
```

터미널 창에 Welcome to OpenCV 4.0.0라는 글이 출력된다면 잘 설치된 것입니다. 다음 장에서는 어떻게 Cmake를 이용하여 OpenCV 프로젝트를 빌드할 것인지 배울 것입니다.

요약

이번 장에서, 우리는 인간이 시각 데이터를 처리하는 시각 시스템에 대해서 알아보았습니다. 같은 시각 데이터 처리라도 인간에게는 쉬운데 기계에게는 왜 어려운지 그리고 컴퓨터 비전 라이브러리를 디자인할 때 무엇이 필요한지 설명했습니다.

우리는 OpenCV로 무엇을 할 수 있는지, 그리고 그 작업들을 완성하기 위해서 어떤 OpenCV 모듈을 사용할 수 있는지에 대해서 배웠습니다. 마지막으로 다양한 운영체제에서 OpenCV를 설치하는 방법에 대해 살펴보았습니다.

다음 장에서는 다양한 함수를 사용하여 이미지를 조작하는 방법과 이미지의 요소들을 수정할 수 있는 방법에 대해 논의할 것입니다. 또한 OpenCV 애플리케이션을 위한 프로젝트를 빌드하는 방법에 대해서 배워볼 것입니다.

CHAPTER 2

OpenCV 기초

1장, 'OpenCV 시작하기'에서 각종 운영체제 환경에 어떻게 설치할지를 다루었다면 이번 장에서는 OpenCV를 이용한 개발의 기초들을 소개하고자 합니다. 먼저 CMake를 이용하여 어떻게 프로젝트를 만들지 보여줄 것입니다. 기본적인 이미지 자료구조와 행렬을, 프로젝트 작업할 때 필요한 다른 자료구조와 함께 소개하겠습니다. 마지막으로 XML/YAML 관련 OpenCV 함수들을 이용하여 어떻게 변수와 데이터를 파일들에 저장하는지도 알아보겠습니다.

이 장에서 다룰 주제는 다음과 같습니다:

- CMake를 사용하여 프로젝트를 구성하는 방법
- 디스크로부터 이미지를 읽기/ 디스크에 이미지를 쓰기
- 카메라 장치에 접근하고 비디오를 읽기
- 중요 이미지 자료구조들(예: 행렬)
- 다른 중요하고 기본적인 자료구조들(예: 벡터와 스칼라)
- 기본적인 행렬 연산에 대한 입문
- XML/YAML 지속성 OpenCV API(Application Programming Interface)를 이용한 파일 저장 작업

기술적 요구사항

이 장을 이해하기 위해서는 기본 C++ 프로그래밍 언어에 익숙해야 합니다. 이 장에서

사용된 모든 코드는 다음 GitHub 링크에서 다운로드할 수 있습니다. https://github.com/PacktPublishing/Learn-OpenCV-4-By-Building-Projects-Second-Edition/tree/ master/Chapter_02. 다운로드 받은 코드는 모든 운영 체제에서 실행될 수 있지만, 우분투(Ubuntu) 운영체제에서만 테스트되었습니다.

다음 링크에서 코드실행 동영상을 확인할 수 있습니다: http://bit.ly/2QxhNBa

기본 CMake 구성 파일

프로젝트에 필요한 모든 종속 항목을 구성하고 점검하기 위해서 우리는 CMake를 사용합니다. 이 방법 외에 **Makefiles**이나 **Visual Studio**를 이용하여 구성하는 방법도 있습니다. 그러나 CMake를 이용하는 방식이 멀티플랫폼 C++ 프로젝트들을 구성하기 위해 좀 더 손쉬운 방법이므로 이 방법을 설명하겠습니다.

CMake는 컴파일과 종속성 프로세스가 정의된 `CMakeList.txt` 구성 파일을 사용합니다. 단일 소스 코드 파일에서 빌드된 실행 파일을 바탕으로 한 기본적인 프로젝트는 3줄로 구성된 CMakeList.txt만 있으면 됩니다. 파일은 다음과 같이 구성되어 있습니다:

```
cmake_minimum_required (VERSION 3.0)
project (CMakeTest)
add_executable(${PROJECT_NAME} main.cpp)
```

첫 번째 줄에서는 필요한 최소 CMake 버전을 정의합니다. 이 줄은 `CMakeLists.txt`에 필수적이며 특정 버전에 정의된 CMake의 기능을 이용할 수 있도록 허락해줍니다. 우리의 프로젝트는 최소 CMake 3.0 버전이 필요합니다. 두 번째 줄에서는 프로젝트 이름을 정의합니다. 프로젝트의 이름은 `PROJECT_NAME`이라는 변수에 저장됩니다.

마지막 줄은 `main.cpp` 파일에서 실행가능한 명령(`add_executable()`)을 만들어 우리 프로젝트와 같은 이름을 부여한 뒤, 소스코드를 2번째 줄의 프로젝트 이름과 동일한 CMakeTest이라는 이름의 실행파일로 컴파일합니다. `${ }`라는 표현은 우리 환경에서 정의된 변수라면 무엇이든 접근할 수 있게 해줍니다. 이를 이용하여 `${PROJECT_NAME}`

변수를 실행파일의 이름으로 사용할 수 있습니다.

라이브러리 생성하기

CMake는 OpenCV 빌드 시스템에서 사용할 라이브러리를 만들 수 있도록 해줍니다. 복수의 애플리케이션 간에 함께 사용될 코드를 분리하여 라이브러리로 공유하는 것은 소프트웨어 개발의 공통적이고 유용한 관행입니다. 큰 애플리케이션 작성이나 여러 애플리케이션에 공유되는 공통 코드가 있다면 이 관행은 매우 유용합니다. 이와 같은 경우 우리는 바이너리 실행 파일을 만들지 않고 대신 모든 기능과 클래스 등을 포함하는 컴파일 파일을 만듭니다.

CMake는 이 목적으로 `add_library`이라는 함수를 다음과 같이 포함합니다:

```
# Create our hello library
    add_library(Hello hello.cpp hello.h)

# Create our application that uses our new library
    add_executable(executable main.cpp)

# Link our executable with the new library
    target_link_libraries(executable Hello)
```

`#`으로 시작하는 줄은 CMake에서 무시됩니다. `add_library(Hello hello.cpp hello.h)` 명령문은 라이브러리의 소스 파일과 그 이름을 정의합니다. Hello는 라이브러리의 이름이고 `hello.cpp`와 `hello.h`는 소스 파일들입니다. 또한 Visual Studio와 같은 IDE가 링크할 수 있도록 헤더 파일을 추가합니다. 이 줄에서는 라이브러리 이름과 소스 파일 사이에 SHARED를 넣는지 STATIC 키워드를 넣는지에 따라서 공유 라이브러리 파일(Mac OS X와 Unix의 경우, `.so` 파일, Windows의 경우, `.dll` 파일) 혹은 정적 라이브러리 파일(Mac OS X와 Unix의 경우 `.a` 파일, Window의 경우 `.lib` 파일)을 생성합니다. `target_link_libraries(executable Hello)`는 원하는 라이브러리(우리의 경우 `Hello` 라이브러리)에 생성된 실행 파일을 링크하는 함수입니다.

종속 항목 관리하기

CMake는 종속 항목과 외부 라이브러리를 검색할 수 있어서 프로젝트의 외부 구성요소에 따라 복잡한 프로젝트를 빌드하고 몇 가지 요건도 추가할 수 있습니다.

이 책에서 가장 중요한 종속 항목은 당연히 OpenCV이고 모든 프로젝트에 아래와 같이 추가됩니다.

```
    cmake_minimum_required (VERSION 3.0)
    PROJECT(Chapter2)
# Requires OpenCV
    FIND_PACKAGE( OpenCV 4.0.0 REQUIRED )
# Show a message with the opencv version detected
    MESSAGE("OpenCV version : ${OpenCV_VERSION}")
# Add the paths to the include directories/to the header files
    include_directories(${OpenCV_INCLUDE_DIRS})
# Add the paths to the compiled libraries/objects
    link_directories(${OpenCV_LIB_DIR})
# Create a variable called SRC
    SET(SRC main.cpp)
# Create our executable
    ADD_EXECUTABLE(${PROJECT_NAME} ${SRC})
# Link our library
    TARGET_LINK_LIBRARIES(${PROJECT_NAME} ${OpenCV_LIBS})
```

이제 다음 스크립트 코드의 작동에 대해 이해해 봅시다:

```
cmake_minimum_required (VERSION 3.0)
cmake_policy(SET CMP0012 NEW)
PROJECT(Chapter2)
```

첫 번째 줄은 최소 CMake 버전을 정의합니다. 두 번째 줄은 CMake에게 맞는 숫자와 부울 상수를 역참조하지 않고 수월하게 인식하는 새로운 정책을 사용하라고 명령합니다.

이 정책은 CMake 2.8.0에서 처음 소개되었습니다. CMake 3.0.2에서는 정책이 설정되지 않으면 경고 메시지를 띄웁니다. 그리고 세 번째 줄처럼 프로젝트 이름을 설정한 후 아래와 같이 요구사항, 라이브러리, 그리고 종속 항목을 정의해야 합니다.

```
# Requires OpenCV
    FIND_PACKAGE( OpenCV 4.0.0 REQUIRED )
# Show a message with the opencv version detected
    MESSAGE("OpenCV version : ${OpenCV_VERSION}")
    include_directories(${OpenCV_INCLUDE_DIRS})
    link_directories(${OpenCV_LIB_DIR})
```

여기에서 OpenCV 종속 항목을 검색합니다. `FIND_PACKAGE` 함수는 종속항목과 필요한 최소 버전, 그리고 이 종속 항목들이 필요한지 아니면 선택적인지 알려줍니다. 이 간단한 스크립트에서 우리는 4.0.0 버전 이상의 OpenCV 패키지를 검색하고 그것이 필수 패키지임을 명시하였습니다.

> `FIND_PACKAGE` 명령문은 모든 OpenCV 하위 모듈을 포함하고 있지만 원한다면 응용 프로그램 사이즈를 더 작고 그리고 빠르게 실행하도록 최소한의 하위 모듈만 프로젝트가 포함하도록 하위 모듈의 범위를 지정할 수 있습니다. 예를 들어서 OpenCV 기본 타입과 핵심 기능만으로 작업한다면, 다음 명령어를 사용할 수 있습니다: `FIND_PACKAGE(OpenCV 4.0.0 REQUIRED core)`.

만약 CMake가 적절한 패키지를 찾지 못한다면 시스템은 오류를 보여주지만, 애플리케이션을 컴파일하는 작업을 멈추지는 않습니다. `MESSAGE` 함수는 터미널 창이나 CMake GUI에 메시지를 보여줍니다. 위의 스크립트 경우 다음과 같이 OpenCV 버전을 보여줍니다:

```
OpenCV version : 4.0.0
```

`${OpenCV_VERSION}`은 CMake가 OpenCV 패키지 버전을 저장하는 변수입니다. `include_directories()`와 `link_directories()`는 우리 환경에 지정된 라이브러리의

헤더와 디렉토리를 추가합니다. OpenCV CMake의 모듈은 ${OpenCV_INCLUDE_DIRS}와 ${OpenCV_LIB_DIR} 변수에 이 데이터를 저장합니다. 이 명령문들은 이미 시스템 환경에 디렉토리가 설정되어 있는 Linux와 같은 플랫폼에서 필요하지 않습니다. 하지만, 하나 이상의 OpenCV 버전을 가지고 있는 경우에는, 정확한 링크를 고르고 디렉토리를 포함하기 위해서 이 명령문을 사용하는 것을 권장합니다. 이제 개발한 소스를 추가할 차례입니다:

```
# Create a variable called SRC
    SET(SRC main.cpp)
# Create our executable
    ADD_EXECUTABLE(${PROJECT_NAME} ${SRC})
# Link our library
    TARGET_LINK_LIBRARIES(${PROJECT_NAME} ${OpenCV_LIBS})
```

위 명령문의 마지막 줄은 실행파일을 만들고 이전 섹션인 '라이브러리 생성하기'에서 본 것 같이 실행 파일과 OpenCV 라이브러리를 연결합니다. 이 코드 조각에는 SET이라는 새로운 함수가 있습니다. 이 함수는 새로운 변수를 만들고 우리가 필요한 값이라면 무엇이든 변수에 더해주는 함수입니다. 이 스크립트에서는 SRC 변수에 main.cpp 값을 통합합니다. 이를 통해서, 더욱 많은 값들을 같은 변수에 넣을 수 있습니다. 그 방법은 다음 스크립트에서 확인 가능합니다:

```
SET(SRC main.cpp
        utils.cpp
        color.cpp
)
```

복잡한 스크립트 작성하기

이 섹션에서 우리는 하위 폴더들, 라이브러리들, 그리고 실행파일들을 활용하는 복잡한 스크립트를 작성할 겁니다. 이 스크립트는 2개의 파일과 몇 줄의 코드를 활용합니다. 하나의 CMakeLists.txt에서 모든 것을 명시할 수 있기 때문에 여러 개의 CMakeLists.txt 파일을 만들 필요가 없습니다. 하지만, 융통성과 휴대성을 위해서 각 프로젝트 하위 폴더에 CMakeLists.txt를 만드는 것이 일반적입니다.

이 예시는 utils 라이브러리를 위한 하나의 폴더와 메인 실행파일을 가진 루트 폴더가 같이 있는 구조의 코드 폴더를 가지고 있습니다.

```
CMakeLists.txt
main.cpp
utils/
    CMakeLists.txt
    computeTime.cpp
    computeTime.h
    logger.cpp
    logger.h
    plotting.cpp
    plotting.h
```

다음으로, 2개의 CMakeLists.txt 파일을 하나는 루트 폴더에, 하나는 utils 폴더에 정의해야 합니다. 루트 폴더의 CMakeLists.txt는 다음 내용을 포함합니다:

```
    cmake_minimum_required (VERSION 3.0)
    project (Chapter2)

# Opencv Package required
    FIND_PACKAGE( OpenCV 4.0.0 REQUIRED )

#Add opencv header files to project
    include_directories(${OpenCV_INCLUDE_DIR})
    link_directories(${OpenCV_LIB_DIR})

# Add a subdirectory to the build.
```

```
    add_subdirectory(utils)

# Add optional log with a precompiler definition
    option(WITH_LOG "Build with output logs and images in tmp" OFF)
    if(WITH_LOG)
        add_definitions(-DLOG)
    endif(WITH_LOG)

# generate our new executable
    add_executable(${PROJECT_NAME} main.cpp)
# link the project with his dependencies
    target_link_libraries(${PROJECT_NAME} ${OpenCV_LIBS} Utils)
```

위 코드 중 대부분은 이전 섹션들에서 설명했고, 일부 설명하지 않는 함수에 대해서만 설명하겠습니다. `add_subdirectory()`는 CMake에게 지정된 하위폴더의 `CMakeLists.txt`를 분석하라고 명령합니다. 메인 `CMakeLists.txt` 파일에 대한 설명을 하기 전에, `utils` 폴더에 있는 `CMakeLists.txt` 파일에 대해서 설명하겠습니다.

`utils` 폴더에 있는 `CMakeLists.txt` 파일에서, 우리는 메인 프로젝트 폴더에 포함될 새로운 라이브러리를 추가합니다.

```
# Add new variable for src utils lib
    SET(UTILS_LIB_SRC
        computeTime.cpp
        logger.cpp
        plotting.cpp
    )

# create our new utils lib
    add_library(Utils ${UTILS_LIB_SRC})
# make sure the compiler can find include files for our library
    target_include_directories(Utils PUBLIC ${CMAKE_CURRENT_SOURCE_DIR})
```

위 CMake 스크립트 파일은 라이브러리에 포함된 모든 파일을 저장하는 장소인 UTILS_LIB_SRC 변수를 정의합니다. 동시에, add_library 함수로 라이브러리를 만들고, 메인 프로젝트가 모든 헤더 파일을 탐지할 수 있도록 target_include_directories 함수를 사용합니다. 이제 utils 하위폴더에서 벗어나 원래 작업하던 CMake 스크립트로 돌아가겠습니다. Option 함수는 약간의 주석이 포함된 새로운 변수를 생성합니다. 이 스크립트의 경우, WITH_LOG 변수가 생성됩니다. 이 변수는 ccmake 명령문 혹은 설명이 나타나는 CMake GUI 인터페이스, 그리고 사용자가 이 변수를 사용하거나 사용하지 않도록 설정하는 것을 통해 변경될 수 있습니다. 이 함수는 OpenCV가 그러한 것처럼, 로그를 활성화 또는 비활성화할지 결정하는 기능, Java로 컴파일할 것인지 혹은 Python으로 컴파일할 것인지 등의 다양한 컴파일할 때의 특성들을 사용자가 결정할 수 있게 해준다는 점에서 매우 유용합니다.

우리의 경우, 애플리케이션에 로그를 기록하는 로거(logger)를 활성화하기 위해 이 옵션을 사용합니다. 로거를 활성화하기 위해, 다음과 같은 pre-compiler 정의를 코드에 사용합니다:

```
#ifdef LOG
    logi("Number of iteration %d", i);
#endif
```

다음 로그 매크로는 함수 add_definitions(-DLOG)를 사용하여 CMakeLists.txt에 정의될 수 있습니다. 이 함수는 CMake 변수인 WITH_LOG와 간단한 조건문에 의해 실행되거나 숨겨질 수 있습니다:

```
if(WITH_LOG)
    add_definitions(-DLOG)
endif(WITH_LOG)
```

이제 어떤 운영체제에서나든 컴퓨터 비전 프로젝트를 컴파일하기 위한 CMake 스크립트 파일들을 만들 준비가 되었습니다. 간단한 프로젝트를 생성하기에 앞서 먼저 OpenCV 기초 내용을 학습하겠습니다.

이미지와 행렬

컴퓨터 비전에서 가장 중요한 자료구조는 당연히 이미지입니다. 컴퓨터 비전에서의 이미지는 디지털 장치로 포착한 물리적인 세상의 표현으로 정의될 수 있습니다. 아래 그림에서 오른쪽의 구 이미지는 행렬 형태로 이루어진 숫자의 연속으로 컴퓨터 비전의 이미지 자료구조로 저장됩니다. 행렬 안의 각 숫자는 고려된 파장(예: 컬러 이미지에서 적색, 녹색 또는 청색) 또는 파장의 범위(전색 장치의 경우)에 대한 빛의 강도를 측정한 값입니다. 이미지 속에 있는 점을 **픽셀**(pixel, 그림의 기본 단위)이라고 부르며, 하나 이상의 값을 저장합니다. 흑백 이미지(이진 이미지라고도 함)의 경우 0이나 1과 같이 하나의 값만을 저장하고, 그레이스케일 이미지는 두 가지 값, 컬러 이미지는 세 개의 값을 각 픽셀에 저장합니다. 이런 값은 보통 정수로 0에서 255사이입니다. 그러나 HDRI(High Dynamic Range Imaging) 또는 열 영상 같은 경우, 0과 1사이의 실수값을 저장하기도 합니다:

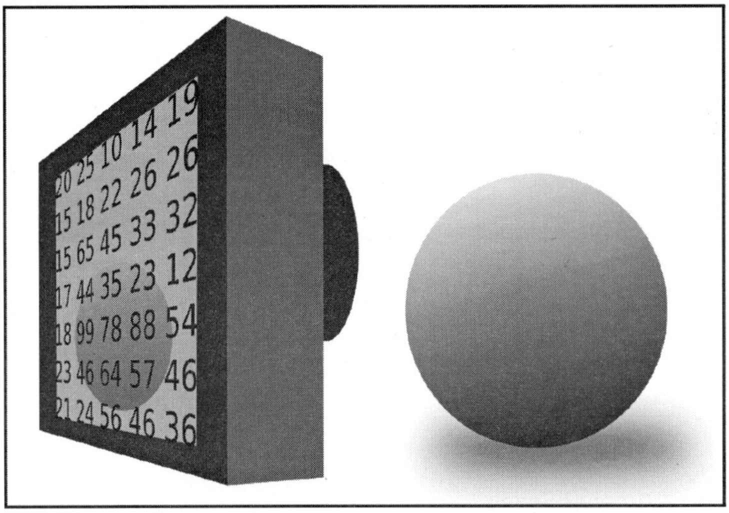

이미지는 각 픽셀들이 위치에 맞게 배치된 행렬 형식으로 저장되며, 각 픽셀은 열과 행의 숫자로 참조할 수 있습니다. OpenCV는 픽셀을 참조하기 위해 `Mat` 클래스를 사용할 수 있습니다. 그레이스케일 이미지의 경우, 다음 그림과 같이 단일 행렬로 표현합니다:

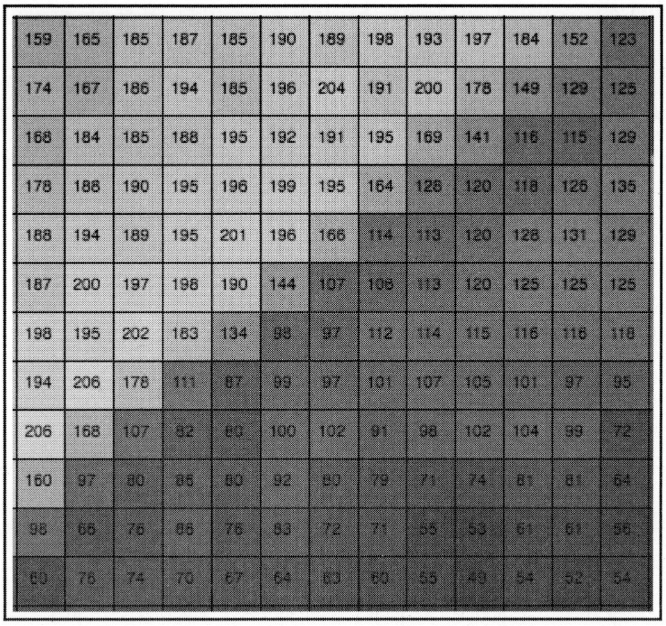

컬러 이미지의 경우, 다음 그림과 같이 (이미지의 가로 픽셀 수 * 이미지의 세로 픽셀 수 * 컬러 채널의 수)만큼의 행렬로 표현합니다.

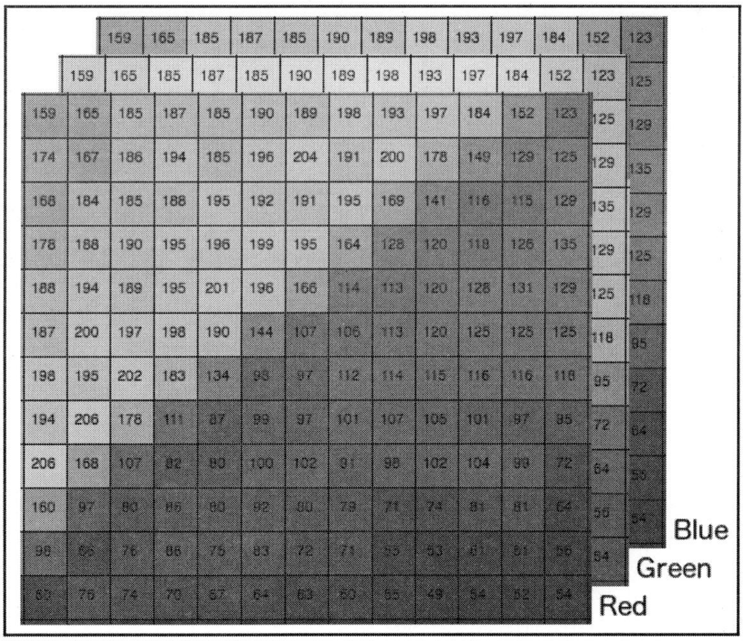

하지만 Mat 클래스는 이미지 자료뿐만 아니라 다른 자료 종류와 크기의 행렬을 저장할 수 있습니다. Mat 클래스는 대수 행렬 및 연산을 위한 기능도 제공하고 있습니다. 다음 섹션들에서는 행렬 덧셈, 곱셈, 대각화 등의 매우 중요한 연산들을 살펴볼 것입니다. 그 전에, 컴퓨터 메모리 내부적으로 어떻게 행렬이 저장되는지를 알아봅시다. 왜냐하면 OpenCV 함수로는 각 픽셀에 접근하는 것보다 메모리 슬롯에 접근하는 것이 항상 효율적이기 때문입니다.

메모리에서 행렬은 열과 행에 의해 정렬된 연속된 값, 혹은 값의 배열로 저장됩니다. 다음 표에서 BGR 이미지 형식의 픽셀 순서를 확인할 수 있습니다:

<table>
<tr><td colspan="9">Row 0</td><td colspan="9">Row 1</td><td colspan="9">Row 2</td></tr>
<tr><td colspan="3">Col 0</td><td colspan="3">Col 1</td><td colspan="3">Col 2</td><td colspan="3">Col 0</td><td colspan="3">Col 1</td><td colspan="3">Col 2</td><td colspan="3">Col 0</td><td colspan="3">Col 1</td><td colspan="3">Col 2</td></tr>
<tr><td colspan="3">Pixel 1</td><td colspan="3">Pixel 2</td><td colspan="3">Pixel 3</td><td colspan="3">Pixel 4</td><td colspan="3">Pixel 5</td><td colspan="3">Pixel 6</td><td colspan="3">Pixel 7</td><td colspan="3">Pixel 8</td><td colspan="3">Pixel 9</td></tr>
<tr><td>B</td><td>G</td><td>R</td><td>B</td><td>G</td><td>R</td><td>B</td><td>G</td><td>R</td><td>B</td><td>G</td><td>R</td><td>B</td><td>G</td><td>R</td><td>B</td><td>G</td><td>R</td><td>B</td><td>G</td><td>R</td><td>B</td><td>G</td><td>R</td><td>B</td><td>G</td><td>R</td></tr>
</table>

위 표와 같은 순서를 숙지한다면 우리는 다음 공식을 이용하여 어떤 픽셀에도 접근할 수 있습니다.

```
Value= Row_i*num_cols*num_channels + Col_i + channel_i
```

OpenCV의 함수들은 무작위 접근에 상당히 최적화되어 있습니다. 하지만 반복문 안에서 모든 픽셀에 접근해야 할 때, 메모리에 직접 접근하는 방식(포인터 산술 작업으로)이 더 효율적일 때가 있습니다.

이미지를 읽고 쓰기

행렬에 대한 소개에 이어서, OpenCV 코딩 기초를 배워봅시다. 우리가 배울 첫 번째 내용은 이미지를 읽고 쓰는 방법입니다:

```
#include <iostream>
#include <string>
#include <sstream>
using namespace std;

// OpenCV includes
#include "opencv2/core.hpp"
#include "opencv2/highgui.hpp"
using namespace cv;

int main(int argc, const char** argv)
{
    // Read images
    Mat color= imread("../lena.jpg");
    Mat gray= imread("../lena.jpg",CV_LOAD_IMAGE_GRAYSCALE);

    if(! color.data ) // Check for invalid input
    {
    cout << "Could not open or find the image" << std::endl ;
    return -1;
    }
        // Write images
        imwrite("lenaGray.jpg", gray);
        // Get same pixel with opencv function
        int myRow=color.cols-1;
        int myCol=color.rows-1;
        Vec3b pixel= color.at<Vec3b>(myRow, myCol);
        cout << "Pixel value (B,G,R): (" << (int)pixel[0] << "," <<
            (int)pixel[1] << "," << (int)pixel[2] << ")" << endl;
```

```
    // show images
    imshow("Lena BGR", color);
    imshow("Lena Gray", gray);
    // wait for any key press
    waitKey(0);
    return 0;
}
```

그럼 위의 코드가 어떻게 작동되는지 자세히 알아봅시다:

```
// OpenCV includes
#include "opencv2/core.hpp"
#include "opencv2/highgui.hpp"
using namespace cv;
```

먼저 샘플에 필요한 함수들의 선언을 포함시켜야 합니다. OpenCV가 제공하는 교차 플랫폼 I/O 함수들의 선언은 **core**와 **highgui**입니다(**core**에는 행렬과 같은 기본 이미지 데이터 처리를 포함하는 기본 클래스들이 포함되어 있습니다. **highgui**에는 이미지를 읽고, 쓰기 위한 그래픽 인터페이스 함수들이 포함되어 있습니다). 이제 이미지를 불러와 보겠습니다:

```
// Read images
Mat color= imread("../lena.jpg");
Mat gray= imread("../lena.jpg",CV_LOAD_IMAGE_GRAYSCALE);
```

imread는 이미지 읽기를 위한 핵심 함수입니다. 이 함수는 이미지를 불러와 행렬 형태로 저장합니다. **imread**는 두 가지 매개변수를 전달받습니다. 첫 번째 매개변수는 불러올 이미지 파일 이름을 스트링 타입으로 저장하고, 두 번째 매개변수는 옵션이며 지정하지 않으면 기본적으로 컬러 이미지 형식으로 불러옵니다. 두 번째 매개변수로 사용 가능한 옵션은 다음과 같습니다:

- cv::IMREAD_UNCHANGED: 입력 파일에 지정된 깊이가 있다면 16비트/32비트

이미지, 없다면 8비트 이미지로 변환하는 옵션입니다.

- `cv::IMREAD_COLOR`: 컬러 이미지(BGR, 부호 없는 8비트)로 항상 변환하는 옵션입니다.
- `cv::IMREAD_GRAYSCALE`: 그레이스케일 이미지(부호 없는 8비트)로 항상 변환하는 옵션입니다.

행렬로 된 이미지를 컴퓨터에 저장하기 위해 **imwrite** 함수를 사용합니다:

```
// Write images
imwrite("lenaGray.jpg", gray);
```

imwrite 함수의 첫 번째 매개변수는 우리가 원하는 확장자로 이미지를 저장하는 파일 이름입니다. 두 번째 매개변수는 저장하고자 하는 행렬 이미지입니다. 이 코드 샘플에서는 그레이스케일 이미지를 `.jpg` 포맷으로 저장합니다. 우리가 불러온 그레이스케일 이미지는 gray 변수에 저장됩니다:

```
// Get same pixel with opencv function
int myRow=color.cols-1;
int myCol=color.rows-1;
```

행렬의 `.cols`와 `.rows` 특성을 사용하여, 이미지의 행과 열(또는 너비와 높이)에 접근할 수 있습니다:

```
Vec3b pixel= color.at<Vec3b>(myRow, myCol);
cout << "Pixel value (B,G,R): (" << (int)pixel[0] << "," << (int)pixel[1]
<< "," << (int)pixel[2] << ")" << endl;
```

이미지의 한 픽셀에 접근하기 위해서 OpenCV Mat 클래스에서 템플릿 함수인 `cv::Mat:at<typenamet>(row,col)`을 사용합니다. 템플릿 매개변수는 내보내고자 하는 변수 타입입니다. 8비트 컬러 이미지의 타입은 세 개의 부호가 없는 문자 데이터를 저장하는 `Vec3b` 클래스입니다(Vec=벡터, 3=컴포넌트의 갯수, b=1바이트). 그레이스케일 이미지의 경우, uchar pixel=color.at<uchar>(myRow, myCol)과 같은, 이미지에 사용한 다른 숫자 형태 혹은 부호가 없는 문자를 직접적으로 사용할 수 있습니다. 마지막으로, imshow 함수를 이용하여 첫 매개변수로 된 제목으로 두 번째 매개변수의 이미지를 창에 띄웁니다:

```
// show images
imshow("Lena BGR", color);
imshow("Lena Gray", gray);
// wait for any key press
waitKey(0);
```

만약 애플리케이션이 대기하는 것을 중지하려면 waitKey 함수를 사용할 수 있습니다. 이 함수의 매개변수 중에서는 버튼 입력을 기다리는 시간으로 1000분의 1초 단위의 수를 받는 매개변수가 있습니다. 이 매개변수를 0으로 설정하면 버튼이 눌릴 때까지 기다리도록 설정할 수 있습니다.

위의 코드를 실행한 결과는 다음 이미지에서 확인 가능합니다. 왼쪽은 컬러 이미지이고 오른쪽은 그레이스케일 이미지입니다:

마지막으로, CMakeLists.txt 파일을 만들고 이 파일을 이용하여 코드를 컴파일하는 방법에 대해 알아보겠습니다.

다음 코드는 CMakeLists.txt 파일에 대해 설명하고 있습니다:

```
cmake_minimum_required (VERSION 3.0)
cmake_policy(SET CMP0012 NEW)
PROJECT(project)

# Requires OpenCV
FIND_PACKAGE( OpenCV 4.0.0 REQUIRED )
MESSAGE("OpenCV version : ${OpenCV_VERSION}")

include_directories(${OpenCV_INCLUDE_DIRS})
link_directories(${OpenCV_LIB_DIR})

ADD_EXECUTABLE(sample main.cpp)
TARGET_LINK_LIBRARIES(sample ${OpenCV_LIBS})
```

CMakeLists.txt 파일을 이용한 컴파일을 위해서는 다음 과정을 거쳐야 합니다:

1. build 폴더를 생성합니다.
2. build 폴더 안에서 CMake를 실행하거나, 윈도우에서 CMake GUI 앱을 열어서 source와 build 폴더들을 선택한 뒤, Configure 버튼과 Generate 버튼을 클릭합니다.
3. 만약 사용하고 있는 운영체제가 Linux나 Mac OS라면 평소와 같이 Makefile을 생성한 다음, make 명령어를 이용하여 프로젝트를 컴파일하면 됩니다. 만약 Windows를 사용하고 있다면 2단계에서 선택한 편집기를 사용하여 프로젝트를 오픈한 다음 컴파일하면 됩니다.

애플리케이션이 성공적으로 컴파일되었다면 실행할 수 있는 app이라는 이름의 실행 파일이 빌드 폴더에 생성됩니다.

비디오와 카메라를 읽기

이 섹션에서는 샘플 코드를 통해서 비디오와 카메라 읽기에 대해 배워보겠습니다. 이에 대해 설명하기 앞서 명령행 매개변수를 관리하는데 도움이 되는 새롭고 아주 유용한 클래스를 소개하고자 합니다. 이 클래스는 OpenCV 3.0 버전에서 소개된 CommandLineParser 입니다:

```
// OpenCV command line parser functions
// Keys accepted by command line parser
const char* keys =
{
    "{help h usage ? | | print this message}"
    "{@video | | Video file, if not defined try to use webcamera}"
};
```

CommandLineParser 클래스를 사용하기 위해서 첫 번째 해야 하는 일은, 우리에게 필요한 매개변수를 정의하거나 상수 char 벡터(여기에선 keys 상수)를 허용하는 작업입니다. 각 줄은 다음과 같은 패턴을 가지고 있습니다:

```
"{name_param | default_value | description}"
```

문자 @으로 시작할 수 있는 name_param은 입력 받을 매개변수를 정의해줍니다. 우리는 하나 이상의 name_param를 사용할 수 있습니다:

```
CommandLineParser parser(argc, argv, keys);
```

생성자는 main 함수의 입력 매개변수(int argc(명령 줄의 개수), const char** argv(명령 줄의 행렬))와 앞에서 정의한 keys 상수들을 받습니다:

```
//If requires help show
if (parser.has("help"))
{
```

```
    parser.printMessage();
    return 0;
}
```

parser.has 클래스 함수는 매개변수가 있는지 확인합니다. 이 스크립트에서는 사용자가 help 혹은 ? 매개변수를 더했는지 확인하고, 클래스 함수 parser.printMessage를 이용하여 매개변수에 대한 설명을 보여줍니다:

```
String videoFile= parser.get<String>(0);
```

parser.get<typename>(parameterName) 함수를 통해 입력받은 매개변수를 읽거나 접근할 수 있습니다. 위 코드를 통해서 입력받은 비디오 파일 이름을 가져옵니다:

```
// Check if params are correctly parsed in his variables
if (!parser.check())
{
    parser.printErrors();
    return 0;
}
```

필요한 모든 매개변수를 획득한 후, 이 매개변수들이 올바르게 변환되었는지 확인할 수 있고, 만약 매개변수들이 제대로 변환되지 않았으면 에러 메시지를 확인할 수 있습니다. 에러 메시지가 뜨는 경우의 예로는, 사용자가 숫자 대신 문자열을 입력하는 경우가 해당됩니다:

```
VideoCapture cap; // open the default camera
if(videoFile != "")
    cap.open(videoFile);
else
    cap.open(0);
if(!cap.isOpened()) // check if we succeeded
    return -1;
```

비디오 읽기와 카메라 읽기는 **VideoCapture** 클래스에서 처리됩니다. **VideoCapture** 클래스는 본래 이전 OpenCV 버전에서는 **highgui** 하위 모듈에 있었지만 현재는 **videoio** 하위 모듈에 속해 있습니다. **VideoCatprue** 인스턴스, cap을 생성하고 입력 명령줄 매개변수인 **videoFile** 변수가 파일이름을 가지고 있는지 확인합니다. 만약 **videoFile** 변수가 비어 있다면, 웹캠을 여는 것을 시도합니다. 만약 파일 이름을 가지고 있다면 비디오파일을 엽니다. 이를 위해서는 **open** 함수에 열고 싶은 비디오 파일이름이나 카메라 색인을 매개변수로 입력합니다. 만약 카메라를 하나만 가지고 있다면 **0**을 매개변수로 사용하면 됩니다.

비디오 파일 이름이나 카메라를 읽고 있는지 확인하기 위해서는 **isOpened** 함수를 사용하면 됩니다:

```
namedWindow("Video",1);
for(;;)
{
    Mat frame;
    cap >> frame; // get a new frame from camera
    if(frame)
        imshow("Video", frame);
    if(waitKey(30) >= 0) break;
}
// Release the camera or video cap
cap.release();
```

마지막으로 **nameWindow** 함수로 비디오의 프레임을 보여주는 창을 만듭니다. 그리고, 무한 반복하는 스크립트 안에서 비디오 프레임을 **>>** 연산자로 넘기고 다음 프레임을 검색하는데 성공한다면 **imshow** 함수로 다음 프레임을 볼 수 있습니다. 이 스크립트의 경우, 다음 프레임을 확인한 즉시 애플리케이션을 멈추지 않기 위해 **waitkey(30)** 명령문을 사용합니다. 이 명령문으로 30밀리초 동안 버튼 입력이 있는지 확인하고, 있다면 바로 애플리케이션을 멈춥니다.

카메라를 이용하여 다음 프레임을 기다리는 데 필요한 시간은 카메라 속도와 사용한 알고리즘 시간을 이용하여 계산됩니다. 예를 들어서, 카메라가 초당 20프레임으로 작동되고, 알고리즘 작동하는데 10밀리초를 사용한다고 가정합시다. 그럼 다음 프레임을 기다리는 시간은 40밀리초로, 40 = (1000/20)−10밀리 초와 같은 식으로 계산됩니다. 이 값은 다음 프레임이 버퍼에 있는지 확인하기 위한 충분한 시간을 고려하여 계산해야 합니다. 만약 카메라가 각 이미지를 촬영할 때 40밀리초가 걸리면서 10밀리초를 알고리즘 작동하는데 쓴다면, waitKey를 이용하여 30밀리초 동안 멈추어야 합니다. 왜냐하면 30밀리초의 waitKey와 10밀리초의 알고리즘 처리시간이 합쳐져서 다음 프레임에 접근하기 위한 시간(40밀리초)과 같아야 하기 때문입니다.

만약 사용자가 애플리케이션을 끝내고 싶다면, 아무 키나 누르고 release 함수를 이용하여 모든 비디오 리소스들을 해제하면 됩니다.

컴퓨터 비전 애플리케이션을 이용할 때, 모든 리소스를 해제하는 것은 중요한 작업입니다. 만약 해제하지 않으면, RAM 메모리가 모두 소비되어 버릴 수도 있습니다. `release` 함수를 이용해 행렬들을 메모리부터 모두 해제할 수 있습니다.

위 코드의 결과, BGR 포맷으로 비디오나 웹 캠이 찍는 실시간 영상을 보여주는 새 창을 만들 수 있게 되었습니다.

다른 기본적인 클래스들

앞의 섹션에서는 `Mat`과 `Vec3b` 클래스에 대해서 배웠습니다. 그러나 우리가 학습해야 하는 클래스들은 더 많이 있습니다.

이 섹션에서는 대부분의 프로젝트에 필요한, 기본적인 클래스를 소개합니다:

- Vec

- Scalar
- Point
- Size
- Rect
- RotatedRect

Vec 클래스

`Vec` 클래스는 주로 수학적인 벡터를 위한 템플릿 클래스입니다. 모든 자료형과 데이터 개수를 정의할 수 있습니다:

```
Vec<double,19> myVector;
```

다음과 같이 미리 정의된 유형 중 하나를 사용할 수 있습니다:

```
typedef Vec<uchar, 2> Vec2b;
typedef Vec<uchar, 3> Vec3b;
typedef Vec<uchar, 4> Vec4b;

typedef Vec<short, 2> Vec2s;
typedef Vec<short, 3> Vec3s;
typedef Vec<short, 4> Vec4s;

typedef Vec<int, 2> Vec2i;
typedef Vec<int, 3> Vec3i;
typedef Vec<int, 4> Vec4i;

typedef Vec<float, 2> Vec2f;
typedef Vec<float, 3> Vec3f;
typedef Vec<float, 4> Vec4f;
typedef Vec<float, 6> Vec6f;
```

```
typedef Vec<double, 2> Vec2d;
typedef Vec<double, 3> Vec3d;

typedef Vec<double, 4> Vec4d;
typedef Vec<double, 6> Vec6d;
```

다음과 같은 벡터 연산도 구현이 가능합니다:

```
v1 = v2 + v3
v1 = v2 - v3
v1 = v2 * scale
v1 = scale * v2
v1 = -v2
v1 += v2
```

다음과 같은 복합 대입 연산도 구현 가능합니다:

```
v1 == v2, v1 != v2
norm(v1) (euclidean norm).
```

Scalar 클래스

`Scalar` 클래스는 `Vec` 클래스를 상속받았으며 네 개의 원소를 가지고 있는 템플릿 클래스입니다. `Scalar` 자료형은 OpenCV에서 저장된 픽셀의 값을 참조하는데 쓰입니다.

`Vec`와 `Scalar` 값에 접근하기 위해서 `[ ]` 연산자를 사용합니다. `Scalar` 클래스는 다른 스칼라, 벡터 또는 하나씩 값을 할당하여 초기화할 수 있습니다:

```
Scalar s0(0);
Scalar s1(0.0, 1.0, 2.0, 3.0);
Scalar s2(s1);
```

Point 클래스

`Point` 클래스는 또 다른 매우 보편적인 템플릿 클래스입니다. 이 클래스는 x와 y로 특

정되는 2D점의 좌표를 정의합니다.

> 3D 점의 좌표를 지원하는 `Point3` 템플릿 클래스도 있습니다.

`Vec` 클래스와 같이, OpenCV는 편의를 위해 다음과 같이 `Point` 클래스 이름을 재정의합니다:

```
typedef Point_<int> Point2i;
typedef Point2i Point;
typedef Point_<float> Point2f;
typedef Point_<double> Point2d;
```

다음과 같이 좌표 연산이 정의되었습니다:

```
    pt1 = pt2 + pt3;
    pt1 = pt2 - pt3;
    pt1 = pt2 * a;
    pt1 = a * pt2;
    pt1 = pt2 / a;
    pt1 += pt2;
    pt1 -= pt2;
    pt1 *= a;
    pt1 /= a;
    double value = norm(pt); // L2 norm
    pt1 == pt2;
    pt1 != pt2;
```

Size 클래스

OpenCV에서 이미지 또는 사각형의 크기를 특정하는 데 널리 사용되는, 매우 중요한 템플릿 클래스가 있습니다. 바로 `Size` 클래스입니다. 이 클래스는 너비와 높이라는 두 멤버변수, 그리고 유용한 **area** 함수의 사용을 가능하게 해줍니다. 다음 샘플에서 크기를 이용하는 몇 가지 방법들을 소개하겠습니다:

```
Size s(100,100);
Mat img=Mat::zeros(s, CV_8UC1); // 100 by 100 single channel matrix
s.width= 200;
int area= s.area(); returns 100x200
```

Rect 클래스

Rect 클래스는 2D 사각형을 다음 매개변수로 정의하는 중요한 템플릿 클래스입니다:

- 좌측 상단 점의 좌표
- 사각형의 가로 및 세로 크기

다음과 같이 Rect 클래스는 이미지의 **관심영역**(ROI, region of interest)을 정의하는데 사용할 수 있습니다:

```
Mat img=imread("lena.jpg");
Rect rect_roi(0,0,100,100);
Mat img_roi=img(r);
```

RotatedRect 클래스

마지막으로 소개할 유용한 클래스는 **RotatedRect**라고 불리는 특별한 사각형을 표현하는 클래스입니다. 이 클래스는 중심점, 너비, 높이 그리고 회전 각도로 지정되는 회전된 사각형을 보여줍니다:

```
RotatedRect(const Point2f& center, const Size2f& size, float angle);
```

이 클래스에는 흥미로운 **boundingBox** 함수가 있습니다. 이 함수는 회전된 사각형을 포함하는 **Rect**를 반환합니다:

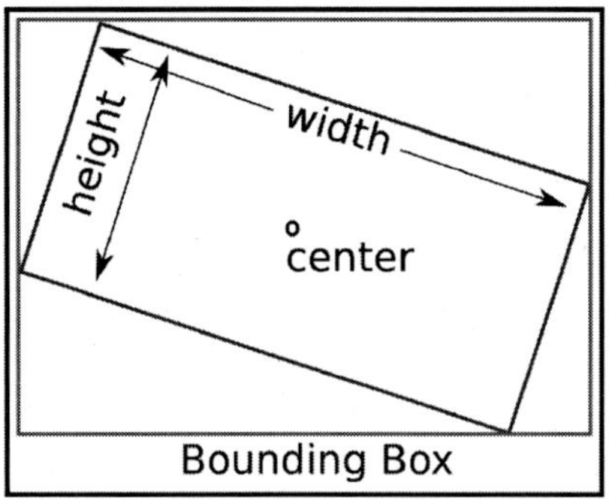

기본적인 행렬 연산자들

이 섹션에서는 이미지 행렬 데이터에 적용할 수 있는 기본적이지만 중요한 행렬 연산에 대해서 배워보겠습니다. 우리는 이미지를 불러와서 `Mat` 변수에 저장하는 방법에 대해 배웠습니다. 여기에 더해, 직접 `Mat` 변수를 만들 수도 있습니다. 가장 보편적인 생성자는 행렬에 크기와 타입을 다음과 같이 지정합니다:

```
Mat a= Mat(Size(5,5), CV_32F);
```

이 생성자를 다음과 같은 방식으로 사용하면, 데이터를 복사하지 않고도 타사 라이브러리에 저장된 버퍼와 연결되는 새로운 행렬을 만들 수 있습니다: `Mat(size, type, pointer_to_buffer)`

채널수와 저장하고자 하는 숫자의 타입에 따라서 지원되는 자료형이 결정됩니다. 가장 보편적으로 지원하는 형식은 다음과 같습니다:

```
CV_8UC1
CV_8UC3
CV_8UC4
CV_32FC1
CV_32FC3
CV_32FC4
```

CV_number_typeC(n)을 이용하여 모든 종류의 행렬을 만들 수 있습니다. CV_number_typeC(n)에서 number_type은 8비트의 unsigned int에서 64비트의 부동소수점까지 입력이 가능하고, (n)은 채널수입니다. 채널수는 1과 CV_CN_MAX 사이의 값을 입력할 수 있습니다.

초기값은 설정해주지 않기 때문에 원치 않는 값을 얻을 가능성이 있습니다. 이를 피하기 위해서 각 함수를 이용하여 **0** 혹은 **1** 값을 가진 행렬로 초기화할 수 있습니다:

```
Mat mz= Mat::zeros(5,5, CV_32F);
Mat mo= Mat::ones(5,5, CV_32F);
```

앞의 코드를 실행한 결과는 다음과 같습니다:

```
[0, 0, 0, 0, 0;    [1, 1, 1, 1, 1;
 0, 0, 0, 0, 0;     1, 1, 1, 1, 1;
 0, 0, 0, 0, 0;     1, 1, 1, 1, 1;
 0, 0, 0, 0, 0;     1, 1, 1, 1, 1;
 0, 0, 0, 0, 0]     1, 1, 1, 1, 1]
```

특별한 행렬 초기화는 eye 함수로 특정 타입과 크기의 단위 행렬을 만들 수 있습니다:

```
Mat m= Mat::eye(5,5, CV_32F);
```

결과는 다음과 같습니다:

```
[1, 0, 0, 0, 0;
 0, 1, 0, 0, 0;
 0, 0, 1, 0, 0;
 0, 0, 0, 1, 0;
 0, 0, 0, 0, 1]
```

모든 행렬 연산자는 OpenCV의 **Mat** 클래스에서 사용 가능합니다. 다음 코드 조각에 나온 바와 같이 크기가 같은 두 행렬들에 대해서 +와 – 연산자를 이용하여 덧셈과 뺄셈

이 가능합니다:

```
Mat a= Mat::eye(Size(3,2), CV_32F);
Mat b= Mat::ones(Size(3,2), CV_32F);
Mat c= a+b;
Mat d= a-b;
```

위 코드의 결과는 다음과 같이 확인 가능합니다:

$$\begin{matrix}[1, 0, 0; \\ 0, 1, 0]\end{matrix} + \begin{matrix}[1, 1, 1; \\ 1, 1, 1]\end{matrix} = \begin{matrix}[2, 1, 1; \\ 1, 2, 1]\end{matrix}$$

$$\begin{matrix}[1, 0, 0; \\ 0, 1, 0]\end{matrix} - \begin{matrix}[1, 1, 1; \\ 1, 1, 1]\end{matrix} = \begin{matrix}[0, -1, -1; \\ -1, 0, -1]\end{matrix}$$

* 연산자를 이용한 스칼라에 대한 곱셈과 **mul** 함수를 이용한 행렬의 각 원소에 대한 곱셈이 가능합니다. 또한 행렬간의 곱셈도 가능합니다. 다음 코드에서 확인할 수 있습니다:

```
Mat m1= Mat::eye(2,3, CV_32F);
Mat m2= Mat::ones(3,2, CV_32F);
// Scalar by matrix
cout << "nm1.*2n" << m1*2 << endl;
// matrix per element multiplication
cout << "n(m1+2).*(m1+3)n" << (m1+1).mul(m1+3) << endl;
// Matrix multiplication
cout << "nm1*m2n" << m1*m2 << endl;
```

위 코드의 결과는 다음과 같습니다:

$$\begin{bmatrix}1, 0, 0;\\ 0, 1, 0\end{bmatrix} * 2 = \begin{bmatrix}2, 0, 0;\\ 0, 2, 0\end{bmatrix}$$

$$\begin{bmatrix}2, 1, 1;\\ 1, 2, 1\end{bmatrix} .* \begin{bmatrix}4, 3, 3;\\ 3, 4, 3\end{bmatrix} = \begin{bmatrix}8, 3, 3;\\ 3, 8, 3\end{bmatrix}$$

$$\begin{bmatrix}1, 0, 0;\\ 0, 1, 0\end{bmatrix} * \begin{bmatrix}1, 1;\\ 1, 1;\\ 1, 1\end{bmatrix} = \begin{bmatrix}1, 1;\\ 1, 1\end{bmatrix}$$

다른 수학적이며 보편적인 행렬 연산은 **치환**과 **역행렬**입니다. 치환은 `t()` 함수로, 역행렬은 `inv()` 함수로 정의됩니다. OpenCV는 행렬 내 배열 연산이라는, 또다른 흥미로운 연산을 위한 함수들을 제공합니다. 예를 들자면 `0`이 아닌 원소의 수를 세는 함수 등이 있습니다. 이 함수는 객체의 영역이나 픽셀의 수를 셀 때 유용합니다:

```
int countNonZero(src);
```

또한, OpenCV는 통계 함수를 제공합니다. 각 채널에 따른 평균과 표준편차들은 `meanStdDev` 함수로 계산할 수 있습니다:

```
meanStdDev(src, mean, stddev);
```

또다른 통계 함수로는 `minMaxLoc`이 있습니다. 이 함수는 행렬 또는 배열의 최솟값과 최댓값을 찾고, 그 위치와 값을 반환합니다:

```
minMaxLoc(src, minVal, maxVal, minLoc, maxLoc);
```

위 코드에서 `src`는 입력 행렬, `minVal`과 `maxVal`은 탐지된 double 값, `minLoc`과 `maxLoc`은 발견된 `Point` 값들입니다.

> 다른 기본적이고 유용한 함수들에 대해서 더 알고 싶다면 다음 링크를 참고하면 됩니다:
>
> `http://docs.opencv.org/modules/core/doc/core.html`

기본적인 데이터의 영속과 저장

이 장을 마무리하기 전에 데이터를 저장하고 읽기 위한 OpenCV 함수들에 대해 공부해 보겠습니다. 보정(Calibration)이나 기계 학습과 같은, 많은 애플리케이션들에서 계산을 마무리할 때에는 그 결과를 저장하고 데이터를 후속 작업에 사용할 수 있도록 해야 합니다. OpenCV는 계산 후, 이 작업을 위해 XML/YAML 지속성 계층을 제공합니다.

FileStroage에 기록하기

OpenCV 데이터나 다른 수적 데이터들을 기록하기 위해서, STL 스트리밍과 같은 스트리밍 << 연산자를 이용한 **FileStorage** 클래스를 사용하면 됩니다:

```
#include "opencv2/opencv.hpp"
using namespace cv;

int main(int, char** argv)
{
    // create our writer
    FileStorage fs("test.yml", FileStorage::WRITE);
    // Save an int
    int fps= 5;
    fs << "fps" << fps;
    // Create some mat sample
    Mat m1= Mat::eye(2,3, CV_32F);
    Mat m2= Mat::ones(3,2, CV_32F);
    Mat result= (m1+1).mul(m1+3);
    // write the result
    fs << "Result" << result;
    // release the file
    fs.release();

    FileStorage fs2("test.yml", FileStorage::READ);

    Mat r;
```

```
    fs2["Result"] >> r;
    std::cout << r << std::endl;

    fs2.release();

    return 0;
}
```

데이터를 저장할 파일 저장소를 만들기 위해서는 경로 파일이름을 원하는 확장자(XML 혹은 YAML)로 구성한 첫 번째 매개변수와 쓰기로 설정한 두 번째 매개변수를 사용한 생성자만 호출하면 됩니다:

```
FileStorage fs("test.yml", FileStorage::WRITE);
```

만약 데이터를 저장하고 싶다면 첫 부분에 식별자를 제공하여 스트림 연산자를 사용하고, 뒷부분에는 저장하고 싶은 행렬 또는 값을 두면 됩니다. `int`형 변수를 저장하고 싶다면, 다음 코드들만 입력하면 됩니다:

```
int fps= 5;
fs << "fps" << fps;
```

다른 방법으로, 아래와 같이 `mat`에 쓰거나 저장하는 방법도 있습니다:

```
Mat m1= Mat::eye(2,3, CV_32F);
Mat m2= Mat::ones(3,2, CV_32F);
Mat result= (m1+1).mul(m1+3);
// write the result
fs << "Result" << result;
```

앞 코드의 결과는 아래와 같은 YAML 형식이 됩니다:

```
%YAML:1.0
fps: 5
Result: !!opencv-matrix
    rows: 2
    cols: 3
    dt: f
    data: [ 8., 3., 3., 3., 8., 3. ]
```

이전에 저장한 파일을 저장소로부터 읽는 과정은 **save** 함수와 매우 비슷합니다:

```
#include "opencv2/opencv.hpp"
using namespace cv;

int main(int, char** argv)
{
    FileStorage fs2("test.yml", FileStorage::READ);
    Mat r;
    fs2["Result"] >> r;
    std::cout << r << std::endl;

    fs2.release();

    return 0;
}
```

먼저, 적절한 매개변수, 경로, 그리고 FileStorage::READ를 이용하여 FileStorage 생성자와 함께 저장한 파일을 열어야 합니다:

```
FileStorage fs2("test.yml", FileStorage::READ);
```

어떤 형태이든 저장된 변수를 읽기 위해서는 FileStorage 객체와 [ ] 연산자에 쓰인 식별자를 이용하여 보편적인 스트림 연산자 >>에만 적용하면 됩니다:

```
Mat r;
fs2["Result"] >> r;
```

요약

이번 장에서는 OpenCV의 기본 자료구조 및 사용법, 이미지와 비디오에 접근하는 방법, 그리고 이미지와 비디오가 어떻게 행렬에 저장되는지에 대해서 배웠습니다. 또한, 픽셀, 벡터 등을 저장하기 위한 기본적인 OpenCV 클래스들과 행렬 연산자들에 대해서도 배웠습니다. 마지막으로, 우리는 다른 애플리케이션이나 실행 파일에서 데이터를 접근할 수 있도록 하기 위해, 어떻게 데이터를 파일로 저장하는지 배워보았습니다.

다음 장에서는 OpenCV가 제공하는 그래픽 사용자 인터페이스의 기초에 대해 학습하고 첫 애플리케이션을 어떻게 개발할지 배워보겠습니다. 또한, 버튼과 슬라이더 인터페이스를 만드는 방법 그리고 이미지 처리 기초에 대해서 배워보겠습니다.

CHAPTER 3

그래픽 사용자 인터페이스 배우기

2장, 'OpenCV 기초'에서 기본 클래스와 OpenCV의 구조, 그리고 가장 중요한 클래스인 Mat에 대해서 배웠습니다. 또 이미지와 비디오를 읽고 저장하는 방법과 이미지가 저장되는 메모리 내부 구조를 배웠습니다. 이제 OpenCV를 사용할 준비가 되었고, 결과 이미지를 보여주고 여러 사용자 인터페이스를 사용하여 이미지와 상호작용하는 법을 알아볼 것입니다. OpenCV는 응용 프로그램 및 프로토타입을 쉽게 만들 수 있는 몇 가지 기본 사용자 인터페이스를 제공합니다. 사용자 인터페이스의 작동 방식을 잘 이해하기 위해 이 장에서 PhotoTool이라는 응용 프로그램을 만들 것입니다. 이 응용 프로그램을 통해 필터 및 색상 변환을 사용하는 방법을 배웁니다.

이 장에서는 다음과 같은 주제들을 다룹니다:

- 기본적인 OpenCV 사용자 인터페이스
- OpenCV Qt 인터페이스
- 슬라이더와 버튼
- 응용 사용자 인터페이스-OpenGL
- 색 변환
- 기초 필터

기술 요구 사항

이 장의 내용을 이해하기 위해서는 기본적인 C++ 프로그래밍 언어에 대해서 익숙해야 합니다. 이 장에서 사용되는 모든 코드들은 다음 GitHub 링크에서 다운로드할 수 있습니다: `https://github.com/PacktPublishing/Learn-OpenCV-4-By-Building-Projects-Second-Edition/tree/master/Chapter_03`. 제공된 코드는 모든 운영체제에서 실행될 수 있지만 우분투(Ubuntu)에서만 테스트되었습니다

코드 실행 동영상은 다음의 링크를 통해 확인할 수 있습니다:
`http://bit.ly/2KH2QXD`

OpenCV 사용자 인터페이스 소개

OpenCV에는 개발자가 복잡한 사용자 인터페이스 라이브러리를 배울 필요없이 응용 프로그램을 쉽게 만들 수 있는 자체 cross-OS 사용자 인터페이스가 있습니다. OpenCV 사용자 인터페이스는 기초적이지만 개발자에게 소프트웨어를 개발하고 관리할 수 있는 기본 기능을 제공합니다. 모두 실시간 사용에 최적화되어 있습니다.

OpenCV는 두 가지 사용자 인터페이스 옵션을 제공합니다:

- OpenCV를 컴파일 할 때 기본적으로 선택되는 기본 사용자 인터페이스, Mac OS X의 경우 cocoa 또는 carbon, Linux 또는 Windows의 경우 GTK를 기반으로 하는 기본 인터페이스입니다.
- 크로스 플랫폼 인터페이스인 Qt 라이브러리 기반의 인터페이스입니다. OpenCV를 컴파일하기 전에 CMake에서 Qt 옵션을 수동으로 활성화해야 합니다.

다음 그림의 왼쪽에 기본 사용자 인터페이스 창이 있고 오른쪽에 Qt 사용자 인터페이스 창이 있습니다:

OpenCV의 기초 그래픽 사용자 인터페이스

OpenCV로 기초 사용자 인터페이스를 만들 것입니다. OpenCV 사용자 인터페이스를 사용하여 창을 만들고 이미지를 추가하며 이동, 크기 조정 및 제거할 수 있습니다. 사용자 인터페이스는 OpenCV의 **highui** 모듈에 있습니다. 다음 코드에서 사용자 입력을 통해 이미지 창을 표시 및 이동 제거하는 방법, 여러 개의 창을 표시 및 이동 제거하는 방법을 학습합니다.

전체 코드를 읽는 것에 대해 걱정하지 마십시오. 나누어서 설명할 것입니다.

```
#include <iostream>
#include <string>
#include <sstream>
using namespace std;

// OpenCV includes
#include <opencv2/core.hpp>
#include <opencv2/highgui.hpp>
```

```
using namespace cv;

int main(int argc, const char** argv)
{
    // Read images
    Mat lena= imread("../lena.jpg");
    # Checking if Lena image has been loaded
    if (!lena.data) {
        cout << "Lena image missing!" << enld;
        return -1;
    }
    Mat photo= imread("../photo.jpg");
    # Checking if Lena image has been loaded
    if (!photo.data) {
        cout << "Lena image missing!" << enld;
        return -1;
    }
    // Create windows
    namedWindow("Lena", WINDOW_NORMAL);
    namedWindow("Photo", WINDOW_AUTOSIZE);

    // Move window
    moveWindow("Lena", 10, 10);
    moveWindow("Photo", 520, 10);
    // show images
    imshow("Lena", lena);
    imshow("Photo", photo);

    // Resize window, only non autosize
    resizeWindow("Lena", 512, 512);

    // wait for any key press
    waitKey(0);

    // Destroy the windows
```

```
    destroyWindow("Lena");
    destroyWindow("Photo");

    // Create 10 windows
    for(int i =0; i< 10; i++)
    {
        ostringstream ss;
        ss << "Photo" << i;
        namedWindow(ss.str());
        moveWindow(ss.str(), 20*i, 20*i);
        imshow(ss.str(), photo);
    }

    waitKey(0);
    // Destroy all windows
    destroyAllWindows();
    return 0;
}
```

코드를 자세히 살펴보도록 하겠습니다:

1. 그래픽 사용자 인터페이스를 사용하기 위해 해야 할 첫 번째 작업은 OpenCV의 **highui** 모듈을 가져오는 것입니다:

    ```
    #include <opencv2/highgui.hpp>
    ```

2. 이제 새 창을 만들 준비가 되었으므로 이미지를 로드해야 합니다:

    ```
    // Read images
    Mat lena= imread("../lena.jpg");
    Mat photo= imread("../photo.jpg");
    ```

3. 창을 만들기 위해 **namedWindow** 함수를 사용합니다. 이 함수에는 두 개의 매개변수가 있습니다. 첫 번째는 창의 이름을 가진 문자열이고 두 번째는 요구하는 플래그들입니다. 두 번째 매개변수는 선택 사항입니다:

```
namedWindow("Lena", WINDOW_NORMAL);
namedWindow("Photo", WINDOW_AUTOSIZE);
```

4. 우리는 두 개의 창을 만들 것입니다. 첫 번째 창은 Lena이고 두 번째 창은 Photo입니다.

   Qt 및 기본 사용자 인터페이스에는 기본적으로 세 개의 플래그가 있습니다.

   - WINDOW_NORMAL: 이 플래그는 사용자가 창의 크기를 바꿀 수 있도록 해 줍니다.
   - WINDOW_AUTOSIZE: 이 플래그는 창의 크기가 디스플레이 이미지에 맞게 자동으로 조정되며 창의 크기를 재조정할 수 없습니다.
   - WINDOW_OPENGL: 이 플래그는 OpenGL 지원을 활성화합니다

   또한 Qt가 제공하는 추가 플래그가 있습니다.

   - WINDOW_FREERATIO 또는 WINDOW_KEEPRATIO: WINDOW_FREERATIO가 설정되면 이미지는 비율에 관계없이 조정됩니다. WINDOW_FREERATIO가 설정되면 이미지는 비율에 따라 조정됩니다.
   - WINDOW_GUI_NORMAL 또는 WINDOW_GUI_EXPANDED: WINDOW_GUI_NORMAL은 상태 표시 줄과 도구 모음없이 기본 인터페이스를 활성화합니다. WINDOW_GUI_EXPANDED는 상태 표시 줄과 도구 모음을 통해 가장 고급 그래픽 사용자 인터페이스를 지원합니다.

> Qt로 OpenCV를 컴파일하면 기본적으로 생성된 모든 창이 확장 인터페이스에 있지만 기본 인터페이스와 다른 기본 인터페이스인 CV_GUI_NORMAL 플래그를 추가하여 사용할 수 있습니다. 기본적으로 플래그는 WINDOW_AUTOSIZE, WINDOW_KEEPRATIO 및 WINDOW_GUI_EXPANDED입니다.

5. 여러 개의 창을 만들면 창이 겹쳐지지만 moveWindow 함수를 사용하여 데스크탑의 어느 영역으로든 창을 이동할 수 있습니다:

```
// Move window
moveWindow("Lena", 10, 10);
moveWindow("Photo", 520, 10);
```

6. 위의 코드에서는 **Lena** 창을 왼쪽으로 10픽셀, 위쪽으로 10픽셀, **Photo** 창을 왼쪽으로 520픽셀, 위쪽으로 10픽셀을 이동합니다.

```
// show images
imshow("Lena", lena);
imshow("Photo", photo);
// Resize window, only non autosize
resizeWindow("Lena", 512, 512);
```

7. **imshow** 함수를 사용하여 이전에 로드한 이미지를 표시한 후, **resizeWindow** 함수를 호출하여 **Lena** 윈도우의 크기를 512픽셀로 조정합니다. 이 함수에는 **window name**, **width** 및 **height** 세 가지 매개변수가 있습니다.

정해진 창 크기는 이미지 영역에 대한 것입니다. 툴바는 계산되지 않습니다. WINDOW_AUTOSIZE 플래그가 활성화되지 않은 윈도우인 경우에만 크기를 조정할 수 있습니다.

8. **waitKey** 함수로 키가 눌릴 때까지 기다린 후 **destroyWindow** 함수를 사용하여 창을 제거하거나 삭제할 것입니다. 여기서 창의 이름이 유일한 매개변수입니다:

```
waitKey(0);
// Destroy the windows
destroyWindow("Lena");
destroyWindow("Photo");
```

9. OpenCV에는 한 번의 호출로, 만든 모든 창을 제거하는 기능이 있습니다. 이 함수를 **destroyAllWindows**라고 합니다. 이것이 어떻게 작동하는지 보여주기 위해 우리는 샘플로 10개의 창을 만들고 키가 눌릴 때까지 기다립니다. 사용자가 아무 키를 누르면 모든 창이 사라집니다:

```
// Create 10 windows
for(int i =0; i< 10; i++)
{
```

```
    ostringstream ss;
    ss << "Photo" << i;
    namedWindow(ss.str());
    moveWindow(ss.str(), 20*i, 20*i);
    imshow(ss.str(), photo);
}

waitKey(0);
// Destroy all windows
destroyAllWindows();
```

어떤 경우라도 OpenCV는 응용 프로그램이 종료되면 자동으로 모든 창을 소멸시키므로 응용 프로그램이 종료될 때 이 기능을 호출할 필요가 없습니다.

이 코드의 결과는 다음 그림에서 두 단계로 보여집니다. 먼저 두 개의 창이 나타납니다:

아무 키나 누르면 이 응용 프로그램은 여러 개의 창을 다른 위치에 띄웁니다:

몇 줄의 코드만으로 창을 만들고 조작하고 이미지를 표시할 수 있습니다. 이제 이미지와의 상호작용을 지원하고 사용자 인터페이스 컨트롤을 추가할 준비가 되었습니다.

인터페이스에 슬라이더와 마우스 이벤트 추가하기

마우스 이벤트 및 슬라이더 컨트롤은 컴퓨터 비전 및 OpenCV에서 매우 유용합니다. 마우스 이벤트와 슬라이더 컨트롤의 사용은 사용자를 인터페이스와 직접 상호작용하고 이미지 또는 변수의 속성을 변경할 수 있도록 해줍니다. 이 섹션에서는 기본 상호작용을 위한 마우스 이벤트 및 슬라이더 컨트롤을 소개합니다. 올바르게 이해하기 위해 다음 코드를 만들었습니다. 이를 통해 마우스 이벤트를 사용하여 이미지에 녹색 원을 그리고 슬라이더를 사용하여 이미지를 흐리게 합니다:

```
// Create a variable to save the position value in track
int blurAmount=15;

// Trackbar call back function
static void onChange(int pos, void* userInput);

//Mouse callback
static void onMouse(int event, int x, int y, int, void* userInput);

int main(int argc, const char** argv)
{
    // Read images
    Mat lena= imread("../lena.jpg");
    // Create windows
    namedWindow("Lena");
    // create a trackbar
    createTrackbar("Lena", "Lena", &blurAmount, 30, onChange, &lena);
    setMouseCallback("Lena", onMouse, &lena);

    // Call to onChange to init
    onChange(blurAmount, &lena);
    // wait app for a key to exit
    waitKey(0);
    // Destroy the windows
    destroyWindow("Lena");
    return 0;
}
```

코드를 이해해봅시다!

먼저 슬라이더 위치를 저장할 변수를 만듭니다. 다른 함수에서 액세스하려면 슬라이더 위치를 저장해야 합니다:

```
// Create a variable to save the position value in track
int blurAmount=15;
```

이제 OpenCV 함수 `setMouseCallback` 및 `createTrackbar`에 필요한 슬라이더와 마우스 이벤트에 대한 콜백 함수를 정의합니다:

```
// Trackbar call back function
static void onChange(int pos, void* userInput);

//Mouse callback
static void onMouse(int event, int x, int y, int, void* userInput);
```

메인 함수에서 이미지를 로드하고 Lena라는 이름으로 새 창을 만듭니다.

```
int main(int argc, const char** argv)
{
    // Read images
    Mat lena= imread("../lena.jpg");
    // Create windows
    namedWindow("Lena");
```

이제 슬라이더를 만들 차례입니다. OpenCV `createTrackbar` 함수를 다음 순서의 매개변수들과 함께 사용하여 슬라이더를 생성합니다.

1. 슬라이더 이름
2. 윈도우 창 이름
3. 값으로 사용할 정수 포인터. 이 매개변수는 선택 사항입니다. 설정하면 슬라이더가 생성될 때 이 위치를 유지합니다.
4. 슬라이더의 최댓값
5. 슬라이더의 위치가 변경될 때 호출되는 콜백 함수
6. 콜백 함수로 전달할 사용자 데이터. 전역 변수를 사용하지 않고 콜백 함수로 데이터를 보낼 수 있습니다.

이 코드에는 trackbar에 Lena 창을 추가하고 이미지를 흐리게 하기 위해 Lena trackbar를 호출합니다. 슬라이더의 값은 포인터로 전달되고 슬라이더의 최댓값을 30으로 설정해 놓은 blurAmount 정수에 저장됩니다. 콜백 함수로 onChange를 설정하고 lena mat 이미지를 사용자 데이터로 보냅니다.

```
// create a trackbar
createTrackbar("Lena", "Lena", &blurAmount, 30, onChange, &lena);
```

슬라이더를 만든 후 사용자가 마우스 왼쪽 버튼을 클릭하면 원을 그리도록 마우스 이벤트를 추가합니다. OpenCV에는 setMouseCallback 함수가 있습니다. 이 기능에는 세 가지 매개변수가 있습니다:

- Window name은 마우스 이벤트를 받는 창 이름입니다.
- Callback function은 마우스 상호작용이 있을 때 호출되는 함수입니다.
- User data는 콜백 함수가 호출될 때 콜백 함수로 전송되는 모든 데이터입니다. 이 예제에서는 Lena 전체 이미지가 됩니다.

다음 코드를 사용하여 Lena 창에 마우스 콜백을 추가하고 onMouse를 콜백 함수로 설정하여 lena mat 이미지를 사용자 데이터로 전달할 수 있습니다:

```
setMouseCallback("Lena", onMouse, &lena);
```

메인 함수를 완성하려면 슬라이더와 동일한 매개변수로 이미지를 초기화해야 합니다. 초기화를 수행하려면 다음 코드에서 볼 수 있듯이 destroyWindow로 창을 닫기 전에 onChange 콜백 함수를 호출하여 이벤트를 기다려야 합니다:

```
// Call to onChange to init
onChange(blurAmount, &lena);
// wait app for a key to exit
waitKey(0);
// Destroy the windows
destroyWindow("Lena");
```

슬라이더 콜백은 슬라이더 값을 blur 값으로 변환하여 기본 blur 필터를 이미지에 적용합니다.

```
// Trackbar call back function
static void onChange(int pos, void* userData) {
    if(pos <= 0) return;
    // Aux variable for result
    Mat imgBlur;
    // Get the pointer input image
    Mat* img= (Mat*)userInput;
    // Apply a blur filter
    blur(*img, imgBlur, Size(pos, pos));
    // Show the result
    imshow("Lena", imgBlur);
}
```

이 함수는 변수 pos를 사용하여 슬라이더 값이 0인지 확인합니다. 위 예시의 경우 필터가 적용되면 잘못된 결과가 나오기 때문에 필터를 적용하지 않습니다. 0픽셀 blur도 적용할 수 없습니다. 슬라이더 값을 확인한 후 **imgBlur**라는 빈 행렬을 만들어 blur의 결과를 저장합니다. 콜백 함수에서 사용자 데이터를 통해 전송된 이미지를 되찾기 위해선 void *userData를 올바른 이미지 포인터 유형인 Mat *로 지정해야 합니다.

이제 blur 필터를 적용할 올바른 변수가 생성되었습니다. blur 기능은 기본 이미지 필터를 입력 이미지에 적용합니다(위 예시의 경우 ***img**) 출력 이미지에서 마지막으로 필요한 매개변수는 적용하려는 blur 커널의 크기입니다(커널은 작은 매트릭스로써 커널과 이미지 간의 컨볼루션 수단을 계산하는 데 사용됩니다). 이 경우, pos 크기의 제곱 커널을 사용하고 있습니다. 마지막으로 **imshow** 함수를 사용하여 이미지 인터페이스만 업데이트하면 됩니다.

마우스 이벤트 콜백 함수에는 다섯 개의 입력 매개변수가 있습니다. 첫 번째 매개변수는 이벤트 유형을 정의합니다. 두 번째와 세 번째는 마우스 위치를 정의합니다. 네 번째는 휠 이동을 정의하고, 그리고 다섯 번째는 사용자 입력 데이터를 정의합니다.

마우스 이벤트 유형은 다음과 같습니다:

Event type	Description
EVENT_MOUSEMOVE	사용자가 마우스를 움직일 때
EVENT_LBUTTONDOWN	사용자가 마우스의 왼쪽 버튼을 클릭할 때
EVENT_RBUTTONDOWN	사용자가 마우스의 오른쪽 버튼을 클릭할 때
EVENT_MBUTTONDOWN	사용자가 마우스의 중간 버튼을 클릭할 때
EVENT_LBUTTONUP	사용자가 마우스의 왼쪽 버튼을 놓을 때
EVENT_RBUTTONUP	사용자가 마우스의 오른쪽 버튼을 놓을 때
EVENT_MBUTTONUP	사용자가 마우스의 중간 버튼을 놓을 때
EVENT_LBUTTONDBLCLK	사용자가 마우스의 왼쪽 버튼을 더블클릭할 때
EVENT_RBUTTONDBLCLK	사용자가 마우스의 오른쪽 버튼을 더블클릭할 때
EVENT_MBUTTONDBLCLK	사용자가 마우스의 중간 버튼을 더블클릭할 때
EVENTMOUSEWHEEL	사용자가 마우스 휠로 수직 스크롤을 할 때
EVENT_MOUSEHWHEEL	사용자가 마우스 휠로 수평 스크롤을 할 때

다음 예시에서는 마우스 왼쪽 클릭으로 발생하는 이벤트만 다루며 EVENT_LBUTTONDOWN 이외의 이벤트는 사용하지 않습니다. 우리는 OpenCV의 원 함수를 사용해서 원이 그려져 있고, 슬라이더 콜백이 적용된 입력 이미지를 얻습니다:

```
//Mouse callback
static void onMouse(int event, int x, int y, int, void* userInput)
{
    if(event != EVENT_LBUTTONDOWN)
        return;

    // Get the pointer input image
    Mat* img= (Mat*)userInput;
    // Draw circle
    circle(*img, Point(x, y), 10, Scalar(0,255,0), 3);

    // Call on change to get blurred image
```

```
    onChange(blurAmount, img);
}
```

Qt와 그래픽 사용자 인터페이스

Qt 사용자 인터페이스는 이미지 작업을 위한 더 많은 기능을 제공합니다.

Qt 인터페이스는 다음 세 가지 주요 영역으로 나뉩니다:

- 툴바
- 이미지 영역
- 상태 표시줄

다음 그림에서 Qt 인터페이스의 세 영역을 볼 수 있습니다. 이미지 상단에는 툴바가 있고 이미지는 main 영역에 있으며 이미지 하단에는 상태 표시줄이 있습니다:

툴바에는 다음과 같은 버튼이 있습니다(왼쪽 버튼부터 설명):

- 회전을 위한 4개의 화살표 버튼
- 확대 x1
- 확대 x30, 라벨 표시
- 확대
- 축소
- 현재 이미지 저장
- 속성 표시

이러한 기능들은 다음 이미지에서 볼 수 있습니다:

이미지 영역 위에 마우스 오른쪽 버튼을 누르면 상황별 메뉴가 표시됩니다. 또한 이미지 영역에 `displayOverlay` 함수를 사용하여 오버레이 메시지를 표시할 수 있습니다. 이 함수는 윈도우 창 이름, 출력할 텍스트 및 오버레이 텍스트가 출력되는 시간(밀리 초)의 세 가지 매개변수가 있습니다. 이 시간이 `0`으로 설정되면 텍스트가 사라지지 않습니다.

```
// Display Overlay
displayOverlay("Lena", "Overlay 5secs", 5000);
```

다음 이미지에서 위의 코드 결과를 볼 수 있습니다. 이미지 상단에 **5초 동안 오버레이**되는 검은 텍스트 박스가 표시됩니다.

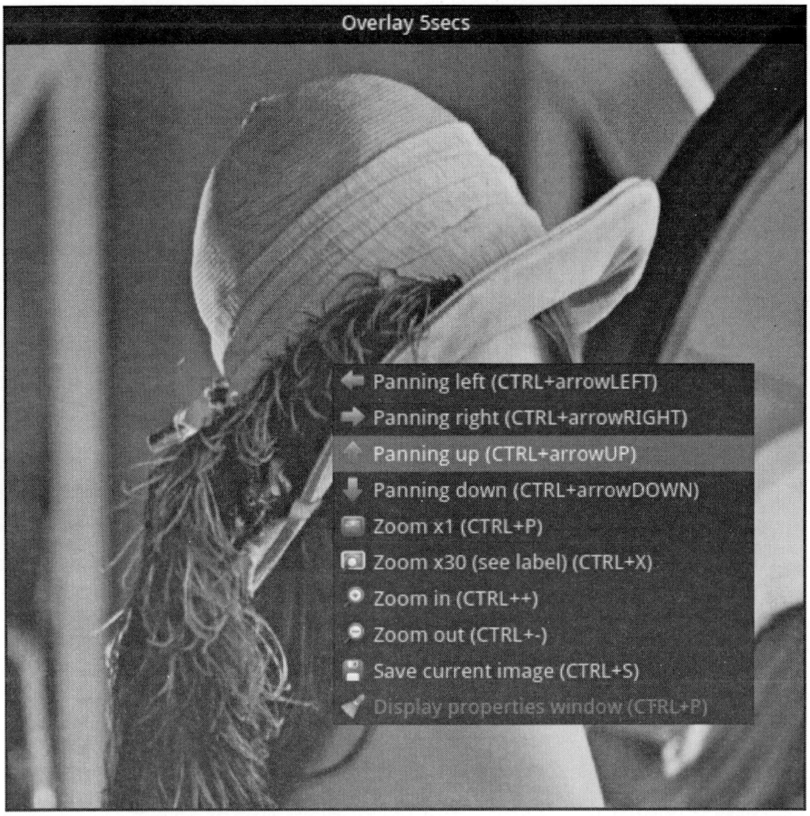

마지막으로 상태 표시 줄은 창의 아래쪽에 나타나고 이미지에서의 좌표 값과 픽셀 값을 보여줍니다:

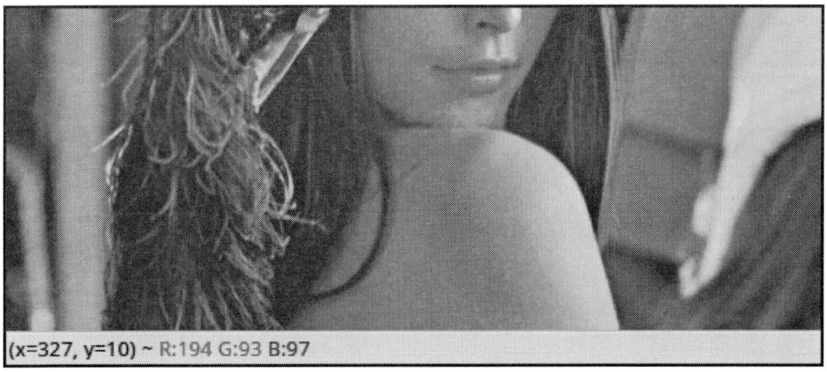

상태 표시 줄을 사용하여 메시지를 표시할 수 있습니다. 이 메시지를 변경할 수 있는 `displayStatusBar` 함수가 있습니다. 이 함수는 `displayOverlay` 함수와 동일한 매개변수(창 이름, 출력할 텍스트 및 출력 시간)를 갖습니다:

사용자 인터페이스에 버튼 추가하기

이전 섹션에서는 기본 및 Qt 인터페이스를 생성하고 마우스와 슬라이더를 사용하여 상호작용하는 방법을 배웠습니다. 이제, 더 나아가 다른 유형의 버튼도 만들 수 있습니다.

버튼은 Qt 창에서만 지원됩니다.

OpenCV Qt에서 지원되는 버튼 유형은 다음과 같습니다:

- 푸쉬 버튼
- 체크 박스
- 라디오 버튼

버튼은 컨트롤 패널에만 나타납니다. 컨트롤 패널은 프로그램마다 독립적인 창으로, 버튼과 슬라이더를 연결할 수 있습니다. 컨트롤 패널을 표시하기 위해 툴바의 마지막 버튼을 누르거나 Qt 창의 임의의 위치를 마우스 오른쪽 버튼으로 클릭하거나 윈도우 창의

속성 표시를 선택하거나 Ctrl + P 단축키를 사용할 수 있습니다. 버튼이 있는 간단한 예제를 만들어 봅시다. 코드의 모든 기능을 더 잘 이해할 수 있도록 주요 기능을 먼저 설명하고 나중에 각 콜백 함수를 개별적으로 설명할 것입니다. 다음 코드는 사용자 인터페이스를 생성하는 주요 코드를 보여줍니다:

```
Mat img;
bool applyGray=false;
bool applyBlur=false;
bool applySobel=false;
...
int main(int argc, const char** argv)
{

    // Read images
    img= imread("../lena.jpg");
    // Create windows
    namedWindow("Lena");
    // create Buttons
    createButton("Blur", blurCallback, NULL, QT_CHECKBOX, 0);

    createButton("Gray",grayCallback,NULL,QT_RADIOBOX, 0);
    createButton("RGB",bgrCallback,NULL,QT_RADIOBOX, 1);

    createButton("Sobel",sobelCallback,NULL,QT_PUSH_BUTTON, 0);
    // wait app for a key to exit
    waitKey(0);
    // Destroy the windows
    destroyWindow("Lena");
    return 0;
}
```

blur, sobel 및 색상을 회색으로 변환하는 필터를 적용할 것입니다. 필터는 선택 사항입니다. 사용자가 버튼을 사용하여 각각을 선택할 수 있도록 구현할 것입니다. 그런 다음 각 필터의 상태를 얻기 위해 세 개의 Boolean 전역변수를 만듭니다:

```
bool applyGray=false;
bool applyBlur=false;
bool applySobel=false;
```

주요 함수에서 이미지를 로드하고 윈도우창을 생성한 후 createButton 함수를 사용하여 각각의 버튼을 만들어야 합니다.

OpenCV에는 다음 세 가지의 버튼 유형이 정의되어 있습니다:

- QT_CHECKBOX
- QT_RADIOBOX
- QT_PUSH_BUTTON

각 버튼은 아래의 순서대로 5개의 매개변수를 사용합니다:

1. 버튼 이름
2. 콜백 함수
3. 콜백 함수에 전달된 사용자 변수 데이터에 대한 포인터
4. 버튼 유형
5. 체크박스 및 라디오 버튼의 디폴트 값

다음 코드에선 blur 체크박스, 색상 변환을 위한 두 개의 라디오 버튼 및 sobel 필터를 위한 푸쉬 버튼을 만듭니다:

```
// create Buttons
createButton("Blur", blurCallback, NULL, QT_CHECKBOX, 0);

createButton("Gray",grayCallback,NULL,QT_RADIOBOX, 0);
createButton("RGB",bgrCallback,NULL,QT_RADIOBOX, 1);

createButton("Sobel",sobelCallback,NULL,QT_PUSH_BUTTON, 0);
```

이것은 메인 함수에서 가장 중요한 부분입니다. `Callback` 함수를 살펴보겠습니다. 각 `Callback` 함수는 자신의 상태 변수를 변경하여, `applyFilters`라는 다른 함수를 호출함으로써 입력 이미지에 활성화될 필터를 추가합니다:

```
void grayCallback(int state, void* userData)
{
    applyGray= true;
    applyFilters();
}
void bgrCallback(int state, void* userData)
{
    applyGray= false;
    applyFilters();
}

void blurCallback(int state, void* userData)
{
    applyBlur= (bool)state;
    applyFilters();
}

void sobelCallback(int state, void* userData)
{
    applySobel= !applySobel;
    applyFilters();
}
```

`applyFilters` 함수는 각 필터의 상태를 나타내는 변수를 확인합니다:

```
void applyFilters(){
    Mat result;
    img.copyTo(result);
    if(applyGray){
        cvtColor(result, result, COLOR_BGR2GRAY);
    }
    if(applyBlur){
        blur(result, result, Size(5,5));
    }
    if(applySobel){
        Sobel(result, result, CV_8U, 1, 1);
    }
    imshow("Lena", result);
}
```

색상을 회색으로 변경하기 위해 입력 이미지, 출력 이미지 및 색상 변환 유형의 세 가지 매개변수를 허용하는 `cvtColor` 함수를 사용합니다.

가장 유용한 색 공간 변환은 다음과 같습니다:

- RGB 또는 BGR to gray(COLOR_RGB2GRAY, COLOR_BGR2GRAY)
- RGB 또는 BGR to YcrCb(또는 YCC)(COLOR_RGB2YCrCb, COLOR_BGR2YCrCb)
- RGB 또는 BGR to HSV(COLOR_RGB2HSV, COLOR_BGR2HSV)
- RGB 또는 BGR to Luv(COLOR_RGB2Luv, COLOR_BGR2Luv)
- Gray to RGB 또는 BGR(COLOR_GRAY2RGB, COLOR_GRAY2BGR)

색 공간 변환 코드는 기억하기 매우 쉽습니다.

> OpenCV는 기본적으로 BGR 포맷으로 작동하며 회색으로 변환된 경우에도 RGB와 BGR의 색상 변환이 다릅니다. 일부 개발자는 R+G+B/3이 회색에 해당한다고 생각하지만 최적의 회색 값을 광도(luminosity)라고 하며 0.21*R+0.72*G+0.07*B로 계산되어집니다.

blur 필터는 이전 섹션에서 살펴보았으며 `applySobel` 변수가 true인 경우 소벨 필터를 적용합니다. sobel 필터는 소벨 연산자를 사용한 것이며 일반적으로 이미지의 가장자리를 감지하는 데 사용됩니다. OpenCV를 사용하면 커널 크기를 이용하여 이미지를 미분할 수 있으며 일반적으로 x 방향 또는 y 방향으로 3×3 커널을 적용합니다.

가장 중요한 sobel 매개변수는 다음과 같습니다:

- 입력 이미지
- 출력 이미지
- 출력 이미지 깊이(CV_8U, CV_16U, CV_32F, CV_64F)
- x 방향 미분 차수
- y 방향 미분 차수
- sobel 커널 크기(기본값 3)

x 방향으로만 1차 미분하고 3×3 커널을 생성하려면 다음 매개변수를 사용해야 합니다:

```
Sobel(input, output, CV_8U, 1, 0);
```

y 방향 미분에 대해 다음 매개변수가 사용됩니다:

```
Sobel(input, output, CV_8U, 0, 1);
```

예제에서는 x 방향과 y 방향 미분을 동시에 사용합니다. 다음 예제는 x 및 y 방향 미분을 동시에 생성하기 위해, 네 번째와 다섯 번째 매개변수에 1을 추가합니다:

```
Sobel(result, result, CV_8U, 1, 1);
```

x 방향과 y 방향 미분을 동시에 적용한 결과는 다음 이미지처럼 보일 것입니다. Lena 사진에 적용했습니다:

OpenGL 지원

OpenCV에서 제공하는 OpenGL 렌더링 방법이 있습니다. OpenGL은 거의 모든 그래픽 카드에 표준으로 통합된 그래픽 라이브러리입니다. OpenGL을 사용하면 복잡한 3D 장면까지 2D로 그릴 수 있습니다. OpenCV를 활용한 여러 작업에서 3D 공간을 표현하는 것이 중요하기 때문에 OpenGL 지원이 필요합니다. 작업 창에서 OpenGL 지원을 허용하려면 윈도우 창을 생성하기 위한 `namedWindow` 함수를 호출시 `WINDOW_OPENGL` 플래그를 설정해야 합니다.

다음 코드는 OpenGL을 지원하는 창을 만든 다음 평면에 웹 캠의 화면을 띄우고 그 화면이 계속해서 회전하도록 만든 예제입니다:

```
Mat frame;
GLfloat angle= 0.0;
GLuint texture;
VideoCapture camera;

int loadTexture() {

      if (frame.data==NULL) return -1;

    glBindTexture(GL_TEXTURE_2D, texture);
    glTexParameteri(GL_TEXTURE_2D,GL_TEXTURE_MAG_FILTER,GL_LINEAR);
    glTexParameteri(GL_TEXTURE_2D,GL_TEXTURE_MIN_FILTER,GL_LINEAR);
    glPixelStorei(GL_UNPACK_ALIGNMENT, 1);

    glTexImage2D(GL_TEXTURE_2D, 0, GL_RGB, frame.cols, frame.rows,0,
                 GL_BGR, GL_UNSIGNED_BYTE, frame.data);
    return 0;
}

void on_opengl(void* param)
{
    glLoadIdentity();
    // Load frame Texture
    glBindTexture(GL_TEXTURE_2D, texture);
    // Rotate plane before draw
    glRotatef(angle, 1.0f, 1.0f, 1.0f);
    // Create the plane and set the texture coordinates
    glBegin (GL_QUADS);
        // first point and coordinate texture
    glTexCoord2d(0.0,0.0);
    glVertex2d(-1.0,-1.0);
        // second point and coordinate texture
    glTexCoord2d(1.0,0.0);
    glVertex2d(+1.0,-1.0);
        // third point and coordinate texture
```

```
    glTexCoord2d(1.0,1.0);
    glVertex2d(+1.0,+1.0);
        // last point and coordinate texture
    glTexCoord2d(0.0,1.0);
    glVertex2d(-1.0,+1.0);
    glEnd();
}

int main(int argc, const char** argv)
{
    // Open WebCam
    camera.open(0);
    if(!camera.isOpened())
    return -1;

    // Create new windows
    namedWindow("OpenGL Camera", WINDOW_OPENGL);
    // Enable texture
    glEnable( GL_TEXTURE_2D );
    glGenTextures(1, &texture);
    setOpenGlDrawCallback("OpenGL Camera", on_opengl);
    while(waitKey(30)!='q'){
        camera >> frame;
        // Create first texture
        loadTexture();
        updateWindow("OpenGL Camera");
        angle =angle+4;
    }
    // Destroy the windows
    destroyWindow("OpenGL Camera");
    return 0;
}
```

코드를 이해해봅시다!

첫 번째 작업은 비디오 프레임을 저장하며 애니메이션 화면 각도 및 OpenGL 텍스처를 제어하는 전역 변수를 만드는 것입니다:

```
Mat frame;
GLfloat angle= 0.0;
GLuint texture;
VideoCapture camera;
```

메인 함수에서 카메라 장치로부터 프레임을 받아올 수 있도록 **VideoCapture** 클래스 객체를 생성해야 합니다.

```
camera.open(0);
    if(!camera.isOpened())
        return -1;
```

카메라 장치를 사용할 수 있는 상태라면 **WINDOW_OPENGL** 플래그를 사용하여 OpenGL을 지원하는 창을 만들 수 있습니다:

```
// Create new windows
namedWindow("OpenGL Camera", WINDOW_OPENGL);
```

이 예에서는 웹 캠의 이미지를 2D로 그려야 하는데, 이를 위해서는 OpenGL 텍스처를 활성화해야 합니다:

```
// Enable texture
glEnable(GL_TEXTURE_2D);
```

이제 창에서 OpenGL을 사용하여 렌더링 준비가 되었고 일반적인 OpenGL 응용 프로그램처럼 OpenGL 콜백 방식으로 그리기를 설정해야 합니다. OpenCV는 창 이름과 콜백 함수라는 두 개의 매개변수를 사용하는 **setOpenGLDrawCallback** 함수를 제공합니다:

```
setOpenGlDrawCallback("OpenGL Camera", on_opengl);
```

OpenCV 창과 콜백 함수가 정의된 상태에서 텍스처를 로드합니다. 그리고 OpenGL 드로우 콜백을 호출하는 창 내용을 업데이트한 후에 각도 위치를 업데이트하는 루프를 만들어야 합니다. 창의 내용을 업데이트하기 위해 창 이름을 매개변수로 사용하여 OpenCV 함수 updateWidnow를 사용합니다:

```
while(waitKey(30)!='q'){
        camera >> frame;
        // Create first texture
        loadTexture();
        updateWindow("OpenGL Camera");
        angle =angle+4;
    }
```

사용자가 Q키를 누르면 루프 상태가 됩니다. 애플리케이션 샘플을 컴파일하기 전에 `loadTexture` 함수와 `on_opengl` 콜백 그리기 함수를 정의해야 합니다. `loadTexture` 함수는 `Mat` 프레임을 각 콜백 도면에서 로드하여 사용할 수 있는 OpenGL 텍스처 이미지로 변환합니다. 이미지를 텍스처로 로드하기 전에 데이터 변수 객체가 비어 있지 않도록 확인하여 프레임 매트릭스에 데이터가 있는지 확인해야 합니다:

```
if (frame.data==NULL) return -1;
```

매트릭스 프레임에 데이터가 있는 경우 OpenGL 텍스처 바인딩을 만들고 OpenGL 텍스처 매개변수를 선형 보간으로 설정할 수 있습니다:

```
glGenTextures(1, &texture);

glBindTexture(GL_TEXTURE_2D, texture);
    glTexParameteri(GL_TEXTURE_2D,GL_TEXTURE_MAG_FILTER,GL_LINEAR);
    glTexParameteri(GL_TEXTURE_2D,GL_TEXTURE_MIN_FILTER,GL_LINEAR);
```

이제 픽셀이 매트릭스에 저장되는 방법을 정의하고 OpenGL `glTexImage2D` 함수를 사용하여 픽셀을 생성해야 합니다. OpenGL은 기본적으로 RGB 형식을 사용하고 OpenCV

는 BGR 형식을 사용하므로 이 함수에서 올바른 형식을 설정해야 합니다:

```
glPixelStorei(GL_UNPACK_ALIGNMENT, 1);
glTexImage2D(GL_TEXTURE_2D, 0, GL_RGB, frame.cols, frame.rows,0,
             GL_BGR,GL_UNSIGNED_BYTE, frame.data);
return 0;
```

이제 메인 루프에서 updateWindow를 호출할 때마다 모든 콜백에서 평면 그리기를 완료하면 됩니다. 일반적인 OpenGL 함수를 사용한 다음, OpenGL identity 매트릭스를 로드하여 이전의 모든 변경 사항을 재설정합니다:

```
glLoadIdentity();
```

또한 프레임 텍스처를 메모리로 로드해야 합니다:

```
    // Load Texture
    glBindTexture(GL_TEXTURE_2D, texture);
```

평면을 그리기 전에 모든 바뀐 사항들을 장면에 적용합니다. 이 경우 평면을 x축(1), y축(1), z축(1)을 기준으로 회전시킵니다:

```
    // Rotate plane
    glRotatef(angle, 1.0f, 1.0f, 1.0f);
```

이제 평면을 그리도록 장면이 올바르게 설정되었으므로, 사각형(정점이 4개인 면)을 그리기 위해 glBegin(GL_QUADS)을 사용합니다:

```
// Create the plane and set the texture coordinates
    glBegin (GL_QUADS);
```

다음으로 크기가 2인 0,0 좌표를 중심으로 평면을 그립니다. 그런 다음 glTextCoord2D 및 glVertex2D 함수를 사용하여 사용할 텍스처 좌표와 정점 위치를 정의해야 합니다:

```
    // first point and coordinate texture
glTexCoord2d(0.0,0.0);
glVertex2d(-1.0,-1.0);
    // seccond point and coordinate texture
glTexCoord2d(1.0,0.0);
glVertex2d(+1.0,-1.0);
    // third point and coordinate texture
glTexCoord2d(1.0,1.0);
glVertex2d(+1.0,+1.0);
    // last point and coordinate texture
glTexCoord2d(0.0,1.0);
glVertex2d(-1.0,+1.0);
    glEnd();
```

이 OpenGL 코드는 더 이상 사용되지 않지만, 복잡한 OpenGL 코드 없이도 OpenCV와 OpenGL 통합을 이해하는 것에 도움을 주기 위해 예시를 들었습니다. 최신 OpenGL에 대한 자세한 내용은 Packt 출판사에서 출간한 *introduction to Modern OpenGL*을 참고하십시오.

다음 이미지에서 결과를 확인할 수 있습니다:

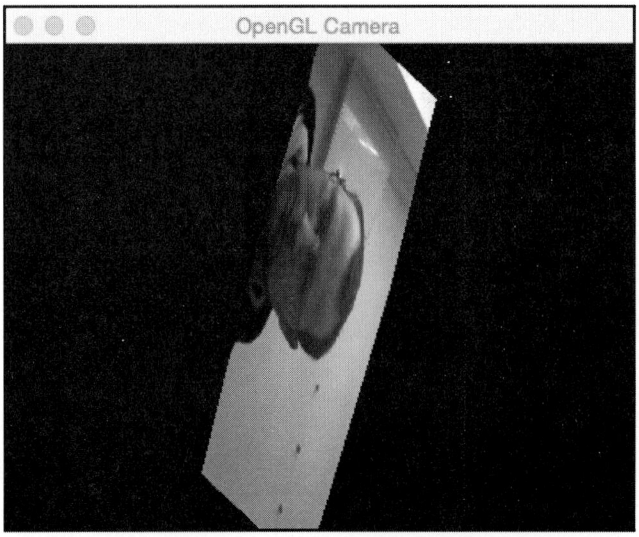

요약

이 장에서는 OpenGL을 사용하여 이미지 또는 3D 인터페이스를 표시하기 위해 다양한 유형의 사용자 인터페이스를 만드는 방법을 배웠습니다. 또한 슬라이더와 버튼을 생성하고 3D로 그리는 방법을 배웠습니다. OpenCV로 기본적인 이미지 처리 필터도 배웠지만, cvui(`https://dovyski.github.io/cvui/`)와 OpenCVGUI(`https://dadamiles.github.io/ OpenCVGUI/`) 같은 더 많은 기능을 추가할 수 있는 새로운 오픈 소스 대안이 있습니다.

다음 장에서는 지금까지 배운 것을 활용하여 완벽한 사진 도구 응용프로그램을 구성할 것입니다. 또한 그래픽 사용자 인터페이스를 사용하여 입력 이미지에 여러 필터를 적용하는 방법을 배울 것입니다.

CHAPTER 4

히스토그램 및 필터

3장에서, 우리는 Qt 라이브러리 혹은 OpenCV의 자체 라이브러리를 사용하여 기본적인 사용자 인터페이스 생성에 대해서 학습하였습니다. 또한 고급 OpenGL 사용자 인터페이스 사용법에 대해서 배웠고, 기본적인 색 변환(color conversion)과 첫 애플리케이션 제작에 적용한 필터에 대해서 배워보았습니다. 이 장에서는 다음과 같은 개념들에 대해 소개합니다:

- 히스토그램과 히스토그램 평활화(equalization)
- 룩업(Look-up) 테이블
- 흐리기(blur, 블러)와 중간값 흐리기
- 캐니 필터(Canny filter)
- 이미지-색 평활화
- 이미지 타입 변환 이해

OpenCV의 기초와 사용자 인터페이스에 대해 배운 후, 우리의 첫 번째 애플리케이션인 기본적인 사진 툴을 완성하고, 아래의 주제에 대해 다루겠습니다.

- CMake 스크립트 파일 생성
- 그래픽 사용자 인터페이스 제작
- 히스토그램 계산 및 그리기
- 히스토그램 평활화
- 로모그래피(Lomography) 카메라 효과

- 만화화(Cartoonize) 효과

이 애플리케이션은 전체 프로젝트를 처음부터 제작하는 방법에 대한 이해 및 히스토그램의 개념에 대한 이해를 도울 것입니다. 둘 이상의 필터를 동시에 사용하고, 룩업(Look-up) 테이블을 이용하여 컬러 이미지의 히스토그램을 평활화하여 혼합된 효과를 만드는 법에 대해서도 배워보겠습니다.

기술적 요구사항

이 장을 이해하기 위해서는 기본 C++ 프로그래밍 언어에 익숙해야 합니다. 이 장에서 사용된 모든 코드는 다음 GitHub 링크에서 다운로드할 수 있습니다: **https://github.com/PacktPublishing/Learn-OpenCV-4-By-Building-Projects-Second-Edition/tree/master/Chapter_04**. 이 코드들은 우분투(Ubuntu) 환경에서만 테스트했지만 모든 운영체제에서 실행할 수 있습니다.

다음 링크에서 코드실행 동영상을 확인할 수 있습니다.
https://bit.ly/2Sid17y

CMake 스크립트 파일 생성

소스 파일을 만들기 전에, CMakeLists.txt 파일을 생성하여 우리의 프로젝트를 컴파일, 구조화, 그리고 실행시킬 수 있도록 준비합니다. 아래의 CMake 스크립트는 간단하고 기본적이지만, 컴파일하고 실행파일을 생성하기에는 충분합니다:

```
cmake_minimum_required (VERSION 3.0)

PROJECT(Chapter4_Phototool)

set (CMAKE_CXX_STANDARD 11)
```

```
# Requires OpenCV
FIND_PACKAGE( OpenCV 4.0.0 REQUIRED )
MESSAGE("OpenCV version : ${OpenCV_VERSION}")

include_directories(${OpenCV_INCLUDE_DIRS})
link_directories(${OpenCV_LIB_DIR})

ADD_EXECUTABLE(${PROJECT_NAME} main.cpp)
TARGET_LINK_LIBRARIES(${PROJECT_NAME} ${OpenCV_LIBS})
```

위 코드의 첫 줄에서는 프로젝트를 생성하기 위한 CMake의 최소 버전을 지시하고, 둘째 줄에서는 `${PROJECT_NAME}`으로 사용할 수 있는 프로그램 이름을 설정하고, 셋째 줄은 필요한 C++ 버전을 설정합니다. 이 경우, 아래의 코드 조각에서 볼 수 있듯이 C++11 버전을 필요로 합니다:

```
cmake_minimum_required (VERSION 3.0)

PROJECT(Chapter4_Phototool)

set (CMAKE_CXX_STANDARD 11)
```

추가적으로, OpenCV 라이브러리가 필요합니다. 먼저, 라이브러리를 탐색하고, `MESSAGE` 함수를 사용하여 OpenCV 라이브러리 버전에 관한 정보를 출력합니다:

```
# Requires OpenCV
FIND_PACKAGE( OpenCV 4.0.0 REQUIRED )
MESSAGE("OpenCV version : ${OpenCV_VERSION}")
```

만약, 최소 기준인 4.0 버전 이상의 라이브러리를 찾는다면 헤더와 라이브러리 파일을 프로젝트에 포함시킵니다:

```
include_directories(${OpenCV_INCLUDE_DIRS})
link_directories(${OpenCV_LIB_DIR})
```

이제, 컴파일할 소스 파일을 포함시키고, OpenCV 라이브러리와 연결시키기만 하면 됩니다. 프로젝트 이름 변수는 실행파일의 이름으로 사용되고, 우리는 `main.cpp`라는 이름의 하나의 소스 파일만을 사용합니다:

```
ADD_EXECUTABLE(${PROJECT_NAME} main.cpp)
TARGET_LINK_LIBRARIES(${PROJECT_NAME} ${OpenCV_LIBS})
```

그래픽 사용자 인터페이스 생성

이미지 처리 알고리즘에 대한 공부를 시작하기 전에, 애플리케이션을 위한 주요 사용자 인터페이스를 제작해 봅시다. Qt 기반의 유저 인터페이스를 사용해 단일 버튼들을 만들 것입니다. 애플리케이션은 처리할 이미지를 불러오기 위해 하나의 입력 매개변수만 받을 것이고, 아래와 같이 총 4개의 버튼을 만들겠습니다:

- **히스토그램 보이기**
- **히스토그램 평활화**
- **로모그래피 효과**
- **만화화 효과**

아래의 스크린샷에서 네 개의 버튼 처리 결과를 확인할 수 있습니다:

프로젝트 개발을 시작해 보겠습니다. 우선, OpenCV의 필요한 헤더들을 포함시키고, 입력 이미지를 저장할 이미지 매트릭스를 정의합니다. OpenCV 3.0에서 이미 제공하고 있지만 새로운 명령어 라인 해석기(command-line parser)를 사용하기 위한 상수 문자열도 선언합니다. 이 상수에서, 'help'와 필요로 하는 이미지 입력, 이렇게 두 가지의 입력 매개변수만을 받도록 할 것입니다:

```
// OpenCV includes
#include "opencv2/core/utility.hpp"
#include "opencv2/imgproc.hpp"
#include "opencv2/highgui.hpp"
using namespace cv;
// OpenCV command line parser functions
// Keys accepted by command line parser
const char* keys =
```

```
{
    "{help h usage ? | | print this message}"
    "{@image | | Image to process}"
};
```

main 함수는 명령어 라인 파서(parser) 변수로 시작합니다; 다음으로, 사용 설명을 설정하고 도움 메시지를 출력합니다. 그 다음 줄에서는 최종 실행 파일에 대한 도움말을 세팅합니다:

```
int main(int argc, const char** argv)
{
    CommandLineParser parser(argc, argv, keys);
    parser.about("Chapter 4. PhotoTool v1.0.0");
    //If requires help show
    if (parser.has("help"))
    {
        parser.printMessage();
        return 0;
}
```

만약 사용자가 도움말을 필요로 하지 않는다면, `imgFile`이라 이름 붙인 문자열 변수에서 이미지의 파일 경로를 받아온 뒤 `parser.check()` 함수로 추가된 모든 필요한 매개변수들을 확인합니다:

```
String imgFile= parser.get<String>(0);

// Check if params are correctly parsed in his variables
if (!parser.check())
{
    parser.printErrors();
    return 0;
}
```

이제, **imread** 함수를 이용하여 이미지 파일을 읽어올 수 있고, **namedWindow** 함수를 이용하여 입력 이미지를 보여줄 창을 만들 수 있습니다:

```
// Load image to process
Mat img= imread(imgFile);

// Create window
namedWindow("Input");
```

이미지를 로드하고 창을 만들었다면, 다음 할 일은 인터페이스를 위한 버튼들을 제작하고 그 버튼들을 콜백(Callback) 함수와 연결하는 것만 남았습니다. 각각의 콜백 함수는 소스코드에 정의되어 있고 각각의 함수에 대한 상세정보는 이 장의 뒷부분에서 설명하겠습니다. **createButton** 함수로 버튼을 만들고 **QT_PUSH_BUTTON** 상수를 이용하여 버튼 스타일을 정의합니다:

```
// Create UI buttons
createButton("Show histogram", showHistoCallback, NULL, QT_PUSH_BUTTON, 0);
createButton("Equalize histogram", equalizeCallback, NULL, QT_PUSH_
BUTTON, 0);
createButton("Lomography effect", lomoCallback, NULL, QT_PUSH_BUTTON, 0);
createButton("Cartoonize effect", cartoonCallback, NULL, QT_PUSH_
BUTTON, 0);
```

main 함수를 완성시키기 위해, 입력 이미지를 보여주고 애플리케이션 종료 버튼을 기다리도록 코드를 작성합니다:

```
// Show image
imshow("Input", img);

waitKey(0);
return 0;
```

이제, 각각의 콜백 함수를 정의하기만 하면 됩니다. 다음 섹션들에서는 그 작업들을 진행하겠습니다.

히스토그램 그리기

히스토그램이란 밀도를 판단하고 데이터의 분포 확률에 대해 이해할 수 있게 해주는 변수 분포의 통계적인 그래픽 표현입니다. 히스토그램은 전체 범위의 변수 값을 작은 범위의 값들로 나누고, 얼마나 많은 값들이 각각의 범주로 나누어지는지를 세어 봄으로써 제작할 수 있습니다.

어려워 보임에도 불구하고, 히스토그램 개념을 이미지에 적용한다는 것은 매우 간단합니다. 회색 이미지에서, 변수 값들의 범위는 각각의 가능한 회색 값(0부터 255값 중 하나) 이고, 밀도는 회색 값을 갖는 이미지 각각의 픽셀 수라 할 수 있습니다. 즉, 이미지에서 값이 0인 픽셀 수를 세고, 그 다음으로는 값이 1인 픽셀 수를 세는 것을 255까지 반복해야 합니다.

입력 이미지의 히스토그램을 보여주는 콜백 함수는 showHistoCallback입니다. 이 함수는 각 채널 이미지의 히스토그램을 계산하고 각 히스토그램 채널의 계산결과를 새로운 이미지에 보여줍니다.

아래의 코드를 통해 showHistoCallback 함수의 구현을 확인해 봅시다:

```
void showHistoCallback(int state, void* userData)
{
    // Separate image in BRG
    vector<Mat> bgr;
    split(img, bgr);

    // Create the histogram for 256 bins
    // The number of possibles values [0..255]
    int numbins= 256;
```

```
/// Set the ranges for B,G,R last is not included
float range[] = { 0, 256 } ;
const float* histRange = { range };

Mat b_hist, g_hist, r_hist;

calcHist(&bgr[0], 1, 0, Mat(), b_hist, 1, &numbins, &histRange);
calcHist(&bgr[1], 1, 0, Mat(), g_hist, 1, &numbins, &histRange);
calcHist(&bgr[2], 1, 0, Mat(), r_hist, 1, &numbins, &histRange);

// Draw the histogram
// We go to draw lines for each channel
int width= 512;
int height= 300;
// Create image with gray base
Mat histImage(height, width, CV_8UC3, Scalar(20,20,20));

// Normalize the histograms to height of image
normalize(b_hist, b_hist, 0, height, NORM_MINMAX);
normalize(g_hist, g_hist, 0, height, NORM_MINMAX);
normalize(r_hist, r_hist, 0, height, NORM_MINMAX);

int binStep= cvRound((float)width/(float)numbins);
for(int i=1; i< numbins; i++)
{
    line(histImage,
        Point( binStep*(i-1), height-cvRound(b_hist.at<float>(i-1))),
        Point( binStep*(i), height-cvRound(b_hist.at<float>(i) )),
        Scalar(255,0,0)
        );
    line(histImage,
        Point(binStep*(i-1), heightcvRound(g_hist.at<float>(i-1))),
        Point(binStep*(i), height-cvRound(g_hist.at<float>(i))),
        Scalar(0,255,0)
        );
```

```
        line(histImage,
            Point(binStep*(i-1), heightcvRound(r_hist.at<float>(i-1))),
            Point(binStep*(i), height-cvRound(r_hist.at<float>(i))),
            Scalar(0,0,255)
            );
    }
    imshow("Histogram", histImage);
}
```

이제 히스토그램 각 채널을 어떻게 추출하고 그리는지 이해해 봅시다. 첫째로, 각 입력 이미지 RGB 채널을 가공할 세 행렬을 생성해야 합니다. Vector형 변수를 이용하여 각각의 행렬을 저장하고 OpenCV의 `split` 함수를 사용하여 입력 이미지를 세 채널로 분배합니다:

```
// Separate image in BRG
    vector<Mat> bgr;
    split(img, bgr);
```

이제, 히스토그램의 bin 수를 정의해야 하는데, 우리의 경우, 가능한 픽셀 값마다 하나씩 필요합니다:

```
int numbins= 256;
```

이제 변수의 범위를 정의하고 각 히스토그램을 저장할 세 개의 행렬을 생성합니다:

```
/// Set the ranges for B,G,R
float range[] = {0, 256} ;
const float* histRange = {range};

Mat b_hist, g_hist, r_hist;
```

히스토그램을 계산하기 위해서는 OpenCV의 `calcHist` 함수를 사용하면 됩니다. 이 함수는 아래와 같은 순서로 몇 개의 매개변수를 가지고 있습니다.

- **입력 이미지(Input image)**: 우리의 경우, **bgr** 벡터에 저장된 하나의 이미지 채널만을 사용합니다.
- **히스토그램 계산을 위해 입력된 이미지의 수**: 우리의 경우 하나의 이미지를 사용합니다.
- **히스토그램을 계산하기 위해 사용된 채널 차원의 수**: 우리의 경우 0개의 차원을 사용합니다.
- 선택적인 마스크(mask) 행렬
- 계산된 히스토그램을 저장할 변수
- **히스토그램 차원성(dimensionality)**: 이 매개변수는 이미지(여기서는 회색 비행기)의 공간의 차원 수를 뜻합니다. 우리의 경우 1차원입니다.
- **계산할 bin의 갯수**: 우리의 경우, 한 픽셀당 256개의 bin이 필요합니다.
- **입력 변수의 범위**: 우리의 경우, 픽셀마다 0에서 255의 값이 올 수 있습니다.

각 채널에 대한 calcHist 함수는 아래와 같습니다:

```
calcHist(&bgr[0], 1, 0, Mat(), b_hist, 1, &numbins, &histRange );
calcHist(&bgr[1], 1, 0, Mat(), g_hist, 1, &numbins, &histRange );
calcHist(&bgr[2], 1, 0, Mat(), r_hist, 1, &numbins, &histRange );
```

이제 각 채널의 히스토그램 계산을 완료했으니 각각을 그려서 사용자에게 보여줄 차례입니다. 그러기 위해서 가로 512, 세로 300픽셀 크기로 컬러 이미지를 생성합니다:

```
// Draw the histogram
// We go to draw lines for each channel
int width= 512;
int height= 300;
// Create image with gray base
Mat histImage(height, width, CV_8UC3, Scalar(20,20,20));
```

히스토그램 값들을 이미지에 그리기 전에, 히스토그램 행렬들을 최솟값 0과 최댓값 사

이에서 정규화(normalize)합니다; 최댓값은 출력 히스토그램 이미지의 높이와 동일하게 설정합니다:

```
// Normalize the histograms to height of image
normalize(b_hist, b_hist, 0, height, NORM_MINMAX);
normalize(g_hist, g_hist, 0, height, NORM_MINMAX);
normalize(r_hist, r_hist, 0, height, NORM_MINMAX);
```

이제 bin `0`에서 bin `1`, 그리고 그 이후로의 선을 그려야 합니다. 이를 위해 각 bin들 사이에 몇 개의 픽셀이 있는지 계산해야 합니다. 그 후 bin의 개수로 너비를 나누어 `binStep` 변수를 계산합니다. 각각의 작은 선들은 수평 위치 `i-1`에서 `i`까지 그려집니다. 수직 위치는 해당 `i` 값의 위치에 해당하는 히스토그램 값이고, 색 채널 표현에 따라 그려집니다:

```
int binStep= cvRound((float)width/(float)numbins);
    for(int i=1; i< numbins; i++)
    {
        line(histImage,
            Point(binStep*(i-1), heightcvRound(b_hist.at<float>(i-1))),
            Point(binStep*(i), height-cvRound(b_hist.at<float>(i))),
            Scalar(255,0,0)
            );
        line(histImage,
            Point(binStep*(i-1), heightcvRound(g_hist.at<float>(i-1))),
            Point( binStep*(i), height-cvRound(g_hist.at<float>(i))),
            Scalar(0,255,0)
            );
        line(histImage,
            Point(binStep*(i-1), heightcvRound(r_hist.at<float>(i-1))),
            Point( binStep*(i), height-cvRound(r_hist.at<float>(i))),
            Scalar(0,0,255)
            );
    }
```

최종적으로, `imshow` 함수를 사용하여 히스토그램을 보여주면 됩니다:

```
imshow("Histogram", histImage);
```

이것이 `lena.png` 이미지의 히스토그램 계산 결과입니다:

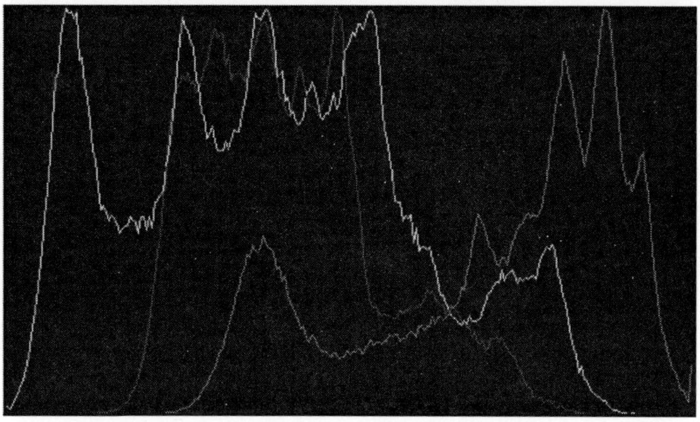

이미지 컬러 평활화

이 섹션에서는 컬러 이미지를 평활화(equalization)하는 방법에 대해 배우겠습니다. 이미지 평활화, 혹은 히스토그램 평활화는 균등한 값의 분포를 얻고자 하는 목적으로 하는 작업입니다. 평활화를 할 경우, 이미지의 대조는 증가하게 됩니다. 평활화는 대부분의 빈번한 강도의 히스토그램을 넓힘으로써 지역 대조가 낮은 영역이 높은 대조를 갖게 합니다. 이 방법은 이미지가 극도로 어둡거나 밝아 배경과 전경의 색 차이가 적을 때 매우 유용한 방법입니다. 히스토그램 평활화를 사용함으로써 과도하게, 혹은 과소하게 표현된 대조나 세부 묘사를 증가시킬 수 있습니다. 이 기술은 X-ray와 같은 의학적 이미지에서 매우 유용합니다.

그러나 이 방법에는 두 가지 주요한 단점이 있습니다: 배경 잡음의 증가와 결과적으로 유용한 신호의 감소입니다. 아래의 그림에서 평활화의 효과와 이미지 대조를 증가시킬 때의 히스토그램 확산 변화를 확인할 수 있습니다:

이제 히스토그램 평활화를 개발해 봅시다. 해당 기능을 사용자 인터페이스 코드에 정의된 Callback 함수 내부에 구현할 것입니다:

```
void equalizeCallback(int state, void* userData)
{
    Mat result;
    // Convert BGR image to YCbCr
    Mat ycrcb;
    cvtColor(img, ycrcb, COLOR_BGR2YCrCb);

    // Split image into channels
    vector<Mat> channels;
    split(ycrcb, channels);
    // Equalize the Y channel only
    equalizeHist(channels[0], channels[0]);

    // Merge the result channels
    merge(channels, ycrcb);

    // Convert color ycrcb to BGR
    cvtColor(ycrcb, result, COLOR_YCrCb2BGR);
    // Show image
```

```
    imshow("Equalized", result);
}
```

컬러 이미지를 평활화하기 위해서는 밝기 채널만 평활화하면 됩니다. 각 색 채널에서 평활화를 할 수도 있지만, 만족스러운 결과를 생성할 수 없습니다. 대신, HSV나 YCrCb와 같은, 밝기 요소를 독립적인 채널로 분리하는 다른 컬러 이미지 포맷을 이용할 수 있습니다. 따라서는 YCrCb 포맷을 선택하고 Y 채널(밝기)을 사용하여 평활화를 진행합니다. 다음의 단계를 따릅니다:

1. BGR 이미지를 `cvtColor` 함수를 사용해 YCrCb로 변환합니다:

   ```
   Mat result;
   // Convert BGR image to YCbCr
   Mat ycrcb;
   cvtColor(img, ycrcb, COLOR_BGR2YCrCb);
   ```

2. YCrCb 이미지를 다른 채널 행렬로 나눕니다:

   ```
   // Split image into channels
   vector<Mat> channels;
   split(ycrcb, channels);
   ```

3. 입력과 출력 행렬, 두 가지 매개변수만을 가진 `equalizeHist` 함수를 이용하여 이미지의 Y 채널에서만 히스토그램을 평활화합니다:

   ```
   // Equalize the Y channel only
   equalizeHist(channels[0], channels[0]);
   ```

4. 그 결과로 얻은 채널들을 병합한 뒤 사용자에게 결과를 보여주기 위해 BGR 형식으로 변환합니다:

   ```
   // Merge the result channels
   merge(channels, ycrcb);

   // Convert color ycrcb to BGR
   ```

```
cvtColor(ycrcb, result, COLOR_YCrCb2BGR);

// Show image
imshow("Equalized", result);
```

낮은 대조의 Lena 이미지에 위의 과정을 적용하였을 때 아래와 같은 결과를 얻을 수 있습니다:

로모그래피 효과

이 섹션에서는 구글 카메라나 인스타그램 같은 스마트폰 어플에서는 매우 흔한 또 다른 이미지 효과를 개발할 것입니다. 이 효과는 **룩업 테이블**(look-up table, LUT)이라고 부릅니다. 사용법에 대한 상세한 설명은 이번 섹션의 후반부에서 진행하겠습니다. 원하는 효과를 적용하기 위해 어떻게 이미지 효과 — 우리의 경우는 어두운 광륜(원형으로 빛나는 형태의 효과) 이미지 — 를 더하는지에 대한 방법을 배워보겠습니다. 해당 효과를 개발하기 위한 `lomoCallback` 콜백 함수 코드는 다음과 같습니다:

```
void lomoCallback(int state, void* userData)
{
    Mat result;
    const double exponential_e = std::exp(1.0);
    // Create Look-up table for color curve effect
    Mat lut(1, 256, CV_8UC1);
    for (int i=0; i<256; i++)
    {
        float x= (float)i/256.0;
        lut.at<uchar>(i)= cvRound(256 * (1/(1 + pow(exponential_e, -
                                   ((x-0.5)/0.1)) )) );
    }
    // Split the image channels and apply curve transform only to red
       channel
    vector<Mat> bgr;
    split(img, bgr);
    LUT(bgr[2], lut, bgr[2]);
    // merge result
    merge(bgr, result);
    // Create image for halo dark
    Mat halo(img.rows, img.cols, CV_32FC3, Scalar(0.3,0.3,0.3) );
    // Create circle
    circle(halo, Point(img.cols/2, img.rows/2), img.cols/3, Scalar(1,1,
           1), -1);
    blur(halo, halo, Size(img.cols/3, img.cols/3));
    // Convert the result to float to allow multiply by 1 factor
    Mat resultf;
    result.convertTo(resultf, CV_32FC3);
    // Multiply our result with halo
    multiply(resultf, halo, resultf);
    // convert to 8 bits
    resultf.convertTo(result, CV_8UC3);

    // show result
    imshow("Lomography", result);
}
```

이제 어떻게 로모그래피 효과가 적용되는지 구현 방법을 알아보겠습니다. 로모그래피 효과는 몇 가지 단계들로 구분되지만, 우리의 예제에서는 간단하게 두 단계로 개발하겠습니다:

1. 룩업 테이블을 이용하여 붉은색 채널에 커브를 주는 색 조작 효과
2. 어두운 광륜 효과를 주는 빈티지 효과

첫 단계로, 다음의 함수를 적용한 곡선 변환로 붉은색을 조작합니다:

$$\frac{1}{1+e^{-\frac{x-0.5}{s}}}$$

이 수식은 어두운 값을 더 어둡게 하고 밝은 값을 더 밝게 하는 곡선 형태로 나타납니다. 변수 **x**의 값은 가능한 픽셀의 값(`0`에서 **255**)이고, 변수 s는 우리의 예시에서는 `0.1`로 설정된 상수 값입니다. 낮은 상수 값에서 생성된 픽셀이 **128**보다 낮은 값을 가진 경우에는 매우 어둡게 표현되고, **128**보다 높은 값은 매우 밝게 표현됩니다. 상수 값이 **1**에 가까우면 그래프 곡선이 선으로 변화되고, 우리가 원하는 효과를 만들지 못하게 됩니다:

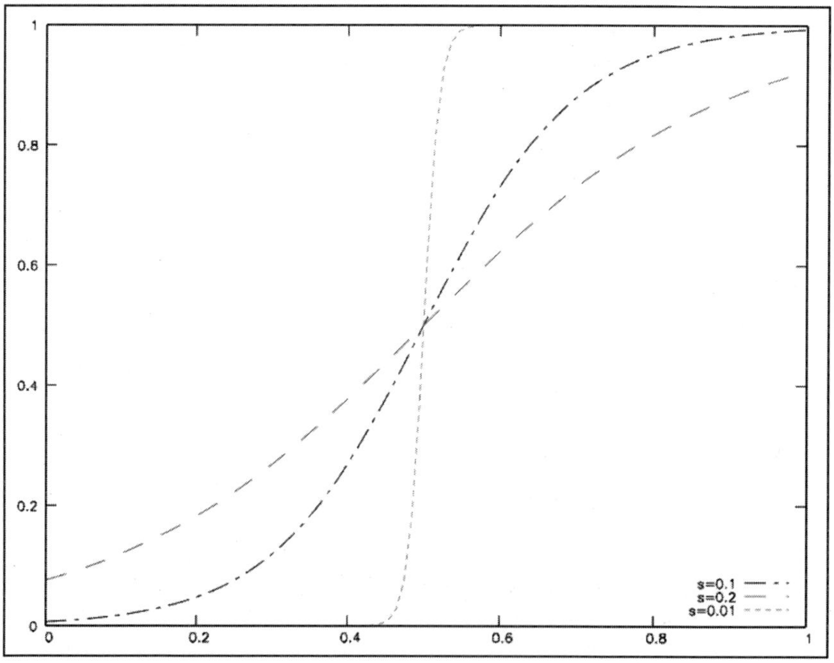

이 함수는 룩업테이블을 사용하여 매우 쉽게 개발할 수 있습니다. 룩업테이블은 메모리에서 계산을 진행하기 위한 주어진 값에 전처리된 값을 돌려주는 벡터 혹은 표입니다. 룩업테이블은 부담스러운 계산을 반복적으로 하는 것을 피해 CPU 작업량을 줄여주기 위해 흔히 쓰이는 기술입니다. 각 픽셀마다 **exponential/divide** 함수를 불러와 사용하는 방법 대신, 가능한 픽셀 값(256회) 만큼만 계산한 뒤 결과를 표에 저장합니다. 따라서 CPU 작동 시간을 메모리 비트 수만큼 아낄 수 있습니다. 작은 이미지를 표준적인 PC에서 작업할 때에는 큰 차이가 생기지 않을지도 모르지만, 라즈베리 파이(Raspberry Pi)와 같은 CPU 성능이 제약된 하드웨어에서는 큰 차이가 생깁니다.

우리의 경우를 예로 들자면, 이미지의 모든 픽셀에 함수를 적용하려고 하면 width(너비)×height(높이) 만큼의 계산을 해야 합니다; 예를 들어, 이미지 크기가 100×100 픽셀이라면 10,000번의 계산을 해야 합니다. 만약 우리가 모든 가능한 입력에 대한 전처리된 값을 가지고 있다면 룩업 테이블을 만들 수 있습니다. 한 이미지의 픽셀들은 최대 256가지의 값만을 가질 수 있습니다. 만약 함수를 적용해 식을 바꾸고 싶다면, 256가지 값들을 미리 계산하여 룩업테이블 벡터에 저장할 수 있습니다. 샘플 코드에서는, `E` 변수를 정의하고, 1열 256행의 `lut` 행렬을 선언합니다. 이후, 수식을 적용하고 `lut` 변수에 저장하는 것을 가능한 픽셀 값 수만큼 반복하면 됩니다:

```
const double exponential_e = std::exp(1.0);
// Create look-up table for color curve effect
Mat lut(1, 256, CV_8UC1);
Uchar* plut= lut.data;
for (int i=0; i<256; i++)
{
   double x= (double)i/256.0;
   plut[i]= cvRound( 256.0 * (1.0/(1.0 + pow(exponential_e, -
((x-0.5)/0.1)) )) );
}
```

앞부분에서 언급했던 대로, 이 함수를 모든 채널에 적용하지는 않습니다; 따라서 우리는 입력이미지를 `split` 함수를 이용하여 채널을 분리할 필요가 있습니다:

```
// Split the image channels and apply curve transform only to red channel
vector<Mat> bgr;
split(img, bgr);
```

그 다음으로, `lut` 테이블 변수를 붉은색 채널에 적용합니다. OpenCV는 다음과 같은 세 매개변수를 가진 `LUT` 함수를 제공합니다:

- 입력 이미지
- 룩업 테이블 행렬
- 출력 이미지

다음으로, `LUT` 함수와 red 채널을 불러옵니다:

```
LUT(bgr[2], lut, bgr[2]);
```

이제, 계산한 채널들을 병합하기만 하면 됩니다:

```
// merge result
merge(bgr, result);
```

첫 단계는 이 정도면 완료되었고, 효과를 완성하기 위해서는 어두운 광륜만 만들면 됩니다. 이를 위해, 이미지 크기와 같은 크기로 내부에 흰 원이 있는 회색 이미지를 만듭니다:

```
// Create image for halo dark
Mat halo(img.rows, img.cols, CV_32FC3, Scalar(0.3,0.3,0.3));
// Create circle
circle(halo, Point(img.cols/2, img.rows/2), img.cols/3, Scalar(1,1,1), -1);
```

위 코드는 다음의 스크린샷과 같은 이미지를 만듭니다:

만약 이 이미지를 입력 이미지에 그대로 적용한다면, 사진은 흰 원과 어두운 바깥 배경 사이에 급격한 큰 변화가 생기게 됩니다. 따라서 `blur` 필터 함수를 사용하여 위의 광륜 이미지의 색이 부드럽게 흐려지듯이 변화하는 효과를 줍니다:

```
blur(halo, halo, Size(img.cols/3, img.cols/3));
```

이제 광륜 이미지는 blur 함수를 통해 아래와 같이 변환됩니다:

이제, 첫 번째 단계에서 제작한 광륜을 입력 이미지에 적용해야 합니다. 적용하기 쉬운 방법은 두 이미지를 곱하는 것입니다. 그러기 위해서는, 입력 이미지를 8비트 이미지에서 0에서 1 사이의 범위의 값을 갖는 32비트 부동소수점 숫자로 변환해야 합니다. 왜냐하면 0에서 1 사이의 범위의 값을 갖는 blur 처리한 광륜 이미지를, 정수 값을 가지고 있는 입력 이미지에 곱하게 되는 것이기 때문입니다. 다음의 코드를 통해 이 변환을 진행합니다:

```
// Convert the result to float to allow multiply by 1 factor
Mat resultf;
result.convertTo(resultf, CV_32FC3);
```

이미지를 변환한 후, 각각의 행렬 사이에 요소별로 곱합니다:

```
// Multiply our result with halo
multiply(resultf, halo, resultf);
```

마지막으로, 부동소수점 이미지 행렬로 출력된 결과를 8비트의 이미지 행렬로 다시 변환해 줍니다:

```
// convert to 8 bits
resultf.convertTo(result, CV_8UC3);

// show result
imshow("Lomograpy", result);
```

아래의 사진을 통해 결과를 확인할 수 있습니다:

만화화 효과(Cartoonize effect)

이 장의 마지막 섹션에서는 **만화화**(cartoonize) 효과를 구현해 보겠습니다; 이 효과는 이미지가 만화처럼 보이게 하는 것이 목적입니다. 목적 달성을 위한 알고리즘은 두 단계로 나누어 집니다: **윤곽선 탐지**(edge detection)와 **색 필터링**(color filtering)입니다.

아래 코드에서 보이듯이, `cartoonCallback` 함수가 만화화 효과를 정의하고 있습니다:

```
void cartoonCallback(int state, void* userData)
{
    /** EDGES **/
    // Apply median filter to remove possible noise
    Mat imgMedian;
    medianBlur(img, imgMedian, 7);

    // Detect edges with canny
    Mat imgCanny;
    Canny(imgMedian, imgCanny, 50, 150);
    // Dilate the edges
    Mat kernel= getStructuringElement(MORPH_RECT, Size(2,2));
    dilate(imgCanny, imgCanny, kernel);

    // Scale edges values to 1 and invert values
    imgCanny= imgCanny/255;
    imgCanny= 1-imgCanny;
    // Use float values to allow multiply between 0 and 1
    Mat imgCannyf;
    imgCanny.convertTo(imgCannyf, CV_32FC3);

    // Blur the edgest to do smooth effect
    blur(imgCannyf, imgCannyf, Size(5,5));

    /** COLOR **/
    // Apply bilateral filter to homogenizes color
```

```
    Mat imgBF;
    bilateralFilter(img, imgBF, 9, 150.0, 150.0);

    // truncate colors
    Mat result= imgBF/25;
    result= result*25;

    /** MERGES COLOR + EDGES **/
    // Create a 3 channles for edges
    Mat imgCanny3c;
    Mat cannyChannels[]={ imgCannyf, imgCannyf, imgCannyf};
    merge(cannyChannels, 3, imgCanny3c);

    // Convert color result to float
    Mat resultf;
    result.convertTo(resultf, CV_32FC3);

    // Multiply color and edges matrices
    multiply(resultf, imgCanny3c, resultf);

    // convert to 8 bits color
    resultf.convertTo(result, CV_8UC3);

    // Show image
    imshow("Result", result);

}
```

첫 번째 단계는 이미지에서 가장 중요한 **윤곽선**을 탐지하는 것입니다. 윤곽선 탐지를 위해서는 사전에 입력 이미지의 잡음을 제거해야 합니다. 잡음 제거를 위해서는 여러 방법이 있습니다. 우리는 가능한 작은 잡음들을 제거하기 위해 중간값 필터(median filter)를 사용할 것인데, 가우시안 블러(Gaussian blur) 등의 다른 방법을 사용할 수도 있습니다. 중앙값 필터 OpenCV 함수는 **medianBlur**인데, 세 가지 매개변수를 전달받습니다: 입력 이미지, 출력 이미지, 그리고 커널의 크기입니다(kernel은 이미지의 컨볼루션 평균

(convolutional mean)을 구하는 등의 몇몇 수학적 계산을 위해 사용되는 작은 행렬입니다):

```
Mat imgMedian;
medianBlur(img, imgMedian, 7);
```

가능한 모든 잡음을 제거한 뒤, Canny 필터를 이용하여 강한 외곽선을 탐지합니다:

```
// Detect edges with canny
Mat imgCanny;
Canny(imgMedian, imgCanny, 50, 150);
```

Canny 필터는 다음과 같은 매개변수들을 받습니다:

- 입력 이미지
- 출력 이미지
- 첫 번째 임계값
- 두 번째 임계값
- 소벨 커널 크기
- 그래디언트 크기 계산시 L2 방식 사용 유/무를 설정하는 boolean형 값

첫 번째 임계값과 두 번째 임계값 중에서 가장 작은 값이 윤곽선 연결에 사용됩니다. 가장 큰 값은 강한 윤곽의 시작 부분을 찾는데 사용됩니다. 소벨 크기는 알고리즘에서 사용될 소벨 필터를 위한 커널 사이즈입니다. 윤곽선을 탐지한 후, 끊어진 윤곽선을 잇기 위해 약간의 팽창(dilation) 연산을 적용합니다:

```
// Dilate the edges
Mat kernel= getStructuringElement(MORPH_RECT, Size(2,2));
dilate(imgCanny, imgCanny, kernel);
```

로모그래피 효과에서 했던 작업과 유사하게, 탐지한 윤곽선 결과 이미지를 색깔 이미지와 곱하기 위해서는 픽셀 값을 0에서 1 사이의 값을 갖도록 해야 합니다. 그러기 위해

canny 결과를 256으로 나누고 윤곽선을 검은 색으로 반전시킵니다:

```
// Scale edges values to 1 and invert values
imgCanny= imgCanny/255;
imgCanny= 1-imgCanny;
```

또한 canny 결과로 나온 부호없는 8비트 픽셀 형식을 부동소수점 행렬로 변환시킵니다:

```
// Use float values to allow multiply between 0 and 1
Mat imgCannyf;
imgCanny.convertTo(imgCannyf, CV_32FC3);
```

추가적으로 멋진 결과물을 얻기 위해, `blur` 필터를 적용해 윤곽선을 흐리게 하고 결과물의 선들을 부드럽게 만들어줍니다:

```
// Blur the edgest to do smooth effect
blur(imgCannyf, imgCannyf, Size(5,5));
```

이렇게 하여 알고리즘의 첫 번째 단계가 완료되었습니다. 이제 컬러에 손댈 차례입니다. 만화적인 형상을 보여주기 위해, `bilateral` 필터를 사용합니다:

```
// Apply bilateral filter to homogenizes color
Mat imgBF;
bilateralFilter(img, imgBF, 9, 150.0, 150.0);
```

`bilateral` 필터는 윤곽을 유지하면서 잡음을 줄여주는 필터입니다. 이후에 알아볼 적절한 매개변수만 있으면 만화같은 효과를 줄 수 있습니다.

`bilateral` 필터의 매개변수는 다음과 같습니다:

- 입력 이미지
- 출력 이미지
- 픽셀 주변의 지름; 만약 이 매개변수가 음수로 설정된다면 시그마 공간 값으로

부터 계산됩니다.

- 시그마 색 값
- 시그마 좌표 공간

지름이 5보다 크다면, bilateral 필터가 느려지기 시작합니다. 시그마 값이 150 이상일 때 만화화 효과가 나타나기 시작합니다.

더 강한 만화화 효과를 내기 위해서, 픽셀들의 값을 곱하고 나누어 가능한 색 값을 10 줄여줍니다:

```
// truncate colors
Mat result= imgBF/25;
result= result*25;
```

마지막으로, 색과 윤곽선 결과물들을 병합해 줍니다. 그 이후 3 채널 이미지를 다음과 같이 생성해 줍니다:

```
// Create a 3 channles for edges
Mat imgCanny3c;
Mat cannyChannels[]={ imgCannyf, imgCannyf, imgCannyf};
merge(cannyChannels, 3, imgCanny3c);
```

이제 결과물인 컬러 이미지를 32비트 부동소수점 이미지로 변환할 수 있습니다. 변환 후 두 이미지들을 요소별로 곱해줍니다:

```
// Convert color result to float
Mat resultf;
result.convertTo(resultf, CV_32FC3);

// Multiply color and edges matrices
multiply(resultf, imgCanny3c, resultf);
```

최종적으로, 이전까지의 결과물을 8비트 포맷으로 변환한 뒤, 변환 완료된 이미지를 사용자에게 보여줍니다:

```
// convert to 8 bits color
resultf.convertTo(result, CV_8UC3);

// Show image
imshow("Result", result);
```

다음 스크린샷에서, 입력 이미지(좌측 그림)와 만화화 효과를 적용한 결과 이미지(우측 그림)를 확인할 수 있습니다:

요약

이 장에서는 입력 이미지에 여러 효과를 적용시켜, 완성된 프로젝트를 제작하는 방법에 대해 배워보았습니다. 또한, 하나의 채널에만 효과를 적용하기 위해 컬러 이미지를 여러 행렬로 나누어 보기도 하였습니다. 룩업 테이블을 만드는 방법, 여러 행렬들을 하나로 병합하는 방법, Canny 필터와 bilateral 필터 사용법, 원 그리는 방법, 그리고 광륜 효과를 위한 이미지 곱셈을 배워보았습니다.

다음 장에서는, 객체 광학 검사를 활용하여 이미지를 여러 부분으로 분할하고 객체를 감지하는 방법에 대해서 배워보겠습니다.

CHAPTER 5

자동 광학 검사, 객체 분할 및 감지

4장, '히스토그램 및 필터'에서 우리는 이미지 조작과 사진 애플리케이션 생성을 가능하게 하는 히스토그램과 필터 사용법에 대해서 알아보았습니다. 이 장에서는 객체 분할과 감지의 기본 개념을 소개합니다. 이는, 향후 처리 및 분석을 위해 이미지에 표시되는 객체들을 분리하는 것을 의미합니다.

이 장에서는 다음과 같은 주제를 소개합니다:

- 노이즈 제거
- 조명/배경 제거 기본 사항
- 임계값 설정
- 객체 분할을 위해 연결된 구성 요소 찾기
- 객체 분할을 위한 윤곽선 찾기

오늘날 많은 **산업분야**에서 복잡한 컴퓨터 비전 시스템과 하드웨어가 사용됩니다. 컴퓨터 비전은 생산 공정에서 발생하는 문제를 감지하고 오류를 최소화하여 최종 제품의 품질을 향상시키는 곳에 사용될 수 있습니다.

이 장에서는 다룰 컴퓨터 비전을 활용한 과제는 **자동광학검사**(AOI, Automated Optical Inspection)입니다. 이는 **인쇄회로기판 제조업체**의 검사에 사용되는데, 한 대 이상의 카메라가 각 회로판을 스캔하여 심각한 고장 및 품질 결함을 감지하는 기술을 말합니다. 이 기술은 광학 카메라 시스템과 컴퓨터 비전 알고리즘을 사용하여, 제품의 품질을 높일 수 있도록 하는 다른 제조 산업에도 사용되었습니다. 요즘은 필요 요건에 따른 다양한 카메라 종류(적외선 또는 3D 카메라)를 이용한 **광학검사**와 복잡한 알고리즘들이 **결함검출**, 분류 등 다양한 용도로 수많은 산업에 사용되고 있습니다.

기술 요구사항

이 장을 이해하기 위해서는 기본 C++ 프로그래밍 언어에 익숙해야 합니다. 이 장에서 사용된 모든 코드는 다음 GitHub 링크에서 다운로드할 수 있습니다: `https://github.com/PacktPublishing/Learn-OpenCV-4-By-Building-Projects-Second-Edition/tree/master/Chapter_05`. 다운로드 받은 코드는 모든 운영 체제에서 실행될 수 있지만, 우분투(Ubuntu) 운영체제에서만 테스트되었습니다.

다음 링크에서 코드실행 동영상을 확인할 수 있습니다:
`http://bit.ly/2DRbMbz`

배경 씬(scene)에서 객체 분리

이 장에서는 AOI 알고리즘의 첫 번째 단계를 소개하고, 배경 장면에서 서로 다른 부품이나 물체를 분리해 보려고 합니다. 본 장과 다음 장인 6장 '객체 분류'에서 세 가지 객체 타입(즉, 나사, 패킹 링, 너트)의 감지 및 분류를 예로 다룰 예정입니다.

우리가 이 세 가지 부품을 생산하는 회사에 있다고 상상해 보십시오. 그리고 세 가지 부품들이 모두 같은 컨베이어 벨트에 담겨 있다고 가정합시다. 우리의 목표는 컨베이어 벨트 위 각각의 부품들을 감지하고, 각각의 부품을 똑바로 분류하여 올바른 선반에 로봇이 세 가지 부품을 분리해 놓을 수 있도록 하는 것입니다:

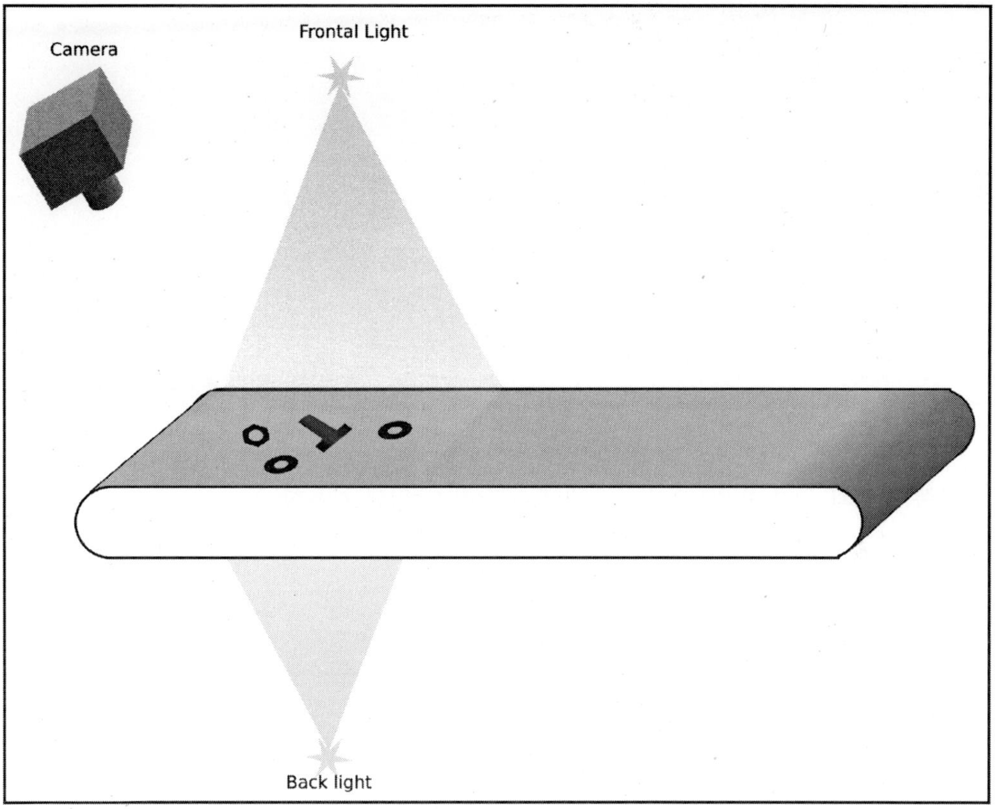

이 장에서는 픽셀로 구성된 이미지에서 각 물체를 분리하고 그 위치를 탐지하는 방법을 배우겠습니다. 그리고 다음 장에서는 각각의 분리된 물체들이 너트인지 나사인지, 패킹링인지를 바르게 분류하는 방법을 배워보겠습니다.

다음 스크린샷에서 왼쪽 그림은 몇 개의 물체가 놓여 있는 카메라 이미지를 보여줍니다. 오른쪽 그림에서는 각각의 물체를 다양한 영역, 높이, 너비 및 윤곽선 크기와 같은 특징을 나타내도록 다른 색상으로 그린 원하는 최종 결과를 보여줍니다:

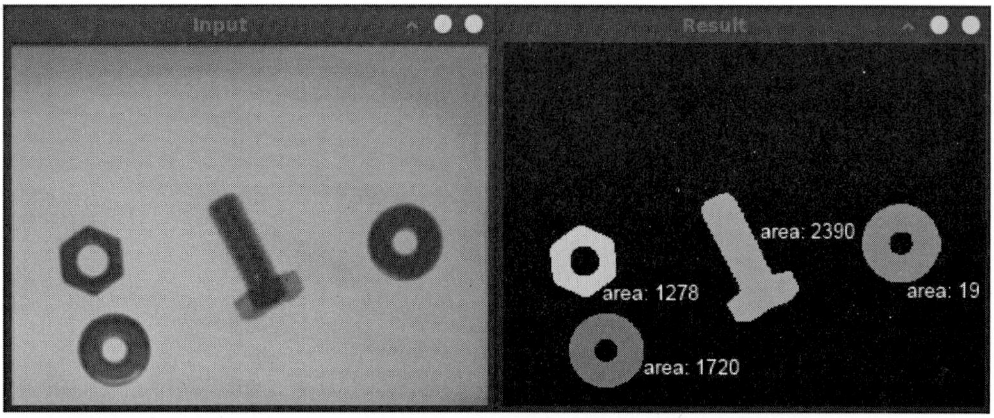

오른쪽 그림과 같은 원하는 최종 결과에 도달하기 위해 사용할 알고리즘을 여러분이 더 잘 이해할 수 있도록 몇 가지 단계들로 나누어 구성하고, 각 단계들을 자세히 살펴볼 것입니다. 다음 도표에서 이러한 단계를 확인할 수 있습니다:

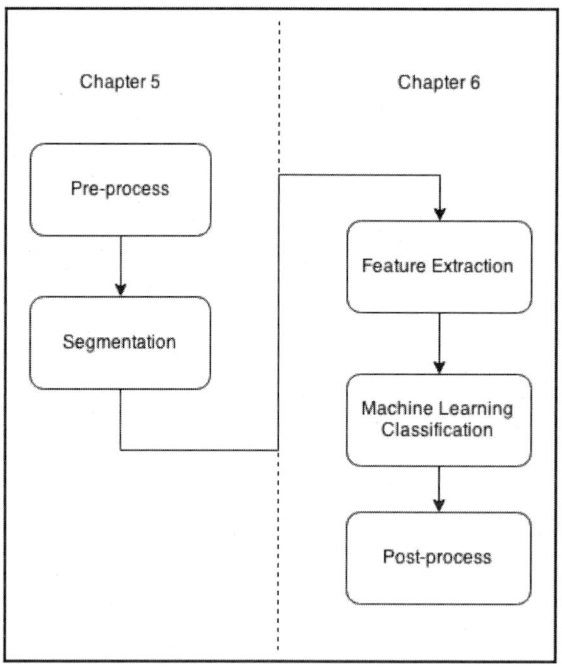

개발할 애플리케이션은 5장과 6장에 걸쳐 나누어 설명할 예정입니다. 이 장에서는 응용 프로그램의 전처리 단계와 세분화 단계를 개발하고 설명할 것입니다. 6장, '객체 분류'에서는 각 분할된 객체의 특성을 추출하여 각 객체 클래스를 인식하는 방법에 대한 기계 학습 시스템 알고리즘을 설명할 것입니다.

전처리 단계는 다음 세 가지 하위 집합으로 나뉩니다.

- **노이즈 제거**
- **조명 제거**
- **이진화**

세분화 단계에서는 다음 두 가지 알고리즘을 사용합니다.

- 윤곽선 감지
- **연결된 구성 요소** 추출(라벨링)

다음 도표에서 이러한 단계와 응용 프로그램 흐름을 자세히 볼 수 있습니다:

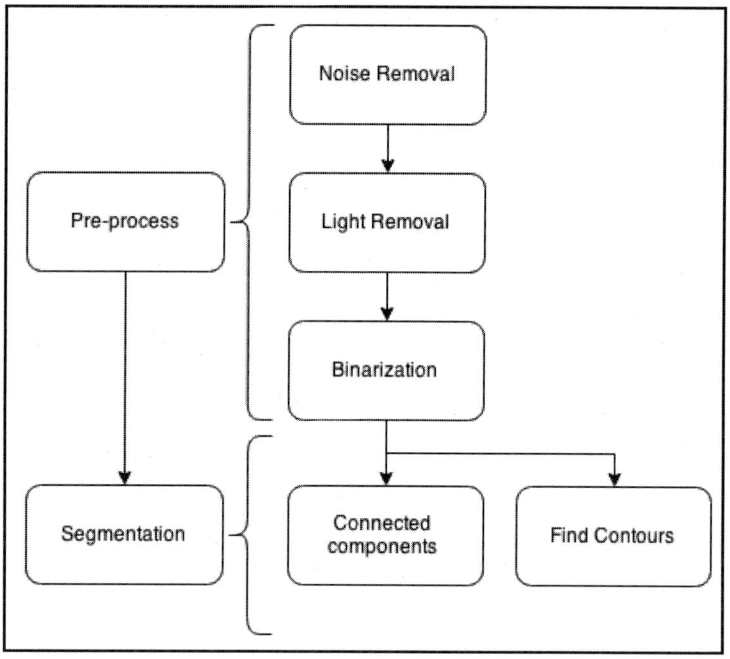

이제 노이즈 및 조명 효과를 제거하여 최고의 **이진화** 이미지를 얻을 수 있도록 전처리 단계를 시작할 차례입니다. 이는 가능한 감지 오류를 최소화하기 위한 단계입니다.

자동광학검사(AOI)용 응용 프로그램 생성

새 애플리케이션을 만들려면 몇 가지 입력 매개변수가 필요합니다. 사용자가 응용 프로그램을 실행시킬 때, 프로그램이 처리할 입력 이미지 매개변수를 제외한, 다른 입력 매개변수들은 선택 사항입니다. 입력 매개변수들은 다음과 같습니다:

- 처리할 입력 이미지
- 조명 이미지 패턴
- 사용자가 빼기 연산 또는 나누기 연산 중에서 선택할 수 있는 조명 작업 선택 옵션
  - 사용자가 0을 값으로 설정하면 빼기 연산이 조명 작업에 적용됩니다.
  - 사용자가 1을 값으로 설정하면 나누기 연산이 조명 작업에 적용됩니다.
- 사용자가 통계를 포함하거나 포함하지 않고 연결된 구성 요소 중에서 선택하고 윤곽 방법을 찾을 수 있는 분할 옵션
  - 사용자가 1을 입력 값으로 설정하면 분할에 단순 연결된 컴포넌트 분할이 적용됩니다.
  - 사용자가 2를 입력 값으로 설정하면 분할에 통계 영역이 있는 연결된 컴포넌트 분할이 적용됩니다.
  - 사용자가 3을 입력 값으로 설정하면 분할에 윤곽선 찾기 방법이 적용됩니다.

이러한 사용자 선택을 가능하게 하기 위해, 아래 코드에 보이는 키를 사용하여 명령행 구문 분석기(command line parser) 클래스를 사용합니다:

```
// OpenCV command line parser functions
// Keys accepted by command line parser
const char* keys =
{
```

```
    "{help h usage ? | | print this message}"
    "{@image || Image to process}"
    "{@lightPattern || Image light pattern to apply to image input}"
    "{lightMethod | 1 | Method to remove background light, 0 difference,
      1 div }"
    "{segMethod | 1 | Method to segment: 1 connected Components, 2 con-
      nected components with stats, 3 find Contours }"
};
```

매개변수를 확인하여 기본 함수에서 command line parser 클래스를 사용하려고 합니다. CommandLineParser는 2장, 'OpenCV 기초'의 '비디오와 카메라를 읽기' 섹션에 설명되어 있습니다:

```
int main(int argc, const char** argv)
{
    CommandLineParser parser(argc, argv, keys);
    parser.about("Chapter 5. PhotoTool v1.0.0");
    //If requires help show
    if (parser.has("help"))
    {
        parser.printMessage();
        return 0;
    }

    String img_file= parser.get<String>(0);
    String light_pattern_file= parser.get<String>(1);
    auto method_light= parser.get<int>("lightMethod");
    auto method_seg= parser.get<int>("segMethod");
    // Check if params are correctly parsed in his variables
    if (!parser.check())
    {
        parser.printErrors();
        return 0;
    }
```

명령행의 사용자 입력문을 구문 분석한 후, 입력 이미지가 올바르게 로드되었는지 확인해야 합니다. 그런 다음 이미지를 로드하고 데이터가 있는지 확인합니다:

```
// Load image to process
    Mat img= imread(img_file, 0);
    if(img.data==NULL){
        cout << "Error loading image "<< img_file << endl;
        return 0;
}
```

이제 AOI 분할 프로세스를 만들 준비가 되었습니다. 전처리 작업부터 시작하겠습니다.

입력 이미지 전처리기

이 섹션에서는 객체 분할/검출의 맥락에서 이미지를 전처리하는 데 적용할 수 있는 가장 일반적인 몇 가지 기술들을 소개합니다. 필요한 정보를 추출하는 작업을 시작하기 전에 사전 처리를 통해 새 이미지를 가장 먼저 변경할 수 있습니다. 일반적으로, 전처리 단계에서는 카메라 렌즈로 인한 영상 노이즈, 조명 조건 또는 영상 변형을 최소화하려고 노력합니다. 이러한 단계는 이미지에서 객체 탐지 또는 분할하는데 있어서 오류를 최소화합니다.

노이즈 제거

노이즈는 일반적으로 영상에서 작은 점으로 표시되어 개체로 인식될 수 있기 때문에, 노이즈를 제거하지 않으면 이미지가 예상보다 많은 개체로 분할될 수 있습니다. 일반적으로 센서 및 스캐너 회로는 이러한 노이즈를 발생시킵니다. 조명 밝기 변화 또는 색상의 변화는 가우시안(Gaussian) 노이즈, 스파이크(Spike) 노이즈 및 숏(Shot) 노이즈와 같은 다양한 유형으로 나타낼 수 있습니다.

노이즈를 제거하기 위해 사용할 수 있는 기법은 다양합니다. 여기서는 부드러운 작동을 사용할 예정이지만, 노이즈의 종류에 따라 일부는 다른 것들보다 나은 것도 있습니다.

중간값 필터(median filter)는 일반적으로 소금과 후추(salt-and-pepper) 노이즈를 제거하는 데 매우 효과적입니다. 다음 이미지 예를 들겠습니다:

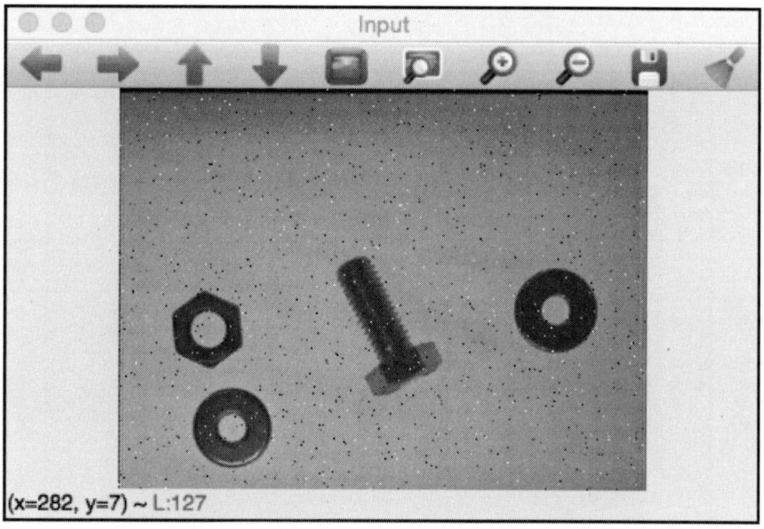

위의 이미지는 소금과 후추 노이즈가 있는 원래 입력 이미지입니다. 중간 흐림 효과(median blur)를 적용하면 약간의 디테일을 잃는 대신 노이즈를 제거한 멋진 결과를 얻을 수 있습니다. 예를 들어 나사 몸체의 섬세한 요철을 잃는 대신 나사 영역과 그 밖을 구분하는 완벽한 경계선을 얻을 수 있습니다. 다음 이미지에서 결과를 확인할 수 있습니다.

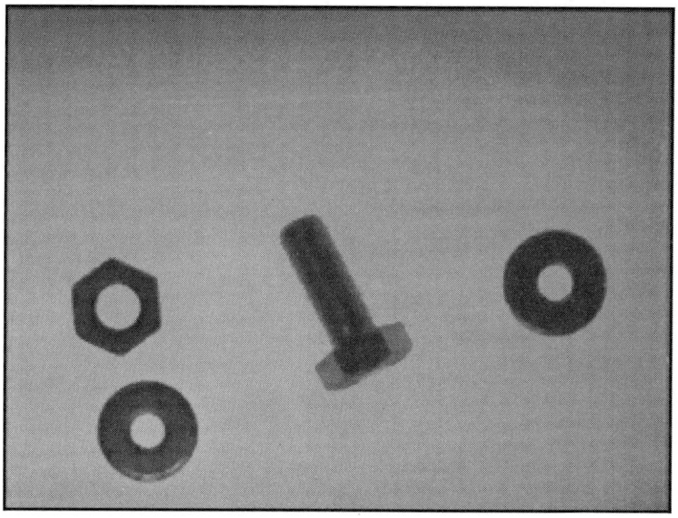

박스 필터(box filter) 또는 가우시안 필터(Gaussian filter)를 적용하면 노이즈가 완전히 제거되지는 않지만 비교적 부드럽게 변화되고, 객체의 세부 윤곽 정보도 일부 손실되지만 부드럽게 됩니다. 결과는 다음 이미지를 참조하십시오:

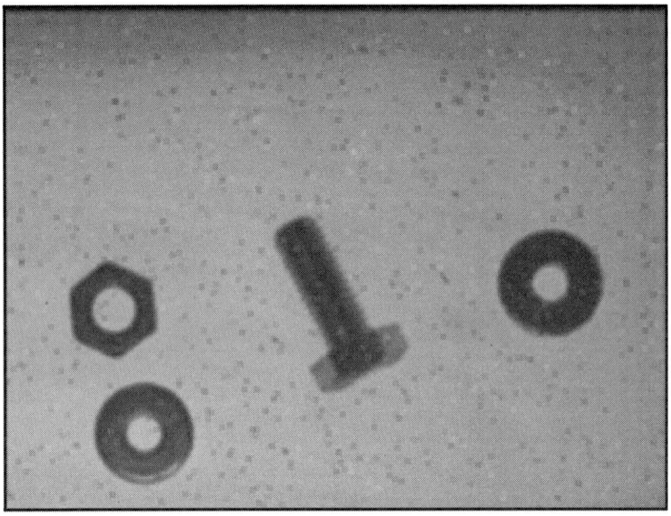

OpenCV는 세 개의 매개변수를 요구하는 **medianBlur** 함수를 제공합니다:

- 1, 3 또는 4 채널 입력 이미지. 커널 크기가 5보다 큰 경우 **CV_8U** 깊이만 사용할 수 있습니다.
- 출력 이미지. 입력과 동일한 유형 및 깊이로 중간 흐림 효과(median blur)를 적용한 결과 이미지입니다.
- 커널 크기. 1보다 크고 홀수인 조리개(aperture) 크기입니다(예: 3, 5, 7 등).

다음 코드는 노이즈를 제거하는 데 사용됩니다:

```
Mat img_noise;
medianBlur(img, img_noise, 3);
```

분할(segmentation)을 위해 조명 패턴을 사용하여 배경 제거

이 섹션에서는 조명 패턴을 사용하여 배경을 제거할 수 있는 기본 알고리즘을 개발하려고 합니다. 이 전처리는 더 나은 분할을 제공합니다. 노이즈가 없는 입력 이미지는 다음과 같습니다:

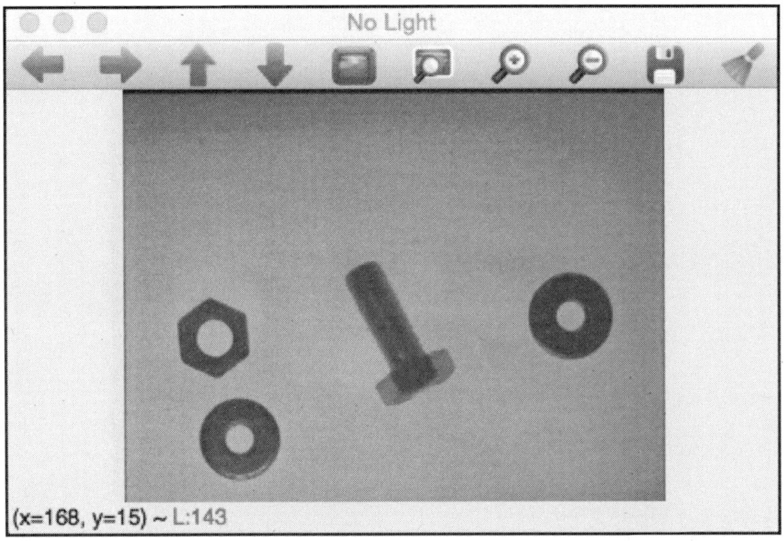

기본 임계값을 적용하면 다음과 같은 이미지 결과가 나타납니다:

이미지 상단에 흰색 노이즈가 많은 것을 볼 수 있습니다. 조명 패턴을 사용한 배경 제거 기술을 적용하면 이전 임계값 작업과 같이 이미지 상단에 흰색 노이즈가 사라진 것을 확인할 수 있는 멋진 결과를 얻을 수 있습니다. 따라서 분할해야 할 때 더 나은 결과를 얻을 수 있습니다. 다음 이미지에서 임계값 설정 및 배경 제거 결과를 확인할 수 있습니다:

이제, 어떻게 하면 이미지에서 조명을 제거할 수 있을까요? 매우 간단합니다. 어떤 물체도 없다는 각본(scenario) 사진만 있으면 됩니다. 정확히 같은 위치에서 그리고 다른 이미지들이 촬영된 것과 같은 조명 조건 하에서 촬영한 사진 말입니다. 이 기술은 외부 조건들이 관리되고 잘 알려져 있는 AOI(자동광학검사)에서 매우 일반적인 기술입니다. 이 경우 이미지 결과는 다음 이미지와 유사합니다:

이제, 간단한 수학적 연산을 통해 이 조명 패턴을 제거할 수 있습니다. 제거에는 두 가지 옵션이 있습니다.

- 뺄셈
- 나눗셈

뺄셈 옵션은 가장 간단한 방법입니다. 조명 패턴 L과 이미지 그림 I를 가지고 있다면, 결과인 제거 R은 이들 사이의 차이입니다:

```
R= L-I
```

나눗셈은 좀 더 복잡하지만, 한편으로는 오히려 간단할 수도 있습니다. 조명 패턴 행렬 L과 이미지 그림 행렬 I가 있는 경우, 결과인 제거 R은 다음과 같습니다:

```
R= 255*(1-(I/L))
```

이 경우, 이미지 그림을 조명 패턴으로 나눈 다음, 밝은 조명이 흰색이고 물체가 배경 컨베이어 벨트보다 어두운 경우, 이미지 픽셀 값은 항상 조명 픽셀 값과 같거나 낮다고 가정합니다. 따라서, `I/L`에서 얻은 결과는 `0`과 `1` 사이입니다. 마지막으로, 이 나눗셈의 결과를 반전시켜 동일한 색상 방향 범위를 얻고 `255`를 곱하여 `0-255` 범위 내의 값을 얻습니다.

예제 코드에서는 다음 매개변수를 사용하여 `removeLight`라는 새 함수를 작성합니다:

- 조명/배경을 제거할 입력 이미지
- 조명 패턴, `Mat`
- 사용할 방법 지정으로 빼기는 `0`이고 나누기는 값을 `1`로 지정

그 결과 조명/배경이 없는 새로운 이미지 매트릭스가 만들어집니다. 다음 코드는 조명 패턴을 사용하여 배경 제거를 구현합니다:

```
Mat removeLight(Mat img, Mat pattern, int method)
{
    Mat aux;
    // if method is normalization
    if(method==1)
    {
        // Require change our image to 32 float for division
        Mat img32, pattern32;
        img.convertTo(img32, CV_32F);
        pattern.convertTo(pattern32, CV_32F);
        // Divide the image by the pattern
        aux= 1-(img32/pattern32);
        // Convert 8 bits format and scale
        aux.convertTo(aux, CV_8U, 255);
    }else{
        aux= pattern-img;
    }
    return aux;
}
```

위의 코드를 검토해 보겠습니다. 결과를 저장하기 위해 aux 변수를 생성한 후, 사용자가 선택한 방법을 선택하고 매개변수를 함수에 전달합니다. 선택한 방법이 1일 경우 나누기 방법을 적용합니다.

나누기 방법은 이미지를 나눌 때 정수 타입으로 소수점 이하를 버리지 않도록 32비트 부동 소수점 타입의 이미지가 필요합니다. 첫 번째 단계는 이미지와 조명 패턴 Mat를 32비트 부동 소수점으로 변환하는 것입니다. 이 형식의 이미지를 변환하기 위해 Mat 클래스의 convertTo 함수를 사용할 수 있습니다. 이 함수는 4개의 매개변수를 받습니다. 필수 매개변수인 출력 변환 이미지와 변환하려는 형식, 그리고 알파 및 베타 매개변수를 정의하여 아래 함수에 따라 배율을 조정하고 값을 변환할 수 있습니다. 아래 함수에서 O는 출력 이미지이고, I는 입력 이미지입니다:

$$O(x, y) = cast<Type>(\alpha * I(x, y)+\beta)$$

다음 코드는 이미지를 32비트 부동소수점 타입으로 변경합니다:

```
// Required to change our image to 32 float for division
Mat img32, pattern32;
img.convertTo(img32, CV_32F);
pattern.convertTo(pattern32, CV_32F);
```

이제 이미지를 패턴으로 나누고 결과를 반전하여 앞에서 설명한대로 행렬에 대해 수학적 연산을 수행할 수 있습니다:

```
// Divide the image by the pattern
aux= 1-(img32/pattern32);
```

이제 나온 결과를 8비트 깊이 이미지로 반환한 다음, 이전과 같이 convert 함수를 사용하여 이미지를 `mat` 타입으로 변환하고, alpha 매개변수를 사용하여 배율을 `0`에서 `255`로 변환합니다:

```
// Convert 8 bits format
aux.convertTo(aux, CV_8U, 255);
```

이제, 결과로 `aux` 변수를 반환할 수 있습니다. 빼기 방법의 경우 이미지를 변환할 필요가 없기 때문에 개발이 매우 쉽습니다. 패턴과 이미지의 차이를 적용하여 반환하기만 하면 됩니다. 패턴이 이미지보다 크거나 같다고 가정하지 않으면, 몇 가지 검사를 거쳐 `0`보다 작거나 `255`보다 클 수 있는 값들은 잘라냅니다:

```
aux= pattern-img;
```

다음 이미지는 입력 이미지에 이미지 조명 패턴을 적용한 결과입니다:

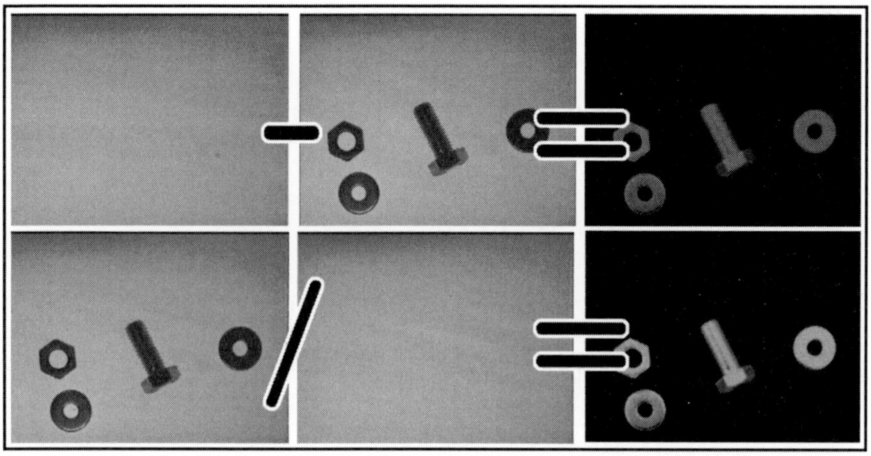

이제 얻은 결과에서 조명 자국 노이즈와 인공음영이 어떻게 제거되었는지 확인할 수 있습니다. 그러나 조명/배경 패턴이 없으면 어떻게 될까요? 이런 경우를 위한 몇 가지 다른 기술이 있습니다. 여기서 가장 기본적인 기법을 소개하겠습니다.

앞서 보여준 필터를 사용하는 방법 대신, 부품이 다른 영역들에 나타나는 이미지의 배경에 대해 학습할 수 있는 더 나은 알고리즘이 있습니다. 이 기술을 사용하려면, 때때로 우리의 기본 접근 방식이 매우 잘 작동할 수 있도록, 배경으로 추정되는 이미지를 초기화하는 작업이 필요할 수 있습니다. 이러한 고급 기술은 8장, '비디오 감시, 배경 모델링 및 모폴로지 연산'에서 살펴볼 것입니다. 배경 이미지를 추정하기 위해 입력 이미지에 큰 커널 크기가 적용된 흐림(blur)을 사용합니다. 이는 **광학 문자 인식**(OCR, optical character recognition)에 사용되는 일반적인 기법으로, 전체 문서에 비해 글자가 얇고 작아서 이미지의 조명 패턴을 근사하게 추정할 수 있습니다. 아래 왼쪽 이미지에서 조명/배경 패턴 재구성을, 오른쪽에서 실측 정보(Ground Truth)를 볼 수 있습니다:

조명 패턴에 차이가 미세하다는 것을 알 수 있지만, 이 결과는 배경을 제거하기에 충분합니다. 다른 이미지를 사용할 때도 아래 그림과 같이 결과를 볼 수 있습니다. 아래 그림에서 원본 입력 이미지와 이전 접근 방식으로 계산된 예상 배경 이미지 간의 이미지 빼기를 적용한 결과를 확인할 수 있습니다:

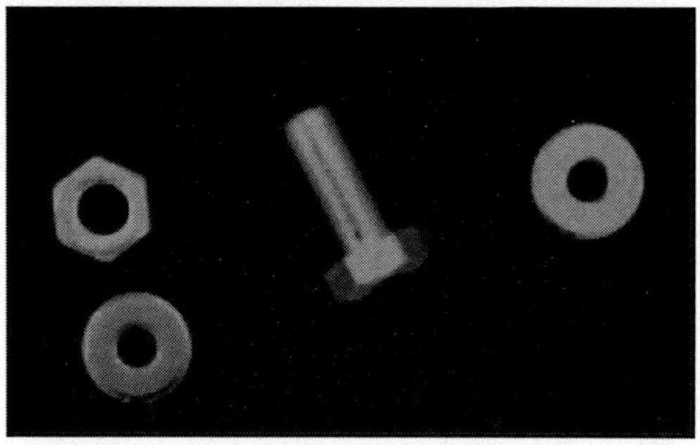

`calculateLightPattern` 함수는 다음과 같은 조명 패턴 또는 배경 근사치를 만듭니다:

```
Mat calculateLightPattern(Mat img)
{
    Mat pattern;
    // Basic and effective way to calculate the light pattern from one
    image blur(img, pattern, Size(img.cols/3,img.cols/3));
    return pattern;
}
```

이 기본 함수는 이미지 크기에 비해 큰 커널 크기를 사용하여 입력 이미지에 흐림(blur)을 적용합니다. 코드에서 보면 이미지는 커널에 비해 너비와 높이가 1/3입니다.

임계값(Thresholding)

배경을 제거한 후에는 향후 분할을 위해 이미지를 이진화하기만 하면 됩니다. 우리는 이를 위해 **임계값**을 사용합니다. 임계값은 각 픽셀의 값을 최댓값(예를 들면, 255)으로 설정하는 간단한 함수입니다. 픽셀의 값이 임계값보다 크면 1로, 픽셀의 값이 임계값보다 낮으면 최솟값(0)으로 설정됩니다:

$$I(x,y) = \begin{cases} 0, & \text{if } I(x,y) < \text{threshold} \\ 1, & \text{if } I(x,y) > \text{threshold} \end{cases}$$

이제 두 개의 다른 임계값을 사용하여 `threshold` 함수를 적용합니다. 관심 없는 모든 영역이 검은 색을 띄기 때문에, 조명 혹은 배경을 제거할 때 임계값 30을 사용합니다. 왜냐하면 배경 제거를 적용하기 때문입니다. 우리가 사용하는 이미지는 흰색 배경을 가지고 있기 때문에 조명 제거 방법을 사용하지 않을 때 중간 임계값(140)을 사용합니다. 마지막 옵션은 배경 제거 여부에 관계없이 결과를 확인하는 데 사용됩니다:

```
// Binarize image for segment
Mat img_thr;
if(method_light!=2){
    threshold(img_no_light, img_thr, 30, 255, THRESH_BINARY);
}else{
    threshold(img_no_light, img_thr, 140, 255, THRESH_BINARY_INV);
}
```

이제 애플리케이션의 가장 중요한 부분인 분할(segmentation)을 살펴보겠습니다. 여기서는 '연결된 구성 요소'와 '윤곽선 찾기'라는 두 가지 다른 접근 방식 또는 알고리즘을 사용할 것입니다.

입력 이미지 분할

이제 임계값 이미지를 분할하는 두 가지 기술을 소개합니다:

- 연결된 구성 요소
- 윤곽선 찾기

이 두 가지 기술을 사용하여 대상 물체가 나타나는 이미지의 각 **관심 영역**(ROI)을 추출할 수 있습니다. 우리의 경우 관심 영역들은 너트, 나사 및 링입니다.

연결된 구성 요소 알고리즘

연결된 구성 요소 알고리즘은 이진(binary) 이미지에서 부분을 분할하고 식별하는 데 사용되는 매우 일반적인 알고리즘입니다. 연결된 구성 요소는 4개 또는 8개의 연결 픽셀을 사용하여 이미지에 레이블을 지정할 수 있는 반복 알고리즘입니다. 값이 같고 이웃인 경우 두 픽셀이 연결됩니다. 이미지에서 각 픽셀에는 8개의 인접 픽셀이 있습니다:

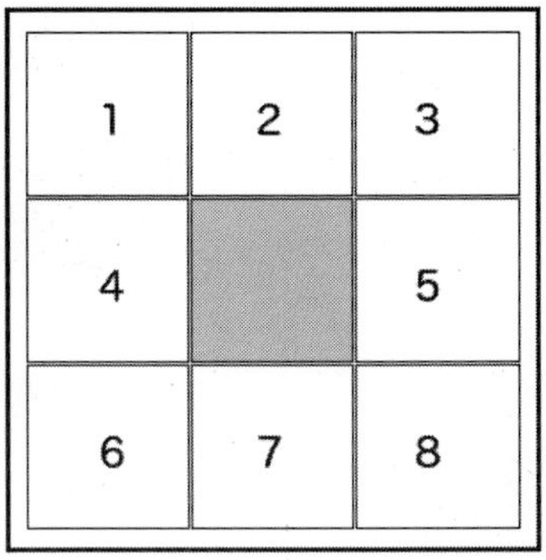

4-방향 연결은 2, 4, 5, 7 이웃이 중앙 픽셀과 같은 값을 가질 경우에만 중앙에 연결할 수 있음을 의미합니다. 8-방향 연결을 사용하면 1, 2, 3, 4, 5, 6, 7, 8개의 이웃이 중앙 픽셀과 같은 값을 가질 경우 연결할 수 있습니다. 아래의 예에서 4-방향 연결 및 8-방향 연결 알고리즘의 차이점을 확인할 수 있습니다. 아래의 이진화된 이미지에 각 알고리즘을 적용할 것입니다. 설명에는 작은 9×9 이미지를 사용하였고, 이미지를 확대하여 '연결된 구성 요소' 알고리즘이 작동하는 방식과 4-방향 연결 및 8-방향 연결 간의 차이점을 설명하겠습니다:

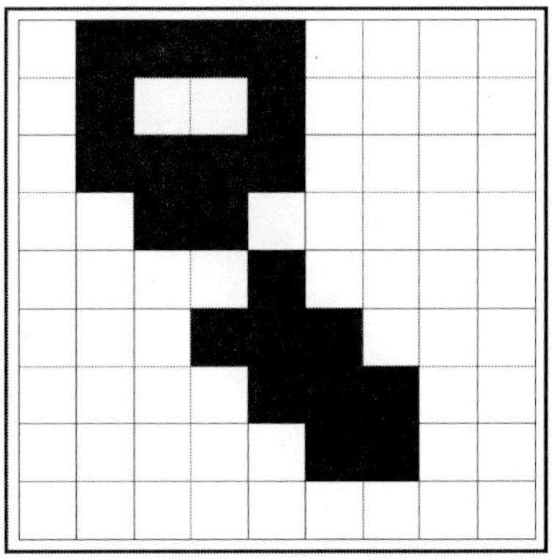

4-방향 연결 알고리즘은 위 이미지에서 개체를 두 개로 감지합니다. 아래의 왼쪽 이미지에서 볼 수 있습니다. 8-방향 연결 알고리즘은 두 개의 대각선 픽셀이 연결되어 있기 때문에 위 이미지를 하나의 개체(아래의 오른쪽 이미지)로 감지합니다. 8-연결은 수직 및 수평 방향 픽셀만 고려하는 4-방향 연결과 비교했을 때 가장 큰 차이점인 대각선 연결을 처리합니다. 다음 이미지에서 결과를 볼 수 있으며 각 객체는 다른 회색 값을 갖습니다:

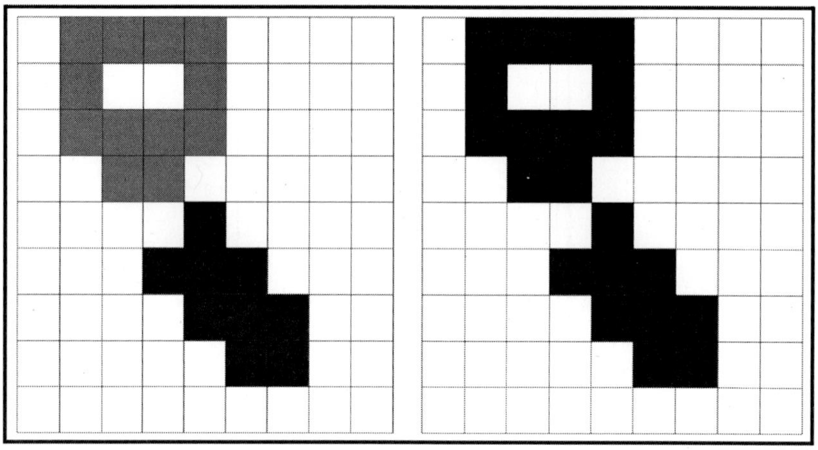

OpenCV는 다음 두 가지 함수를 통해 '연결된 구성 요소' 알고리즘을 구현합니다:

- `connectedComponents`(image, labels, connectivity=`8`, type=`CV_32S`)
- `connectedComponentsWithStats`(image, labels, stats, centroids, connectivity=`8`, type=`CV_32S`)

두 함수 모두 감지된 레이블 수로 정수형 값을 반환합니다. 여기서 레이블 0은 배경을 나타냅니다. 이 두 함수는 기본적으로 반환되는 정보에서 차이가 있습니다. 각각의 매개변수를 확인합시다. `connectedComponents` 함수는 다음 매개변수들을 제공합니다.

- Image: 레이블을 지정할 입력 이미지입니다.
- Labels: 입력 이미지와 동일한 크기의 출력 mat입니다. 여기서 각 픽셀에는 레이블 값이 있으며, 여기서 모든 0들은 배경을 나타내고 값이 1인 픽셀은 첫 번째 연결된 구성 요소 객체를 나타냅니다. 값이 2인 픽셀은 두 번째 연결된 구성 요소 객체를 나타내고, 이런 식으로 계속 반복됩니다.

- Connectivity: 연결성을 나타내는 두 가지 가능한 값(즉, 8 또는 4)입니다.
- Type: 사용할 레이블 이미지의 유형입니다. CV32_S 및 CV16_U의 두 가지 유형만 허용됩니다. 기본 값은 CV32_S입니다.
- connectedComponentsWithStats 함수에는 두 개의 매개변수가 더 정의되어 있습니다. stats와 centroids입니다:
  - Stats: 각 레이블(배경 포함)에 대해 다음과 같은 통계 값을 제공하는 출력 매개변수입니다.
    - CC_STAT_LEFT: 연결된 구성 요소 객체의 가장 왼쪽 x 좌표입니다.
    - CC_STAT_TOP: 연결된 구성 요소 객체의 맨 위 y 좌표입니다.
    - CC_STAT_WIDS: 바운딩 박스에 의해 정의된 연결된 구성 요소 개체의 너비입니다.
    - CC_STAT_HEIGHT: 바운딩 박스에 의해 정의된 연결된 구성 요소 개체의 높이입니다.
    - CC_STAT_ARIAL: 연결된 구성 요소 개체의 픽셀 수(면적)입니다.
- Centroids: 또 하나의 연결된 구성 요소로 고려되는 배경을 포함하여, 각 부동 소수점 타입의 레이블 무게 중심점입니다.

우리의 예제 애플리케이션에서는 두 개의 OpenCV 알고리즘을 적용할 수 있도록 두 개의 함수를 만들 것입니다. 그런 다음 기본 '연결된 구성 요소' 알고리즘을 적용한, 색상으로 객체를 표현한 결과 이미지를 사용자에게 보여줄 것입니다. stats를 사용하여 '연결된 구성 요소' 알고리즘을 선택하면, 각 객체에 대해 이 함수를 반환하는 계산된 각 영역을 그릴 수 있게 될 것입니다.

'연결된 구성 요소' 함수에 대한 기본 그리기를 정의해 보겠습니다:

```
void ConnectedComponents(Mat img)
{
    // Use connected components to divide our image in multiple
       connected component objects
       Mat labels;
       auto num_objects= connectedComponents(img, labels);
```

```
    // Check the number of objects detected
        if(num_objects < 2 ){
            cout << "No objects detected" << endl;
            return;
        }else{
            cout << "Number of objects detected: " << num_objects - 1 << endl;
        }
    // Create output image coloring the objects
        Mat output= Mat::zeros(img.rows,img.cols, CV_8UC3);
        RNG rng(0xFFFFFFFF);
        for(auto i=1; i<num_objects; i++){
            Mat mask= labels==i;
            output.setTo(randomColor(rng), mask);
        }
    imshow("Result", output);
}
```

먼저, 감지된 객체 수를 반환하는 OpenCV의 connectedComponents 함수를 호출합니다. 반환된 객체 수가 2개 미만이면 배경만 검출된다는 의미이기에, 아무것도 그릴 필요 없이 작업을 끝낼 수 있습니다. 알고리즘이 둘 이상의 객체를 감지하면 콘솔에서 감지된 객체 수가 실행창(console)에 표시됩니다:

```
Mat labels;
auto num_objects= connectedComponents(img, labels);
// Check the number of objects detected
if(num_objects < 2){
    cout << "No objects detected" << endl;
    return;
}else{
    cout << "Number of objects detected: " << num_objects - 1 << endl;
```

이제, 감지된 모든 객체를 다른 색상으로 새 이미지에 그릴 것입니다. 그런 다음 입력 크기가 같고 채널이 3개인 새로운 검은 색 이미지를 생성해야 합니다:

```
Mat output= Mat::zeros(img.rows,img.cols, CV_8UC3);
```

0 값은 배경이기 때문에 제외하고 각 레이블을 반복합니다:

```
for(int i=1; i<num_objects; i++){
```

레이블 이미지에서 각 객체를 추출하기 위해서, 비교를 사용하여 각 i 레이블에 대한 마스크를 만들고 이 마스크를 새 이미지에 저장할 수 있습니다:

```
    Mat mask= labels==i;
```

마지막으로, 마스크를 사용하여 출력 이미지에 의사-랜덤(pseudo-random) 색상을 설정합니다:

```
    output.setTo(randomColor(rng), mask);
}
```

모든 이미지를 반복한 후, 감지된 모든 객체를 다른 색상으로 표시하고 출력 이미지를 윈도우에 표시하기만 하면 됩니다:

```
imshow("Result", output);
```

다음은 각 객체가 회색 또는 다른색으로 칠해진 결과입니다:

이제, OpenCV의 **stats** 알고리즘으로 연결된 구성 요소를 사용하는 방법에 대해 설명하고, 결과 이미지에 몇 가지 자세한 정보를 보여드리겠습니다. 다음 함수는 이 기능을 구현합니다:

```
void ConnectedComponentsStats(Mat img)
{
    // Use connected components with stats
    Mat labels, stats, centroids;
    auto num_objects= connectedComponentsWithStats(img, labels, stats,
                    centroids);
    // Check the number of objects detected
    if(num_objects < 2 ){
        cout << "No objects detected" << endl;
        return;
    }else{
        cout << "Number of objects detected: " << num_objects - 1 << endl;
    }
    // Create output image coloring the objects and show area
    Mat output= Mat::zeros(img.rows,img.cols, CV_8UC3);
    RNG rng( 0xFFFFFFFF );
    for(auto i=1; i<num_objects; i++){
        cout << "Object "<< i << " with pos: " << centroids.at<Point2d>(i)
             << " with area " << stats.at<int>(i, CC_STAT_AREA) << endl;
        Mat mask= labels==i;
        output.setTo(randomColor(rng), mask);
        // draw text with area
        stringstream ss;
        ss << "area: " << stats.at<int>(i, CC_STAT_AREA);

        putText(output,
            ss.str(),
            centroids.at<Point2d>(i),
            FONT_HERSHEY_SIMPLEX,
            0.4,
```

```
        Scalar(255,255,255));
    }
    imshow("Result", output);
}
```

이 코드를 이해해봅시다. non-stats 함수에서 했던 것처럼 여기에서도 '연결된 구성 요소' 알고리즘을 호출하지만 여기서는 `stats` 함수를 사용하여 두 개 이상의 객체를 감지했는지 확인합니다:

```
Mat labels, stats, centroids;
    auto num_objects= connectedComponentsWithStats(img, labels, stats,
                    centroids);
    // Check the number of objects detected
    if(num_objects < 2){
        cout << "No objects detected" << endl;
        return;
    }else{
        cout << "Number of objects detected: " << num_objects - 1 << endl;
    }
```

이제 두 가지 출력 결과가 더 있습니다. stats 및 centroid 변수입니다. 그런 다음, 감지된 각 레이블에 대해 명령줄을 통해 중심과 면적을 표시합니다:

```
for(auto i=1; i<num_objects; i++){
    cout << "Object "<< i << " with pos: " << centroids.at<Point2d>(i) << "
with area " << stats.at<int>(i, CC_STAT_AREA) << endl;
```

열 상수 `stats.at <int>(I, CC_STAT_AREA)`를 사용하여 영역을 추출하기 위해 stats 변수에 대한 호출을 확인할 수 있습니다. 이제 이전과 마찬가지로 출력 이미지 위에 `i`로 레이블이 지정된 객체를 그립니다:

```
Mat mask= labels==i;
output.setTo(randomColor(rng), mask);
```

마지막으로, 분할된 각 객체의 중심 위치에서 결과 이미지에 일부 정보(예 : 영역)를 표시하려고 합니다. 이를 위해 **putText** 함수를 사용하여 stats 및 centroid 변수를 사용합니다. 먼저 stats 영역 정보를 추가할 수 있도록 **stringstream**을 만들어야 합니다:

```
// draw text with area
stringstream ss;
ss << "area: " << stats.at<int>(i, CC_STAT_AREA);
```

다음으로, **putText** 함수를 이용하여 centroid를 텍스트 위치로 사용합니다:

```
putText(output,
    ss.str(),
    centroids.at<Point2d>(i),
    FONT_HERSHEY_SIMPLEX,
    0.4,
    Scalar(255,255,255));
```

이 함수의 최종 결과는 다음과 같습니다:

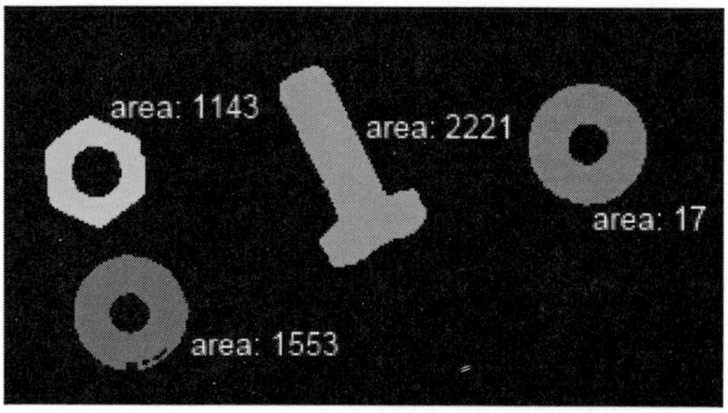

윤곽선 찾기 알고리즘

윤곽선 찾기(**findContours**) 알고리즘은 객체 분할과 관련하여 가장 많이 사용되는 OpenCV 알고리즘 중 하나입니다. 해당 알고리즘이 버전 1.0의 OpenCV에 포함되었고, 개발자에게 모양, 위상학적 구성 등을 포함한 더 많은 정보와 설명을 제공해주기에 가장 많이 사용되고 있습니다:

```
void findContours(InputOutputArray image, OutputArrayOfArrays
contours, OutputArray hierarchy, int mode, int method, Point
offset=Point())
```

각 매개변수를 설명하겠습니다:

- Image: 이진 이미지를 입력합니다.
- Contours: 감지된 각 윤곽선이 좌표 정보로 구성된 출력 벡터입니다.
- Hierarchy: 윤곽선 계층이 저장되는 선택적 출력 벡터입니다. 이것은 각 윤곽선 사이의 관계를 얻을 수 있는 이미지의 토폴로지(topology)입니다. 계층 구조는 4개의 인덱스(다음 윤곽선 번호, 이전 윤곽선 번호, 첫 번째 자식, 부모 윤곽선 번호)로 구성된 벡터로 표시됩니다. 주어진 윤곽선이 다른 윤곽선과 관계가 없는 경우 −1이 저장됩니다. 자세한 설명은 다음 웹사이트에서 확인할 수 있습니다. `https://docs.opencv.org/3.4/d9/d8b/tutorial_py_contours_hierarchy.html`
- Mode:이 메소드(method)는 윤곽선을 검색하는 데 사용됩니다.
  - RETR_EXTERNAL은 바깥쪽 윤곽선만 검색합니다.
  - RETR_LIST는 모든 윤곽선을 검색하고 계층구조는 만들지 않습니다.
  - RETR_CCOMP는 모든 윤곽선을 검색하고 2단계 계층구조(외부 및 구멍)를 검색합니다. 다른 객체가 한 구멍 안에 있으면 그 객체는 계층 구조의 맨 위에 놓입니다.
  - RETR_TREE는 모든 윤곽선을 검색하여 전체 계층구조를 만듭니다.
- Method: 윤곽선의 모양을 검색하는 근사 방법을 사용할 수 있게 합니다.
  - CV_CHAIN_APPROX_NONE이 설정되어 있으면 윤곽선에 근사치를 적용하지

않고 윤곽선 점의 좌표를 저장합니다.

- CV_CHAIN_APPROX_SIMPLE은 모든 수평, 수직 및 대각선 세그먼트를 압축하여 시작점과 끝점만 저장합니다.
- CV_CHAIN_APPROX_TC89_L1 및 CV_CHAIN_APPROX_TC89_KCOS는 Telchin 체인 근사 알고리즘을 적용합니다.

- Offset: 모든 윤곽선을 이동하기 위한 선택적 포인트 값입니다. 이것은 우리가 ROI(region of interest) 에서 작업 중이고 글로벌 포지션을 검색해야 할 때 매우 유용합니다.

> 참고: 입력 이미지는 findContours 함수에 의해 수정됩니다. 필요한 경우 이 함수를 실행하기 전에 이미지 복사본을 만드십시오.

이제 findContours 함수의 매개변수를 이해했으므로 이를 예제에 적용해 보겠습니다:

```
void FindContoursBasic(Mat img)
{
    vector<vector<Point> > contours;
    findContours(img, contours, RETR_EXTERNAL, CHAIN_APPROX_SIMPLE);
    Mat output= Mat::zeros(img.rows,img.cols, CV_8UC3);
    // Check the number of objects detected
    if(contours.size() == 0 ){
        cout << "No objects detected" << endl;
        return;
    }else{
        cout << "Number of objects detected: " << contours.size() << endl;
    }
    RNG rng(0xFFFFFFFF);
    for(auto i=0; i<contours.size(); i++){
        drawContours(output, contours, i, randomColor(rng));
        imshow("Result", output);
    }
}
```

위의 함수를 한 줄씩 자세히 설명하겠습니다.

지금 상황에서는 계층이 필요하지 않으므로, 가능한 모든 객체의 외부 윤곽선만 검색합니다. 이를 위해 기본 윤곽선 인코딩을 위한 CHAIN_APPROX_SIMPLE와 ETR_EXTERNAL을 사용할 수 있습니다:

```
vector<vector<Point> > contours;
vector<Vec4i> hierarchy;
findContours(img, contours, RETR_EXTERNAL, CHAIN_APPROX_SIMPLE);
```

앞서 살펴본 '연결된 구성 요소' 알고리즘 예제와 마찬가지로 먼저 얼마나 많은 윤곽선을 검색했는지를 확인합니다. 아무것도 없으면 함수를 종료합니다:

```
// Check the number of objects detected
    if(contours.size() == 0){
        cout << "No objects detected" << endl;
        return;
    }else{
        cout << "Number of objects detected: " << contours.size() << endl;
    }
```

마지막으로 감지된 각 물체의 윤곽선을 그립니다. 윤곽선은 다른 색상으로 출력 이미지에 그립니다. 이를 위해 OpenCV는 감지된 윤곽선 이미지의 결과를 그리는 함수를 제공합니다:

```
for(auto i=0; i<contours.size(); i++)
        drawContours(output, contours, i, randomColor(rng));
    imshow("Result", output);
}
```

drawContours 함수는 다음 매개변수를 허용합니다:

- Image: 윤곽선을 그릴 출력 이미지입니다.

- Contours: 윤곽선 정보 벡터입니다.
- Contour index: 그릴 윤곽선을 나타내는 번호입니다. 음수를 지정하면 전체 윤곽선을 그립니다.
- Color: 윤곽선을 그릴 색상입니다.
- Thickness: 음수를 지정하면 윤곽선 내부를 선택한 색상으로 채웁니다.
- Line type: 안티 앨리어싱(anti-aliasing) 또는 다른 그리기 방법으로 그릴 지 여부를 지정합니다.
- Hierarchy: 일부 윤곽선을 그리려는 경우에만 필요한 선택적 매개변수입니다.
- Max Level: hierarchy 매개변수를 사용할 수 있는 경우에만 고려되는 선택적 매개변수입니다. `0`으로 설정하면 지정된 윤곽선만 그려집니다. `1`이면 현재 윤곽선과 내포된 윤곽선을 그립니다. `2`로 설정하면 지정된 모든 윤곽선 계층을 그립니다.
- Offset: 윤곽선 이동을 위한 선택적 매개변수입니다.

이 예제의 결과는 다음 이미지에서 확인할 수 있습니다:

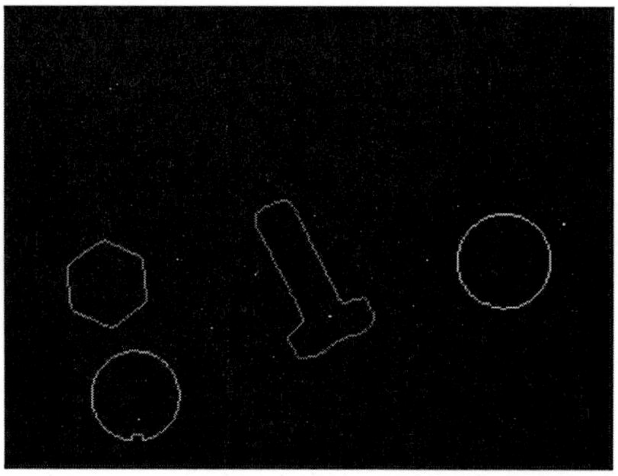

요약

이 장에서는 카메라가 서로 다른 물체의 사진을 찍는 통제된 상황에서 물체 분할의 기본 사항을 살펴보았습니다. 여기서 노이즈를 최소화할 수 있도록 배경과 조명을 제거하는 방법을 배웠습니다. 이미지를 이진화한 후, 이미지의 각 객체들을 분할하고 분리하는 데 사용할 수 있는 세 가지 알고리즘에 대해서도 배웠습니다. 이를 통해 각 객체를 분리하여 특성(features)을 조작하거나 추출할 수 있도록 했습니다.

다음 이미지에서 이와 같은 전체 프로세스를 볼 수 있습니다:

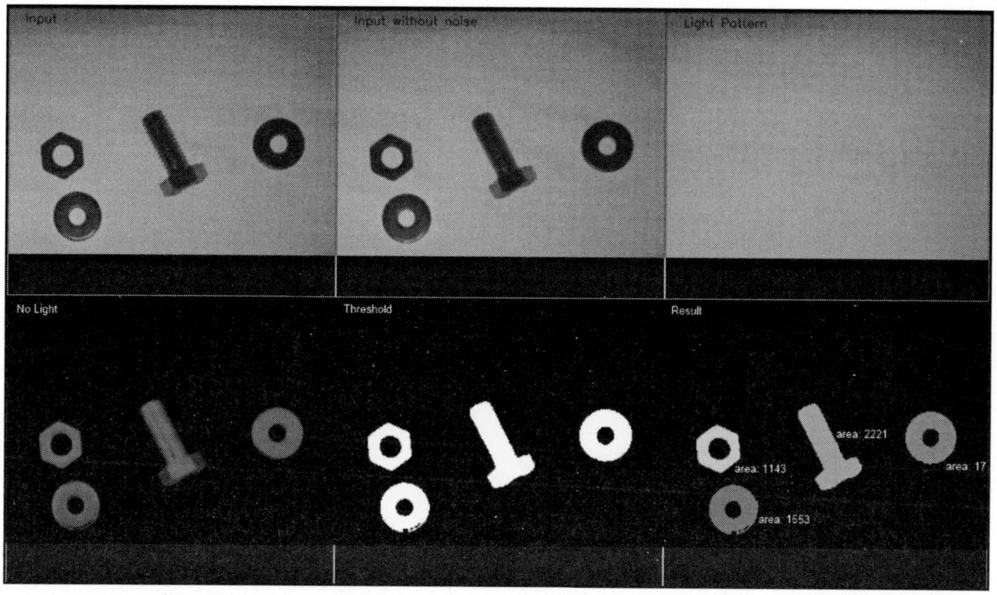

마지막으로, 이미지의 모든 객체를 추출했습니다. 기계 학습 시스템을 훈련하기 위해 각 객체의 특성을 추출한 다음 장을 계속 진행하려면 이 작업을 수행해야 합니다.

다음 장에서는 이미지에 있는 객체의 클래스를 예측한 다음 로봇이나 다른 시스템을 호출하여 그 중 하나를 선택하거나 잘못된 컨베이어 벨트에 있는 객체를 감지해보겠습니다. 그런 다음 사용자에게 선택하라고 통보하는 방법에 대하여 살펴보겠습니다.

CHAPTER 6

객체 분류

5장, '자동 광학 검사, 객체 분할 및 감지'에서 객체 분할 및 감지에 대한 기본적인 개념을 소개했습니다. 이는 향후 이미지 처리와 분석을 위해 객체를 분리하는 것을 의미합니다. 이 장에서는 이렇게 분리된 객체를 분류하는 방법에 대해 설명합니다. 각 객체를 분류하기 위해서, 우리는 탐지된 객체에 특정 레이블을 할당할 수 있도록 시스템이 필요한 매개변수를 학습하도록 훈련시켜야 합니다(이는 학습 단계에서 다양한 범주를 고려해야 합니다.).

이 장에서는 이미지 안에 객체를 서로 다른 레이블로 분류하기 위한 기계 학습의 기본 개념을 소개합니다. 이를 위해 5장 '자동 광학 검사, 객체 분할 및 감지'의 분할 알고리즘을 기반으로 기본 애플리케이션을 만듭니다. 이 분할 알고리즘은 알 수 없는 객체가 포함된 이미지의 일부분을 추출할 수 있습니다. 검출된 각 객체에 대해, 기계 학습 알고리즘을 사용하여 분류할 다양한 특징을 추출합니다. 마지막으로, 사용자 인터페이스를 사용하여 입력 이미지에서 검출된 각 객체에 레이블을 함께 표시한 결과를 보여줍니다.

이 장에서는 다음과 같이 다양한 주제와 관련 알고리즘들을 소개합니다:

- 기계 학습 개념 소개
- 일반적인 기계 학습 알고리즘 및 프로세스
- 특징 추출
- 서포트 벡터 머신(SVM)
- 훈련 및 예측

기술적 요구사항

이 장을 이해하기 위해서는 기본 C++ 프로그래밍 언어에 익숙해야 합니다. 이 장에서 사용된 모든 코드는 다음 GitHub 링크에서 다운로드할 수 있습니다: `https://github.com/PacktPublishing/Learn-OpenCV-4-By-Building-Projects-Second-Edition/tree/master/Chapter_06`. 다운로드받은 코드는 모든 운영 체제에서 실행될 수 있지만, 우분투(Ubuntu) 운영체제에서만 테스트 되었습니다.

다음 링크에서 코드실행 동영상을 확인할 수 있습니다:
`http://bit.ly/2KGD4CO`

기계 학습 개념

기계 학습은 1959년 *Arthur Samuel*이 명시적으로 프로그래밍하지 않고도 컴퓨터에게 학습 능력을 부여할 수 있는 학문이라고 정의한 개념입니다. *Tom M. Mitchel*은 경험으로 부터 학습하여 알고리즘 성능을 향상시키는 작업과 관련해서 기계 학습에 대한 보다 더 형식적인 정의를 규정했습니다.

> Arthur Samuel이 정의한 **기계 학습** 개념은 IBM Journal of Research and Development(Volume 3, 3권, 210페이지)의 'Some Studies in Machine Learning Using the Game of Checkers'에 소개되었습니다. 이는 같은 해 The New Yorker와 Office Management에도 소개되었습니다. Tom M. Mitchel의 기계학습 정의는 Machine Learning(McGray Hill 1997)에 소개되었습니다: (`http://www.cs.cmu.edu/afs/cs.cmu.edu/user/mitchell/ftp/mlbook.html`).

기계 학습은 인공지능의 패턴 인식과 학습 이론을 포함하며, 컴퓨터 통계학과 관련이 있습니다. 기계 학습 알고리즘은 **광학 문자 인식**(OCR), 스팸 필터링, 검색 엔진 그리고 입력한 이미지 안에 포함된 객체를 분류하는 작업 및 이 장에서 살펴볼 예제와 같이 무수한 컴퓨터 비전 애플리케이션에서 사용됩니다.

기계 학습은 학습하려는 문제의 유형에 따라 크게 세 가지 범주로 나눌 수 있습니다:

- **지도 학습**: 컴퓨터는 이미 레이블이 지정된 데이터 집합을 이용하여 새로운 데이터를 학습합니다. 여기서 목표는 입력 데이터와 출력 레이블 결과 간의 관계를 컴퓨터가 잘 매핑할 수 있도록 하는 규칙을 찾고 모델의 매개변수를 학습하는 것입니다.
- **비지도 학습**: 레이블이 지정된 데이터 집합이 제공되지 않으므로 컴퓨터는 오로지 주어진 데이터로부터 규칙/패턴을 분석하는 학습 방식입니다.
- **강화 학습**: 컴퓨터는 동적 환경과 상호작용하여 목표에 도달하며, 실수를 통해서도 학습합니다.

기계 학습 알고리즘은 얻고자 하는 결과에 따라 다음과 같이 분류할 수 있습니다:

- **분류**: 입력의 공간을 N개의 클래스로 나눌 수 있으며, 주어진 샘플에 대한 예측 결과는 이러한 클래스들 중 하나입니다. 일반적으로 가장 많이 사용되고 있으며, 전형적인 예로는 '스팸메일인 것'과 '스팸메일이 아닌 것' 두 가지 클래스 중 하나를 예측하는 전자메일 스팸 필터링이 있습니다. 또는 N개의 글자를 사용해서 각 글자를 N개 클래스 중 하나로 예측하는 OCR에 활용할 수 있습니다.
- **회귀**: 회귀 출력은 분류 결과와 같이 이산적인 값이 아니라 연속적인 값입니다. 회귀의 예로는 집의 크기, 건축 연도 수 및 위치를 고려한 집값 예측 등이 있습니다.
- **군집화**: 입력 데이터는 비지도 학습을 수행 후 N개의 그룹들로 나뉩니다.
- **밀도 추정**: 입력데이터에서 (확률)분포를 추측합니다.

이 장의 예제에서는 레이블을 가진 학습 데이터 집합을 사용하여 모델을 학습하고 결과에 대해 가능한 레이블 중 하나로 예측하는 지도 학습 분류 알고리즘을 사용합니다. 기계 학습에는 이를 위한 몇 가지 접근 방법이 있습니다. 가장 많이 사용되는 알고리즘은 **서포트 벡터 머신**(SVM), **인공 신경망**(ANN), 군집화, K-최근접 이웃, 의사 결정 트리, 딥러닝 등이 있습니다. 이러한 방법들은 OpenCV에서 대부분 지원하고 있으며, 참조 문서를 제공합니다. 이 장에서는 서포트 벡터 머신에 대해 설명하겠습니다.

OpenCV 기계 학습 알고리즘

OpenCV에서는 8가지 기계 학습 알고리즘을 클래스로 구현하여 지원합니다. 이 알고리즘들은 `StatModel` 추상 클래스를 상속받아 만들어집니다.

- 인공 신경망
- 랜덤 트리
- 기댓값 최대화
- K-최근접 이웃
- 로지스틱 회귀
- 노멀 베이즈 분류기
- 서포트 벡터 머신
- 확률적 경사 하강 SVM

OpenCV는 3.3 버전부터 기본적인 딥러닝을 지원했지만, OpenCV 4.0은 안정적이면서도 더 많은 종류의 최신 딥러닝 네트워크 구조를 지원합니다. 다음 장에서 자세한 내용을 설명하겠습니다.

> 각 알고리즘에 대한 자세한 내용은 OpenCV 기계 학습 개요를 참조하십시오.
> `http://docs.opencv.org/trunk/dc/dd6/ml_intro.html`

다음 그림은 OpenCV 기계 학습 클래스 계층 구조입니다:

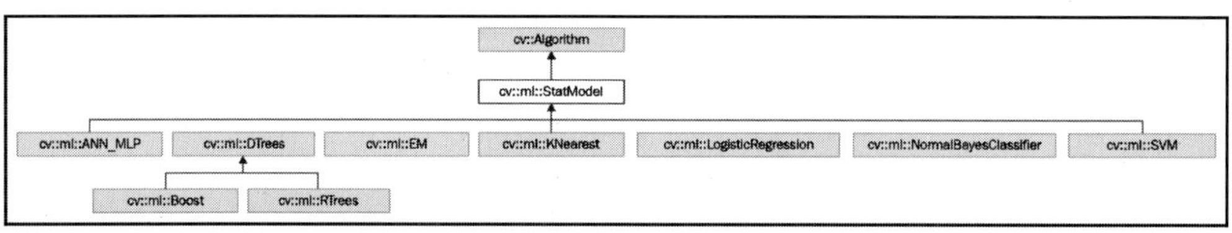

`StatModel` 클래스는 기계 학습 알고리즘의 기본 클래스입니다. 학습 데이터와 매개변수를 불러오고 저장할 수 있도록 읽기, 쓰기 및 결과를 예측하는 함수를 가지고 있습니다.

기계 학습에서, 가장 많은 시간이 소모되며 컴퓨팅 리소스가 필요한 부분이 학습입니다.

큰 규모의 데이터 집합과 복잡한 구조에 대한 학습의 경우 몇 초에서 몇 주, 길게는 몇 달이 걸릴 수도 있습니다. 예를 들어, 딥러닝은 10만 개 이상의 이미지 데이터 집합으로 대형 신경망 구조를 학습하는 데 오랜 시간이 걸립니다. 딥러닝 알고리즘으로 학습하는 경우 컴퓨팅 시간을 단축하기 위해 CUDA 기술이 적용된 GPU와 같은 병렬 하드웨어 프로세싱 또는 인텔 Movidius와 같은 최신 칩 장치를 사용하는 것이 일반적입니다. 또, 애플리케이션을 실행할 때마다 알고리즘을 학습시킬 수 없으므로 학습된 매개변수를 사용할 수 있도록 학습 모델을 저장하는 것이 좋습니다. 이때는 실행 시 더 많은 샘플 데이터로 모델을 업데이트해야 하는 경우를 제외하고는 학습 없이 저장된 모델을 불러오기만 하면 됩니다.

`StatModel`은 딥러닝을 제외한 SVM 또는 ANN과 같은 기계 학습 클래스의 기본 클래스입니다. `StatModel`은 기본적으로 기계학습 알고리즘의 학습과 학습된 모델을 이용한 결과 예측이라는 가장 중요한 두 가지 함수를 정의한 추상 클래스입니다. `train` 메소드는 학습 데이터 집합을 사용하여 모델 매개변수를 학습하는 주요 함수입니다. 함수는 다음 세 가지 인터페이스를 제공합니다:

```
bool train(const Ptr<TrainData>& trainData, int flags=0 );
bool train(InputArray samples, int layout, InputArray responses);
Ptr<_Tp> train(const Ptr<TrainData>& data, int flags=0 );
```

train 메소드는 다음의 매개변수를 갖습니다:

- `TrainData`: 훈련 데이터를 표현하는 클래스입니다. 이 클래스는 OpenCV 3에서 추가되었고, 개발자가 기계 학습 알고리즘에서 훈련 데이터를 만들고 추상화할 수 있도록 지원합니다. ANN과 같이 각 기계 학습 알고리즘에 해당하는 방식으로 학습 및 예측을 위한 다양한 자료형의 행렬을 표현합니다.
- `samples`: 기계 학습 알고리즘에서 요구하는 형식의 훈련 데이터 행렬입니다.
- `layout`: 훈련 데이터가 어떤 방식으로 저장되어 있는지에 대한 배치 방법으로 `ROW_SAMPLE`(훈련 데이터가 samples 행렬의 행 단위로 저장) 또는 `COL_SAMPLE`(훈련 데이터가 samples 행렬의 열 단위로 저장)중 하나를 지정합니다.
- `responses`: 각 훈련 데이터에 대응되는 응답(레이블) 벡터입니다.
- `flags`: 각 메소드에 의해 정의된 옵션 플래그 상수를 지정합니다.

마지막 train 메소드는 _TP 클래스 유형의 모델을 생성하고 학습합니다. 정적 메소드는 상속받는 클래스별로 각각 다르게 정의되어 있습니다.

predict 메소드는 한 가지 인터페이스를 제공하므로 더 간단합니다:

```
float StatModel::predict(InputArray samples, OutputArray
results=noArray(), int flags=0)
```

predict 메소드는 다음의 매개변수를 갖습니다:

- samples: 모델에서 결과를 예측하기 위한 입력 벡터가 행 단위로 저장된 행렬입니다.
- results: 각 입력 샘플에 대한 예측 결과가 저장된 행렬입니다(이전 학습된 모델의 알고리즘에 의해 계산됩니다).
- flags: 이 옵션 플래그는 모델에 따라 사용법이 다릅니다. 특정 모델(Boost와 같이)은 SVM StatModel::RAW_OUTPUT 플래그로 식별되며, 메서드는 클래스 레이블이 아닌 원래 결과(합계)를 반환합니다.

StatModel 클래스는 다른 유용한 메소드 인터페이스를 제공합니다:

- isTrained()는 모델이 정상적으로 학습 완료되면 true를 반환합니다.
- isClassifiers()는 모델이 분류일 경우 true, 회귀일 경우 false를 반환합니다.
- getVarCount()는 학습 샘플 수를 반환합니다.
- save(const string& filename)은 지정된 파일명으로 모델을 저장합니다.
- Ptr<_Tp> load(const string& filename)은 지정된 파일에서 <indexentry content="StatModel class:Ptr load(const string& filename)"> 모델을 로드합니다.

  예시) Ptr<SVM> svm = StatModel::load<SVM("my_svm_model.xml")
- calcError(const Ptr<TrainData>& data, bool test, OutputArray resp)는 테스트 데이터에서 오류를 계산합니다. test 매개변수가 true이면 메소드는 테스트 데이터의 하위 집합에서 오류를 계산하고, false인 경우 모든 학습 데이터에서 오류를 계산합니다. resp는 선택사항인 출력 결과입니다.

이제 컴퓨터 비전에서 기계 학습을 이용한 기본 애플리케이션을 어떻게 구성하는지 소개하겠습니다.

컴퓨터 비전 및 기계 학습 워크플로우

기계 학습을 이용한 컴퓨터 비전 애플리케이션은 일반적인 기본 구조를 가지며 여러 단계로 나뉩니다.

1. **전처리**
2. **분할**
3. **특징 추출**
4. **분류 결과**
5. **후처리**

이 단계는 거의 모든 컴퓨터 비전 애플리케이션에서 공통으로 나타나며 다른 단계는 생략합니다. 다음 그림에서 단계별로 해당 내용을 확인할 수 있습니다.

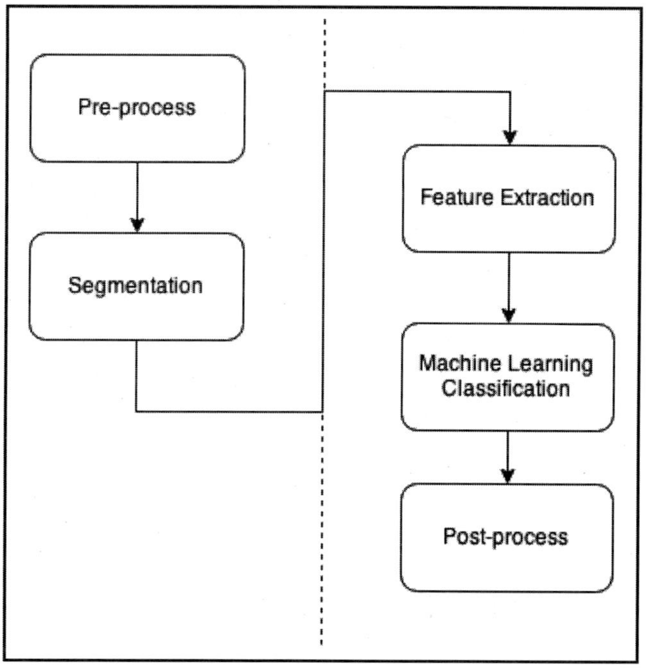

컴퓨터 비전 애플리케이션은 대부분 조명과 노이즈 제거, 필터링, 블러링 등 입력 이미지에 **전처리** 과정을 거칩니다. 입력 이미지에 필요한 전처리를 모두 적용한 후, 두 번째 단계로 **분할**을 시행합니다. 이 단계에서는 이미지에서 관심 영역을 추출하고 각 영역을 관심 객체로 분리합니다. 예를 들어, 얼굴 검출 시스템에서 장면에 나타나는 얼굴 영역과 나머지 부분을 분리해야 합니다. 이미지 내부의 객체를 검출한 후, 다음 단계를 계속 진행합니다. 여기서, 우리는 각 객체의 특징들을 추출해야 하며, 그 특징들을 특징 벡터로 표현합니다. 특징은 객체 영역, 윤곽선, 텍스처 패턴, 픽셀 등이 될 수 있으며 객체를 설명하는 데 사용합니다.

자, 이제 객체의 특징 벡터 또는 특징 집합으로 알려진 기술자가 있습니다. 기술자는 객체의 특징을 설명하는 데 사용되며, 우리는 이 특징들을 모델을 학습시키거나 예측하는 데 사용합니다. 이를 위해, 수천 개의 전처리된 이미지를 특징으로 한 대규모 데이터 집합을 생성해야 합니다. 그런 다음 선택한 **학습** 모델 함수에 영역, 크기 및 종횡비와 같은 특징들(이미지/객체 특성들)을 사용합니다. 다음 그림에서 **기계 학습 알고리즘**에 데이터 집합을 입력하여 학습하고 **모델**을 **생성**하는 방법을 확인할 수 있습니다:

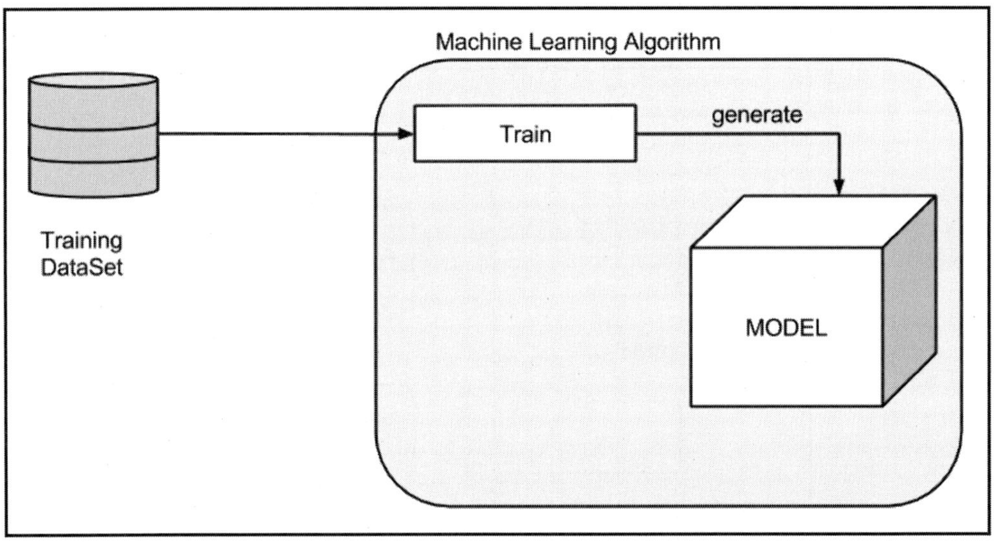

데이터 집합을 **학습**할 때, **모델**은 알 수 없는 레이블을 가진 새로운 특징 벡터가 알고리즘에 입력되면 예측하는 데 필요한 모든 매개변수를 학습합니다. 다음 그림에서 보듯이,

알 수 없는 특징 벡터가 입력되면 학습된 모델을 이용하여 분류 또는 회귀 분석으로 결과를 예측할 수 있습니다.

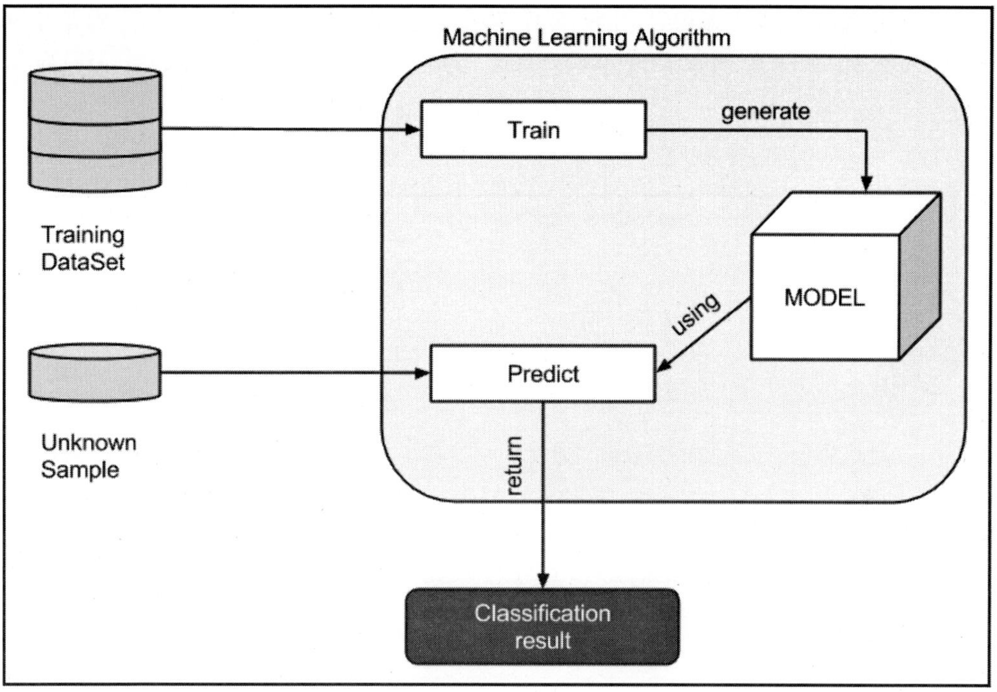

결과를 예측한 후, 여러 분류 결과 혹은 레이블을 결합하여 예측 오류를 줄이거나 하는 등의 출력 데이터에 대한 후처리를 수행해야 하는 경우가 있습니다. 광학 문자 인식의 사례로, 예측된 각 문자에 기초하여 **분류 결과**가 생성되고, 문자 인식 결과를 조합하여 단어를 구성합니다. 이때, 후처리 메소드는 문서의 맥락을 파악하여 탐지된 단어의 오류를 수정할 수 있습니다. 다음 섹션에서는 컴퓨터 비전을 위한 기계 학습에 대해 간략히 소개하고, 기계 학습을 사용하여 컨베이어 벨트의 객체를 분류하는 애플리케이션을 구현합니다. 이때, 분류 방법으로 사용되는 서포트 벡터 머신에 대해 함께 설명하겠습니다. 다른 기계 학습 알고리즘도 매우 유사한 방식으로 작동됩니다. 다음 OpenCV 문서에서 기계 학습 알고리즘에 대한 자세한 정보를 제공합니다.: `https://docs.opencv.org/master/dd/ded/group__ml.html`

자동 객체 검사 분류 예시

5장 '자동 광학 검사, 객체 분할 및 감지'에서, 컨베이어 벨트에 너트, 나사 및 패킹 링 세 가지 유형의 물체가 포함된 자동 객체 검사 분할 예제를 살펴보았습니다. 컴퓨터 비전을 통해 이 세 가지 객체를 각각 인식하여 로봇에게 알림을 보내거나 다른 상자에 분류하여 넣을 수 있습니다. 다음 그림은 컨베이어 벨트의 기본 개략도입니다:

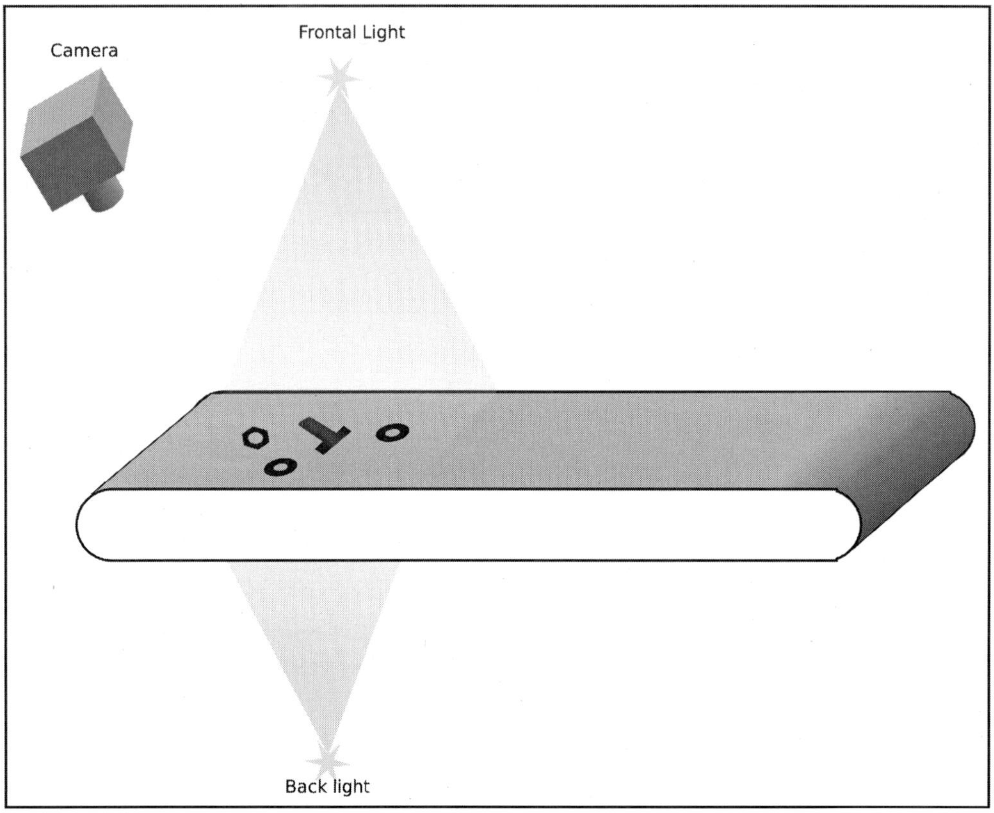

5장 '자동 광학 검사, 객체 분할 및 감지'에서, 입력 이미지를 전처리하고 관심 영역을 추출하여 각기 다른 기법을 사용하여 각 객체를 분할했습니다. 이제 앞에서 설명한 개념을 적용하여 로봇이 각각 다른 상자에 넣을 수 있도록 특징을 추출하고 각 객체를 분류할 것입니다. 이 애플리케이션은 각 객체의 레이블만 표시하지만, 이미지 안에서의 객체 위치와 레이블을 로봇과 같은 다른 장치로 전송하는 것도 가능합니다. 우리의 목표는 다른 객체 이미지를 입력하면 다음 그림과 같이 컴퓨터가 객체를 감지하고 이미지의 각 객체에 이름을 표시할 수 있도록 하는 것입니다. 다음 그림은 시스템 학습에 사용할 훈련 데이터의 특징 분포를 다양한 색상으로 시각화하여 보여주는 그래프 및 전처리된 입력 이미지, 분류된 출력 결과를 보여줍니다:

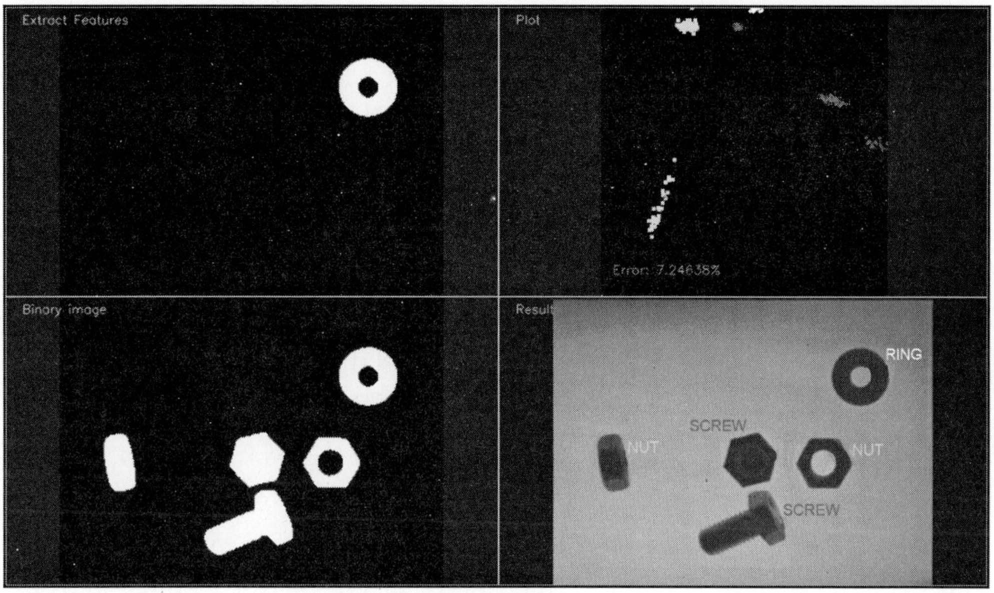

예제 애플리케이션은 다음 단계를 수행합니다.

1. 각 입력 이미지에 대해:
   - 이미지 전처리
   - 이미지 분할
2. 이미지 내 각 객체에 대해:
   - 특징 추출
   - 해당하는 레이블(너트, 나사, 패킹 링)을 가진 학습용 특징 벡터 추가
3. SVM 모델 생성
4. 학습용 특징 벡터를 이용하여 SVM 모델 훈련
5. 분할된 각각의 객체 분류를 위한 입력 이미지 전처리
6. 입력 이미지 분할

7. 탐지된 각 객체에 대해:
    - 특징 추출
    - SVM 모델로 예측
    - 모델링
    - 출력 이미지 결과 표시

전처리 및 분할에 대해서는 5장, '자동 광학 검사, 객체 분할 및 감지'에서 소개된 코드를 사용하며, 모델을 학습하고 예측하는 데 필요한 특징 벡터 생성하는 방법을 설명하겠습니다.

특징 추출

다음으로 해야 할 일은 각 객체의 특징을 추출하는 것입니다. 특징 벡터 개념을 이해하기 위해, 예제에서 몇 가지 매우 간단한 특징을 추출해보겠습니다. 이 특징만으로도 충분히 좋은 결과를 얻을 수 있습니다. 다른 솔루션을 위해서는 텍스처 기술자, 윤곽 기술자 등과 같은 보다 복잡한 특징들을 추출할 수도 있습니다. 이 예제에서는 객체가 놓여 있는 위치나 방향이 서로 다른 너트, 패킷 링 및 나사의 이미지가 있습니다. 예를 들면, 나사 또는 너트처럼, 동일한 객체가 임의의 방향으로 어느 위치에나 나타날 수 있습니다. 다음 그림은 서로 다른 방향을 가진 이미지입니다:

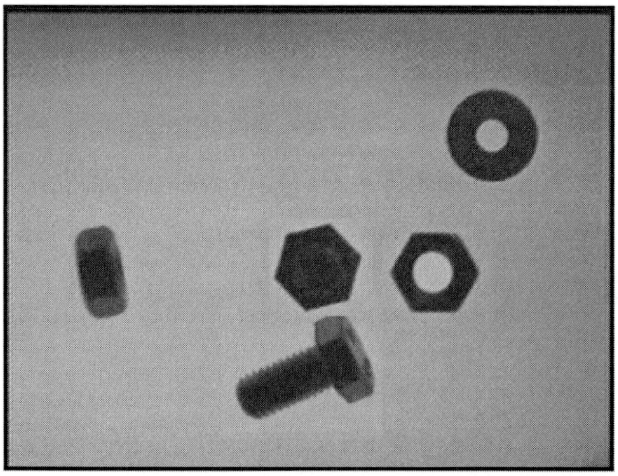

기계 학습 알고리즘의 정확도를 향상시킬 수 있는 몇 가지 특징을 살펴보겠습니다. 서로 다른 객체(너트, 나사 및 패킷 링)가 가질 수 있는 특성은 다음과 같습니다.

- 객체 면적
- 종횡비(사각형의 폭을 높이로 나눈 값)
- 구멍 수
- 윤곽선 수

이러한 특성은 객체를 아주 잘 설명할 수 있으며, 만약 이 특성들을 모두 사용하는 경우라면 분류 오차가 매우 작을 것입니다. 그러나 구현된 예제에서는 학습을 위해 처음 두 가지 특성, 즉 객체 면적과 종횡비만 사용합니다. 이러한 특성은 2D 그래픽으로 표시할 수 있고 이 값이 객체를 올바르게 묘사하고 있다는 것을 보여줄 수 있기 때문입니다. 또한 그래프를 통해서 종류가 서로 다른 객체를 시각적으로 구별할 수 있기 때문입니다. 이러한 특징들을 추출하기 위해, 우리는 검은색 배경에 객체만 흰색으로 나타난 흑/백 ROI 이미지를 사용합니다. 이 입력 이미지는 5장 '자동 광학 검사, 객체 분할 및 감지'의 분할 결과입니다. 다음 작성된 코드는 객체를 분할하기 위해 findCountours 알고리즘을 구현한 `ExtractFeatures` 함수입니다:

```
vector< vector<float> > ExtractFeatures(Mat img, vector<int>* left=NULL,
vector<int>* top=NULL)
{
    vector< vector<float> > output;
    vector<vector<Point> > contours;
    Mat input= img.clone();
    vector<Vec4i> hierarchy;
    findContours(input, contours, hierarchy, RETR_CCOMP, CHAIN_APPROX_
                 SIMPLE);
    // Check the number of objects detected
    if(contours.size() == 0){
        return output;
    }
    RNG rng(0xFFFFFFFF);
```

```
    for(auto i=0; i<contours.size(); i++){
        Mat mask= Mat::zeros(img.rows, img.cols, CV_8UC1);
        drawContours(mask, contours, i, Scalar(1), FILLED, LINE_8,
                     hierarchy, 1);
        Scalar area_s= sum(mask);
        float area= area_s[0];

        if(area>500){ //if the area is greater than min.
            RotatedRect r= minAreaRect(contours[i]);
            float width= r.size.width;
            float height= r.size.height;
            float ar=(width<height)?height/width:width/height;

            vector<float> row;
            row.push_back(area);
            row.push_back(ar);
            output.push_back(row);
            if(left!=NULL){
                left->push_back((int)r.center.x);
            }
            if(top!=NULL){
                top->push_back((int)r.center.y);
            }
            // Add image to the multiple image window class, See the
               class on full github code
            miw->addImage("Extract Features", mask*255);
            miw->render();
            waitKey(10);
        }
    }
    return output;
}
```

특징을 추출하는 데 사용되는 코드를 설명하겠습니다. 하나의 이미지를 입력받는 함수는 이미지에서 검출된 각 객체에 대해 왼쪽과 위쪽 위치의 벡터 2개를 매개변수로 반환합니다. 이 반환값은 각 객체 위에 해당하는 레이블을 그리는 데 사용됩니다. 함수의 출력은 실수형 벡터로 구성된 벡터입니다. 즉, 각 행은 검출된 각 객체의 특징을 포함하는 행렬입니다.

먼저, 윤곽선 탐색 알고리즘에 사용될 output 변수와 countours 변수를 생성합니다. 또한, OpenCV의 `findCountours` 함수는 입력 이미지를 수정하므로 입력 이미지의 복사본도 작성해야 합니다.

```
vector< vector<float> > output;
vector<vector<Point> > contours;
Mat input= img.clone();
vector<Vec4i> hierarchy;
findContours(input, contours, hierarchy, RETR_CCOMP, CHAIN_APPROX_
            SIMPLE);
```

이제 `findContours` 함수를 사용하여 이미지의 각 객체를 찾을 수 있습니다. 만약 어떠한 윤곽선도 감지하지 못했다면 다음 코드에서 볼 수 있듯이 빈 행렬을 반환합니다.

```
if(contours.size() == 0){
return output;
}
```

객체가 검출되었다면, 각 객체 윤곽에 대해 검정색 바탕(값: `0`)에 흰색으로 객체를 그립니다. 이 작업은 마스크 이미지로 값 `1`을 사용하여 수행합니다. 다음 코드는 마스크 이미지를 생성합니다.

```
for(auto i=0; i<contours.size(); i++){
    Mat mask= Mat::zeros(img.rows, img.cols, CV_8UC1);
    drawContours(mask, contours, i, Scalar(1), FILLED, LINE_8,
            hierarchy, 1);
```

다음 코드와 같이 윤곽선 내부의 모든 값을 합하여 면적을 계산할 수 있기 때문에 **1**의 값을 사용하여 모양을 그리는 것이 중요합니다:

```
Scalar area_s= sum(mask);
float area= area_s[0];
```

이 영역이 첫 번째 특징입니다. 이 값을 필터로 사용하여 원하지 않는 모든 작은 개체를 제거합니다. 생각했던 최소 임계값보다 작은 영역을 가진 모든 객체가 제거됩니다. 필터를 통과한 후, 객체의 종횡비로 두 번째 특징을 생성합니다. 이는 최대 너비 또는 높이를 최소 너비 또는 높이로 나눈 것입니다. 이 특징은 나사와 다른 물체를 쉽게 구별할 수 있습니다. 다음 코드는 종횡비를 계산하는 방법을 설명합니다:

```
if(area>MIN_AREA){ //if the area is greater than min.
        RotatedRect r= minAreaRect(contours[i]);
        float width= r.size.width;
        float height= r.size.height;
        float ar=(width<height)?height/width:width/height;
```

이제 이 특징들을 output 벡터에 추가하기만 하면 됩니다. 이를 위해 다음 코드와 같이 실수형 벡터인 row를 만들고 값을 추가한 다음, 이 row를 output 벡터에 추가합니다:

```
vector<float> row;
row.push_back(area);
row.push_back(ar);
output.push_back(row);
```

top-left 매개변수가 전달되면 함수를 통해 top-left 값을 삽입합니다:

```
if(left!=NULL){
    left->push_back((int)r.center.x);
}
if(top!=NULL){
```

```
    top->push_back((int)r.center.y);
}
```

마지막으로, 검출된 객체를 윈도우에 표시하고 사용자에게 보여줍니다. 이미지의 모든 객체 처리를 마친 후, 다음 코드에 기술한 것과 같이 output 특징 벡터를 반환합니다:

```
    miw->addImage("Extract Features", mask*255);
    miw->render();
    waitKey(10);
    }
}
return output;
```

이제 각 입력 이미지의 특징을 추출했으므로 다음 단계를 진행할 수 있습니다.

SVM 모델 학습

이제 해당 레이블에 대한 객체 이미지 데이터 셋을 획득하고 지도 학습을 사용합니다. 데이터 집합에는 이미지 수의 최솟값이 없습니다; 대부분의 경우, 학습을 위해 많은 이미지를 제공할수록 더 좋은 분류 모델을 얻을 수 있습니다. 간단한 모델을 학습시키기에는 단순한 분류기로도 충분합니다. 이를 위해 세 개의 폴더(나사, 너트 및 링)를 만들고 각 유형의 이미지를 모았습니다. 폴더의 각 이미지에 대해 특징들을 추출하여 `train` 특징 벡터에 추가해야 하는데, 이때 특징 벡터의 각 행에 레이블이 있는 벡터를 생성해야 합니다. 시스템 성능 평가를 위해 학습 및 테스트에 따라 이미지를 각각의 폴더에 분할합니다. 테스트용 이미지로 약 20장을, 나머지는 학습용으로 남겨둡니다. 그런 다음 두 개의 레이블이 있는 특징 벡터와 레이블을 만들어 학습 및 테스트를 수행합니다.

아래의 코드를 살펴봅시다. 먼저, 모델을 만들어야 합니다. 전역 변수로 접근하기 위해 모든 함수의 밖에서 모델을 선언합니다. OpenCV는 `Ptr` 템플릿 클래스를 사용하여 포인터를 관리합니다:

```
Ptr<SVM> svm;
```

새로운 SVM 모델의 포인터를 선언한 후에 모델을 생성하고 훈련합니다. 이를 위해 `trainAndTest` 함수를 만들었습니다. 함수 전체 코드는 다음과 같습니다:

```
void trainAndTest()
{
    vector< float > trainingData;
    vector< int > responsesData;
    vector< float > testData;
    vector< float > testResponsesData;

    int num_for_test= 20;

    // Get the nut images
    readFolderAndExtractFeatures("../data/nut/nut_%04d.pgm", 0, num_for_
        test, trainingData, responsesData, testData, testResponsesData);
    // Get and process the ring images
    readFolderAndExtractFeatures("../data/ring/ring_%04d.pgm", 1, num_for_
        test, trainingData, responsesData, testData, testResponsesData);
    // get and process the screw images
    readFolderAndExtractFeatures("../data/screw/screw_%04d.pgm", 2, num_for_
        test, trainingData, responsesData, testData, testResponsesData);
    cout << "Num of train samples: " << responsesData.size() << endl;

    cout << "Num of test samples: " << testResponsesData.size() << endl;
    // Merge all data
    Mat trainingDataMat(trainingData.size()/2, 2, CV_32FC1,
                        &trainingData[0]);
    Mat responses(responsesData.size(), 1, CV_32SC1, &responsesData[0]);
    Mat testDataMat(testData.size()/2, 2, CV_32FC1, &testData[0]);
    Mat testResponses(testResponsesData.size(), 1, CV_32FC1,
                      &testResponsesData[0]);
```

```
    Ptr<TrainData> tdata= TrainData::create(trainingDataMat, ROW_
                             SAMPLE, responses);

   svm = cv::ml::SVM::create();
   svm->setType(cv::ml::SVM::C_SVC);
   svm->setNu(0.05);
   svm->setKernel(cv::ml::SVM::CHI2);
   svm->setDegree(1.0);
   svm->setGamma(2.0);
   svm->setTermCriteria(TermCriteria(TermCriteria::MAX_ITER, 100, 1e-6));
   svm->train(tdata);

   if(testResponsesData.size()>0){
      cout << "Evaluation" << endl;
      cout << "==========" << endl;
      // Test the ML Model
      Mat testPredict;
      svm->predict(testDataMat, testPredict);
      cout << "Prediction Done" << endl;
      // Error calculation
      Mat errorMat= testPredict!=testResponses;
      float error= 100.0f * countNonZero(errorMat) /
                testResponsesData.size();
      cout << "Error: " << error << "%" << endl;
      // Plot training data with error label
      plotTrainData(trainingDataMat, responses, &error);

   }else{
      plotTrainData(trainingDataMat, responses);
   }
}
```

자, 이제 코드를 설명하겠습니다. 우선 학습 데이터와 테스트 데이터를 저장하는 데 필요한 변수를 선언합니다:

```
    vector< float > trainingData;
    vector< int > responsesData;
    vector< float > testData;
    vector< float > testResponsesData;
```

앞서 언급했듯이 각 폴더의 이미지를 모두 읽고, 특징을 추출한 다음 학습 데이터와 테스트 데이터에 저장해야 합니다. 이를 위해 아래와 같이 `readFolderAndExtractFeatures` 함수를 사용합니다:

```
    int num_for_test= 20;
    // Get the nut images
    readFolderAndExtractFeatures("../data/nut/tuerca_%04d.pgm", 0,
    num_for_test, trainingData, responsesData, testData, testResponsesData);
    // Get and process the ring images
    readFolderAndExtractFeatures("../data/ring/arandela_%04d.pgm", 1,
    num_for_test, trainingData, responsesData, testData, testResponsesData);
    // get and process the screw images
    readFolderAndExtractFeatures("../data/screw/tornillo_%04d.pgm", 2,
    num_for_test, trainingData, responsesData, testData, testResponsesData);
```

`readFolderAndExtractFeatures` 함수는 OpenCV의 `VideoCapture` 함수를 사용하여 폴더의 비디오 및 카메라 프레임을 포함한 모든 이미지를 읽을 수 있습니다. 각 이미지에 대해 특징을 추출하여 해당 출력 벡터에 추가합니다:

```
bool readFolderAndExtractFeatures(string folder, int label, int
num_for_test,
    vector<float> &trainingData, vector<int> &responsesData,
    vector<float> &testData, vector<float> &testResponsesData)
{
    VideoCapture images;
    if(images.open(folder)==false){
        cout << "Can not open the folder images" << endl;
    return false;
```

```
    }
    Mat frame;
    int img_index=0;
    while(images.read(frame)){
        //// Preprocess image
        Mat pre= preprocessImage(frame);
        // Extract features
        vector< vector<float> > features= ExtractFeatures(pre);
        for(int i=0; i< features.size(); i++){
            if(img_index >= num_for_test){
                trainingData.push_back(features[i][0]);
                trainingData.push_back(features[i][1]);
                responsesData.push_back(label);
            }else{
                testData.push_back(features[i][0]);
                testData.push_back(features[i][1]);
                testResponsesData.push_back((float)label);
            }
        }
        img_index++;
    }
    return true;
}
```

이미지의 특징과 해당 레이블로 구성된 벡터를 함수에서 학습할 수 있도록 OpenCV의 Mat 형식으로 변환해야 합니다:

```
// Merge all data
Mat trainingDataMat(trainingData.size()/2, 2, CV_32FC1, &trainingData[0]);
Mat responses(responsesData.size(), 1, CV_32SC1, &responsesData[0]);
Mat testDataMat(testData.size()/2, 2, CV_32FC1, &testData[0]);
Mat testResponses(testResponsesData.size(), 1, CV_32FC1,
&testResponsesData[0]);
```

이제 기계 학습 모델을 만들고 학습할 준비가 되었습니다. 앞서 언급한 바와 같이, 지도 학습 모델 생성을 위해서 서포트 벡터 머신을 사용합니다. 우선, 다음과 같이 모델 매개변수를 설정합니다:

```
// Set up SVM's parameters
svm = cv::ml::SVM::create();
svm->setType(cv::ml::SVM::C_SVC);
svm->setNu(0.05);
svm->setKernel(cv::ml::SVM::CHI2);
svm->setDegree(1.0);
svm->setGamma(2.0);
svm->setTermCriteria(TermCriteria(TermCriteria::MAX_ITER, 100, 1e-6));
```

이제 SVM 타입과 커널 함수 및 학습 프로세스를 중단하기 위한 기준을 정의해야 합니다. 이 예제에서는 최대 반복 횟수를 100회로 정합니다. 각 매개변수와 매개변수의 기능에 대한 자세한 내용은 다음의 링크를 통해 OpenCV 문서를 참고하십시오: `https://docs.opencv.org/master/d1/d2d/classcv_1_1ml_1_SVM.html`. 매개변수를 설정한 후, `train` 메소드를 호출하고 `trainingDataMat`을 사용하여 `TrainData` 행렬을 생성합니다:

```
// Train the SVM
svm->train(tdata);
```

테스트 특징 벡터(`num_for_test`를 `0`보다 큰 값으로 설정)를 사용하여 모델의 근사 오차를 얻습니다. 오류 추정치를 얻기 위해 모든 테스트 특징 벡터에 대한 SVM 예측결과를 얻고 이 결과를 원래 레이블과 비교합니다:

```
if(testResponsesData.size()>0){
    cout << "Evaluation" << endl;
    cout << "==========" << endl;
    // Test the ML Model
    Mat testPredict;
```

```
svm->predict(testDataMat, testPredict);
cout << "Prediction Done" << endl;
// Error calculation
Mat errorMat= testPredict!=testResponses;
float error= 100.0f * countNonZero(errorMat) /testResponsesData.size();
cout << "Error: " << error << "%" << endl;
// Plot training data with error label
plotTrainData(trainingDataMat, responses, &error);

}else{
    plotTrainData(trainingDataMat, responses);
}
```

예측을 위해 **testDataMat** 특징과 새로운 **Mat** 특징을 매개변수로 한 **predict** 함수를 사용합니다. **predict** 함수를 사용하면 결과로 다중 클래스 예측이 가능하므로 한 행이나 벡터 대신 행렬을 사용합니다. 예측 후에는 **testPredict**와 **testResponse**(원래 레이블)의 차이만 계산하면 됩니다. 차이가 있는 경우 오류를 계산하기 위해 오류가 몇 개인지 세고 이를 총 테스트 수로 나누면 됩니다.

> 학습 데이터를 테스트 데이터와 학습 데이터로 분할한 후 특징 벡터(샘플)를 생성하기 위해서 TrainData 클래스를 사용합니다.

마지막으로, 학습 데이터를 2D 이미지로 표시합니다. 여기서 *y*축은 종횡비 특징이고, *x*축은 객체들의 영역입니다. 다음 이미지의 각 점은 각기 다른 종류의 객체를 구분하는 색상과 모양들(십자형, 사각형 및 원)을 표시하며, 객체들의 그룹을 명확하게 확인할 수 있습니다:

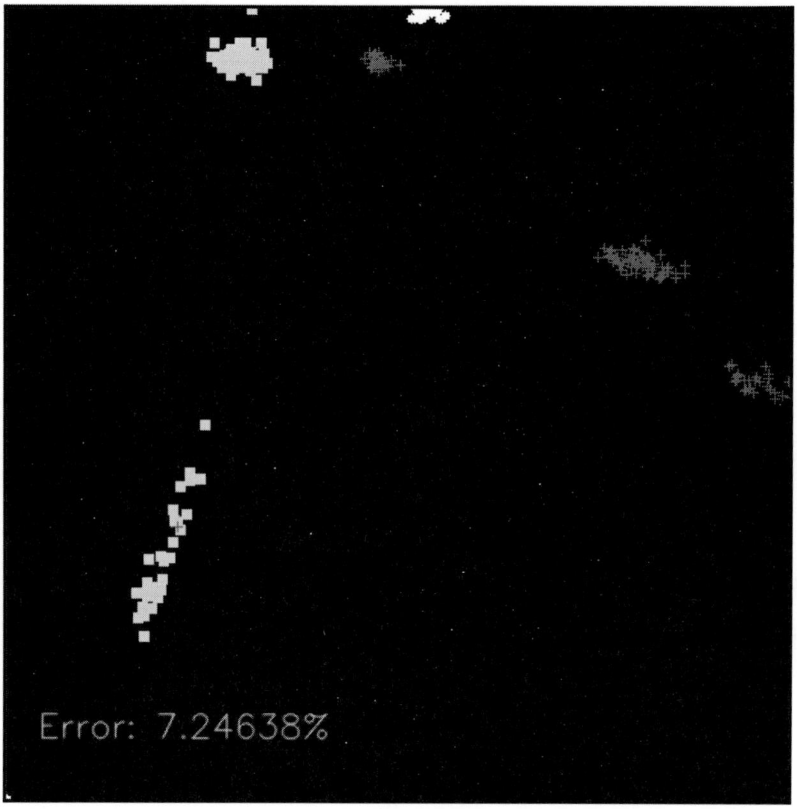

이제 애플리케이션을 완성하는 단계입니다. 이 시점에서 학습된 SVM 모델이 생성됩니다. 이제 분류를 위해 학습된 모델을 사용하여 새로 들어오는 알 수 없는 특징 벡터의 유형을 검출할 수 있습니다. 다음 단계는 알 수 없는 객체가 포함된 입력 이미지를 예측하는 것입니다.

입력 이미지 예측

이제 객체를 포함하는 입력 이미지를 로드하고 객체를 예측하는 main 함수를 설명합니다. 여러 종류의 객체를 포함하고 있는 아래의 그림을 입력 이미지로 사용하겠습니다. 보시다시피, 이 객체들에 대한 레이블이나 이름은 없지만 컴퓨터는 이들을 식별할 수 있어야 합니다:

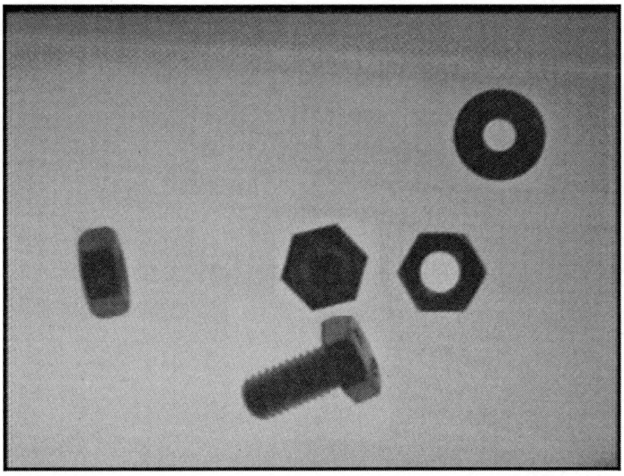

다음과 같이 학습 이미지를 입력하고 전처리 과정을 거칩니다:

1. 먼저 이미지를 로드하고 그레이스케일 값으로 변환합니다.
2. 그런 다음, `preprocessImage` 함수를 통해 전처리 작업(5장 '자동 광학 검사, 객체 분할 및 검출'에서 학습한)을 수행합니다:

```
Mat pre= preprocessImage(img);
```

3. 이제, 앞서 설명이 된 `ExtractFeatures`를 사용하여 이미지의 모든 객체에 대해 특징 벡터를 추출하고, 각 객체의 왼-위쪽 모서리 위치를 추출합니다:

```
// Extract features
vector<int> pos_top, pos_left;
vector< vector<float> >
features=ExtractFeatures(pre, &pos_left,        &pos_top);
```

4. 탐지된 각 객체는 두 개의 특징을 한 행에 저장한 다음 `Mat` 형식으로 반환합니다:

```
for(int i=0; i< features.size(); i++){
    Mat trainingDataMat(1, 2, CV_32FC1, &features[i][0]);
```

5. 이후에, `StatModel` 추상 클래스를 상속받아 `predict` 함수를 재정의하여 단

일 객체를 예측할 수 있습니다. 예측된 실수형 결과값은 검출된 객체의 레이블입니다. 그런 다음, 애플리케이션을 완성하기 위해서 출력 이미지 위에 검출되어 분류된 각 객체에 레이블을 표시합니다:

```
float result= svm->predict(trainingDataMat);
```

6. stringstream을 사용하여 텍스트를 저장하고 Scalar를 사용하여 각 레이블에 대한 색상을 저장할 것입니다:

```
stringstream ss;
Scalar color;
if(result==0){
    color= green; // NUT
    ss << "NUT";
}else if(result==1){
    color= blue; // RING
    ss << "RING" ;
}else if(result==2){
    color= red; // SCREW
    ss << "SCREW";
}
```

7. 또한 ExtractFeatures 함수에서 검출된 위치를 참조하여 각 객체 위에 레이블 텍스트를 표시합니다:

```
putText(img_output,
        ss.str(),
        Point2d(pos_left[i], pos_top[i]),
        FONT_HERSHEY_SIMPLEX,
        0.4,
        color);
```

8. 마지막으로, 윈도우 출력 창에 결과를 표시합니다:

```
miw->addImage("Binary image", pre);
miw->addImage("Result", img_output);
```

```
miw->render();
waitKey(0);
```

애플리케이션의 최종 결과는 그림에 표시된 것처럼 4개의 분할된 화면에 보여줍니다. 그 중 왼쪽 위는 입력 이미지, 오른쪽 위는 훈련 데이터, 왼쪽 아래는 이미지 분석을 위한 전처리된 이미지, 오른쪽 아래는 최종적으로 예측된 결과입니다:

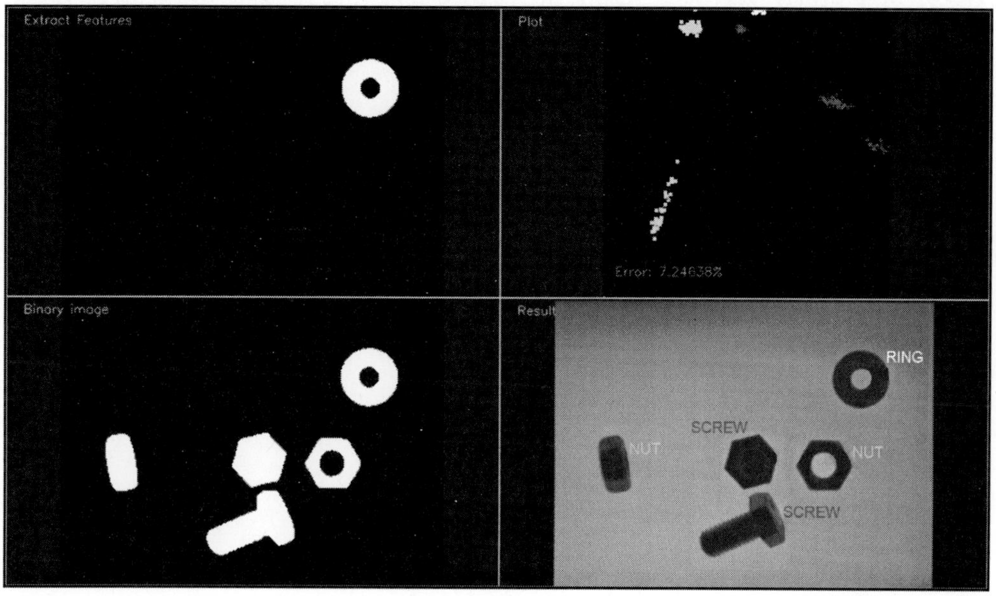

요약

이 장에서는 기계 학습 기본 개념을 학습하고 작은 규모의 애플리케이션에 적용해봤습니다. 이를 통해, 기계 학습 애플리케이션을 만들 때 사용할 수 있는 기본적인 기술을 이해할 수 있었습니다. 기계 학습은 각 시나리오마다 서로 다른 기술(지도 학습, 비지도 학습, 군집화 등)이 필요하기 때문에 매우 복잡합니다. 여러분은 기계 학습 중에서 가장 일반적인 SVM을 사용하여 지도 학습 애플리케이션 만드는 방법을 배웠습니다. 지도 학습에서 가장 중요한 개념은 다음과 같습니다: 적절한 수의 샘플이나 데이터 집합을 가지고 있어야 하며, 객체를 설명하는 특징(이미지 특징에 관한 내용은 8장 '비디오 감시, 배경 모델링 및 모폴로지 연산'에서 자세하게 설명합니다)을 정확하게 선택해야 하고, 가장 좋은 예측을 제공하는 모델을 선택해야 합니다.

만약 정확한 예측 결과를 얻지 못했다면, 그 문제를 해결하기 위해 각각 개념들을 하나씩 다시 확인해 봐야 합니다.

다음 장에서는 어떠한 관심 정보도 제공하지 않는 배경에서, 이미지 객체를 검출하고 분석하기 위한 비디오 감시 애플리케이션에 매우 유용한 이미지 분할 기술인 배경 감산방법을 소개합니다.

CHAPTER 7

얼굴 부위 탐지와 마스크 오버레이

6장, '객체 분류'에서 기계 학습을 이용한 객체 분류 구현 방법에 대해 배웠습니다. 이번 장에서는, 얼굴의 다양한 부위를 탐지하고, 추적하는 방법을 알아보겠습니다. 얼굴 검출 파이프라인 설계 방법을 이해하기 위한 이야기를 먼저 시작합니다. 그런 다음 이 프레임워크를 사용하여 눈, 코, 입 그리고 귀와 같은 얼굴 부위를 탐지합니다. 마지막으로, 실시간 영상에서 얼굴 부위에 재미있는 마스크를 오버레이하는 방법을 배웁니다.

이 장이 끝날 때 즈음, 다음 주제들에 대해서 잘 이해할 수 있습니다.

- Haar 캐스케이드 이해
- 적분 영상이 필요한 이유
- 일반적인 얼굴 검출 파이프라인 구축
- 웹캠을 통한 실시간 비디오 스트림에서 얼굴, 눈, 코, 입 그리고 귀에 대한 탐지 및 추적
- 비디오에서 사람의 얼굴에 마스크, 선글라스, 우스꽝스러운 코를 자동으로 오버레이 하기

기술 요구사항

이 장을 이해하기 위해서는 기본 C++ 프로그래밍 언어에 익숙해야 합니다. 이 장에서 사용된 모든 코드는 다음 GitHub 링크에서 다운로드할 수 있습니다: `https://github.com/PacktPublishing/Learn-OpenCV-4-By-Building-Projects-`

Second-Edition/tree/ master/Chapter_07. 다운로드받은 코드는 모든 운영 체제에서 실행될 수 있지만, 우분투(Ubuntu) 운영체제에서만 테스트 되었습니다.

다음 링크에서 코드실행 동영상을 확인할 수 있습니다.:
http://bit.ly/2SlpTK6

Haar 캐스케이드 이해

Haar 캐스케이드는 Haar 특징을 기반으로 하는 캐스케이드 분류기입니다. 캐스케이드 분류기란 무엇일까요? 이는 단순하게 강 분류기를 만들기 위해서 약 분류기를 결합합니다. **약 분류기**는 무엇이고, **강 분류기**는 무엇일까요? 약 분류기는 성능이 제한된 분류기입니다. 이는 모든 것을 올바르게 분류하지 못할 수도 있다는 뜻입니다. 그러나 여러분이 해결해야 할 문제가 간단하다면, 이는 수용 가능한 수준에서 잘 작동할 것입니다. 반면, 강 분류기는 데이터를 매우 정확하게 분류할 수 있습니다. 다음 단락에서 분류기가 어떻게 결합되는지 살펴보겠습니다. Haar 캐스케이드에서 중요한 부분은 **Haar 특징**입니다. Haar 특징은 사각형 영역의 단순한 총합계이며 이미지 전체에 걸친 영역의 값의 차이를 구합니다. 다음 그림을 예로 들어 보겠습니다:

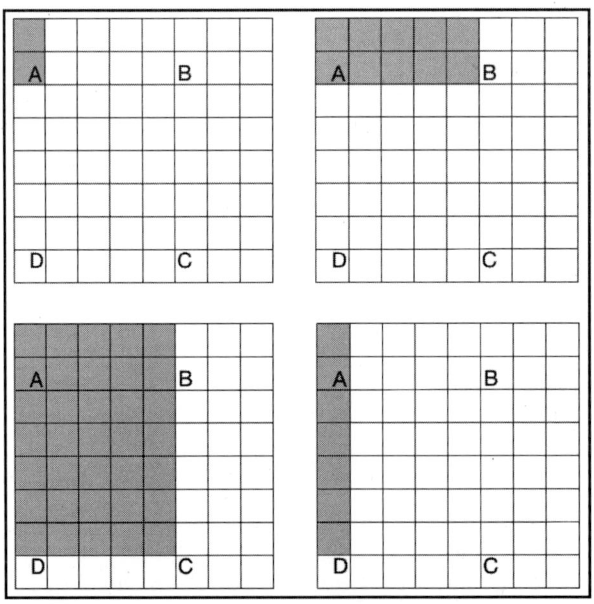

ABCD 영역의 Haar 특징을 계산하려면 해당 영역의 흰색 픽셀과 파란색 픽셀 간의 차이만 계산하면 됩니다. 4개의 그림에서 볼 수 있듯이, 다양한 패턴을 사용하여 Haar 특징을 만듭니다. 이외에도, 많은 다양한 패턴들이 사용되고 있습니다. 이는 시스템을 변경하지 않도록 다양한 크기의 패턴을 사용하는 것입니다. 다양한 크기라고 함은, 이미지를 확대 혹은 축소하여 특징을 다시 계산하는 것입니다. 이런 식으로, 시스템을 주어진 객체의 크기 변화에 강건하게 만들 수 있습니다.

> 알고 보면, 이 캐스케이드 시스템은 이미지에서 객체를 검출하는 데 매우 좋은 방법입니다. 2001년, Paul Viola-Michael Jones는 논문에서 객체를 검출하는 데 매우 빠르고 효과적인 방법을 제안하였습니다. 자세한 내용은 다음의 링크에서 확인하실 수 있습니다:
> `http://www.cs.ubc.ca/~lowe/425/slides/13-ViolaJones.pdf`

논문에 기술된 내용을 잘 이해하기 위해 좀 더 깊이 들어가 보겠습니다. 논문에서는 기본적으로 단순한 분류기를 결합한 캐스케이드 알고리즘을 설명하고 있습니다. 제안한 시스템은 성능이 우수한 강 분류기를 만드는 데 사용됩니다. 논문에서는 왜 정확도가 더 높은 복잡한 분류기 대신에 단순한 분류기를 사용했을까요? 이 기술은 높은 정확도를 보장하는 단일 분류기를 만들어야 하는 어려운 문제를 해결할 수 있었습니다. 높은 성능을 요구하는 단일 분류기는 복잡하고 계산 집약적인 경향이 있습니다. 논문에서 제안한 기술은 간단한 분류기로 학습이 가능하기 때문에 복잡할 필요가 없습니다. 테이블 탐지기를 설계하는 문제를 생각해 봅시다. 테이블 모양을 자동으로 학습하는 시스템을 구축하고자 합니다. 학습된 지식을 기반으로, 주어진 이미지에서 테이블을 식별할 수 있어야 합니다. 이러한 시스템을 구축하기 위해서 첫 번째는, 시스템을 학습하는 데 사용되는 이미지를 수집해야 합니다. 기계 학습은 이러한 시스템을 학습시키는 데 사용할 수 있는 많은 기술이 있습니다. 시스템이 제대로 잘 작동하기 위해서는 테이블인 이미지와 테이블이 아닌 이미지를 많이 수집해야 합니다. 기계 학습 용어로 테이블 이미지를 **Positive** 샘플이라고 하고 테이블이 아닌 이미지를 **Negative** 샘플이라고 합니다. 테이블 탐지 시스템은 이 데이터들을 수집하여 두 클래스로 구분하는 방법을 학습합니다. 실시간 시스템을 구축하기 위해서 분류기는 단순해야 합니다. 그러나 문제는 간단한 분류기의 정확도가 그리 높지 않다는 것입니다. 만약 분류기의 정확도를 더 높게 만들려고 하면, 그

과정은 결국 계산 집약적이게 되고, 시스템 속도는 느려질 것입니다. 이러한 정확도와 속도 사이의 절충 문제는 기계 학습에서 매우 흔한 일입니다. 그래서 우리는 여러 약 분류기들을 연결하여 통합된 강한 분류기를 만들어 냄으로써 이 문제를 극복했습니다. 약 분류기가 매우 정확할 필요는 없습니다. 전반적인 분류기의 품질을 보장하기 위해 Viola-Jones는 훌륭한 캐스케이딩 기법을 설명했습니다. 전체 시스템을 이해하고 싶다면 논문을 참조하십시오.

이제 시스템 파이프라인을 이해했으므로, 실시간 영상에서 얼굴을 검출할 수 있는 시스템을 구축하는 방법을 살펴보겠습니다. 첫 번째 단계는 모든 이미지에서 특징을 추출합니다. 이 경우, 알고리즘은 얼굴이 어떻게 생겼는지 이해하고 학습하기 위해 특징 추출이 필요한 것입니다. 논문에서는 Haar 특징을 사용하여 특징 벡터를 만들었습니다. 특징을 추출한 후에 캐스케이드 분류기에 전달합니다. 모든 사각형 영역을 확인하고 그 안에 얼굴이 검출되지 않으면 그 영역은 제거됩니다. 이렇게 하면, 주어진 사각형 영역에 얼굴이 포함되어 있는지를 판별하는 최종 결과를 빠르게 확인할 수 있습니다.

적분 영상이란 무엇일까요?

Haar 특징을 추출하려면 이미지 내의 사각형 영역에 포함된 픽셀 값의 합을 계산해야 합니다. 이미지 크기의 변화에 영향을 받지 않는 강건한 시스템을 구현하기 위해서 이러한 영역을 여러 크기(다양한 사각형)로 계산합니다. 이러한 방식으로 구현한다면, 매우 계산 집약적인 프로세스가 될 것입니다. 왜냐하면, 사각형의 모든 픽셀을 고려해야 하고, 다른 사각형에 동일한 픽셀들이 서로 겹쳐 있을 경우 여러 번 읽어와야 하기 때문입니다. 실시간 시스템을 구축하고 싶다면, 계산에 너무 많은 시간을 낭비할 수는 없습니다. 중복 영역 계산 중 동일한 픽셀을 여러 번 읽어 들이는 반복 때문에 생기는 불필요한 계산을 방지할 수 있는 방법을 찾아야 합니다. 이를 해결하기 위해서, 적분 영상을 사용할 수 있습니다. 적분 영상은 선형 시간(이미지 상에 두 번만 반복)으로 초기화하고 4개의 픽셀 값만 읽음으로써 여러 크기를 갖는 사각형의 픽셀의 합계를 계산할 수 있습니다. 이해를 돕기 위해서 다음 그림을 살펴봅시다:

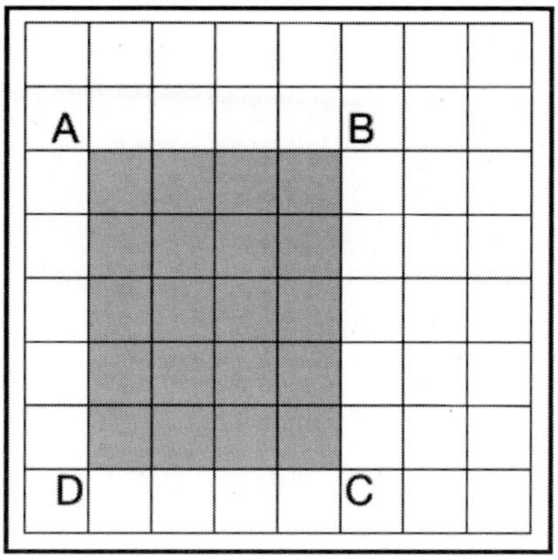

그림에서 사각형의 영역을 계산하고 싶다면, 해당 영역의 모든 픽셀을 반복할 필요가 없습니다. 이미지의 왼쪽 상단 점과 마주보는 임의의 점 'P'를 꼭지점으로 하여 만들어진 사각형을 생각해봅시다. 이 사각형의 영역을 A_P로 나타냅니다. 예를 들어, A_B 왼쪽 상단 점과 B를 마주보는 꼭지점으로 하여 만들어진 5×2 직사각형의 영역을 나타냅니다. 좀 더 정확한 이해를 위해 다음 그림을 살펴보겠습니다.

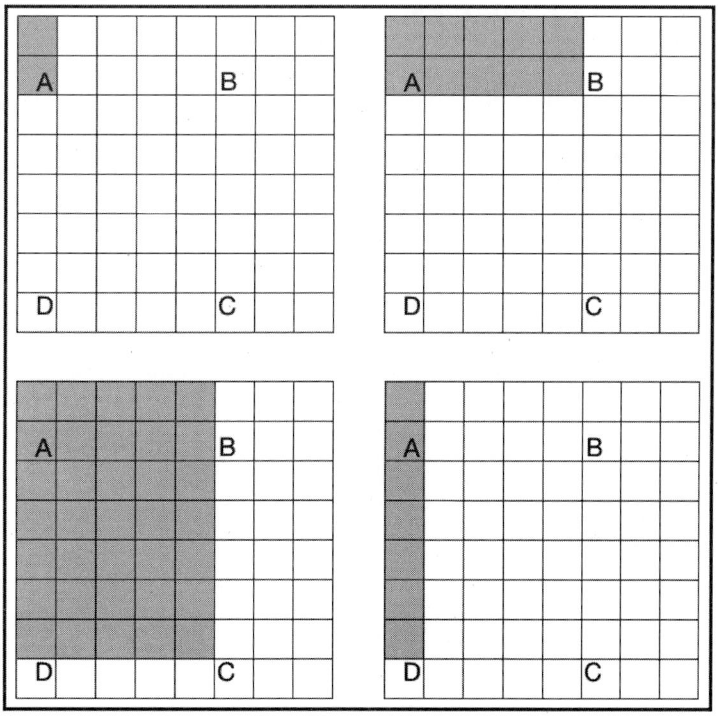

그림의 왼쪽-위 사각형을 봅시다. 파란색 픽셀은 왼쪽-위 픽셀과 점 **A** 사이의 영역을 나타냅니다. 이는 A_A로 표시합니다. 나머지 그림은 각각 A_B, A_C 및 A_D라는 이름으로 표시합니다. 이제 그림에 표시된 ABCD 직사각형의 면적을 계산하려면 다음 수식을 사용할 수 있습니다.

사각형의 면적 : $ABCD = A_C - (A_B + A_D - A_A)$

이 수식의 특별한 점은 무엇일까요? 이미지에서 Haar 특징을 추출하면서 이미지 픽셀 값의 합을 계산하는데 이는 이미지에 존재하는 다양한 크기의 사각형에 대해서 수행해야 합니다. 이때 동일한 픽셀을 반복 참조하고 있기 때문에 많은 계산이 필요합니다. 이로 인해, 속도가 너무 느리기 때문에 실시간 시스템을 구축하는 것은 불가능합니다. 따라서 위의 수식이 필요한 것입니다. 수식에서 보시다시피, 동일한 픽셀을 여러 번 반복 참조할 필요가 없습니다. 임의의 사각형 영역을 계산할 때, 수식의 우변에 있는 모든 값을 적분 영상으로 손쉽게 구할 수 있습니다. 즉, 올바른 값을 선택해서 수식에 대입하여 특징을 추출하기만 하면 됩니다.

실시간 영상에서 마스크 오버레이

OpenCV는 좋은 성능의 얼굴 검출 프레임워크를 제공합니다. XML 파일 형식으로 저장되어 있는 캐스케이드 분류기를 불러오기만 하면 이미지에서 얼굴을 검출할 수 있습니다. 웹캠에서 비디오 스트림을 캡처하면 다음 그림과 같이 재미있는 마스크를 얼굴에 오버레이할 수 있습니다:

입력된 비디오 스트림에서 탐지된 얼굴에 마스크를 오버레이하는 방법을 알아보기 위해 코드의 주요 부분을 살펴보겠습니다. 전체 코드는 책과 함께 제공되는 코드 패키지를 다운로드하여 확인할 수 있습니다:

```
#include "opencv2/core/utility.hpp"
#include "opencv2/objdetect/objdetect.hpp"
#include "opencv2/imgproc.hpp"
#include "opencv2/highgui.hpp"

using namespace cv;
using namespace std;

...

int main(int argc, char* argv[])
{
    string faceCascadeName = argv[1];
    // Variable declaration and initialization
    ...
    // Iterate until the user presses the Esc key
    while(true)
    {
        // Capture the current frame
        cap >> frame;
        // Resize the frame
        resize(frame, frame, Size(), scalingFactor, scalingFactor,
               INTER_AREA);
        // Convert to grayscale
        cvtColor(frame, frameGray, COLOR_BGR2GRAY);
        // Equalize the histogram
        equalizeHist(frameGray, frameGray);
        // Detect faces
        faceCascade.detectMultiScale(frameGray, faces, 1.1, 2, 0|HAAR_
                                     SCALE_IMAGE, Size(30, 30) );
```

여기서 잠깐 이 코드가 어떤 일을 하는지 살펴봅시다. 웹캠에서 입력 프레임을 읽어 들여 원하는 사이즈로 크기를 조정합니다. 캡처된 프레임은 컬러 이미지이지만 얼굴 검출 수행은 그레이 스케일 이미지에 적합합니다. 따라서 컬러 이미지를 그레이 스케일로 변환하고 히스토그램 평활화를 수행합니다. 히스토그램 평활화를 해야 하는 이유는 무엇일까요? 명암이나 채도와 같은 문제를 보완하기 위해 이 작업을 수행해야 합니다. 이미지가 너무 밝거나 너무 어두우면 검출 성능이 떨어집니다. 그러므로 히스토그램 평활화를 통해 이미지가 정상 범위의 픽셀 값을 갖도록 합니다:

```
        // Draw green rectangle around the face
        for(auto& face:faces)
        {
            Rect faceRect(face.x, face.y, face.width, face.height);
            // Custom parameters to make the mask fit your face. You may
               have to play around with them to make sure it works.
            int x = face.x - int(0.1*face.width);
            int y = face.y - int(0.0*face.height);
            int w = int(1.1 * face.width);
            int h = int(1.3 * face.height);
            // Extract region of interest (ROI) covering your face
            frameROI = frame(Rect(x,y,w,h));
```

이쯤되면, 우리는 얼굴이 어디에 위치하는지 알고 있습니다. 따라서 관심 영역을 추출하여 마스크를 원하는 위치에 오버레이합니다:

```
            // Resize the face mask image based on the dimensions of the
               above ROI
            resize(faceMask, faceMaskSmall, Size(w,h));
            // Convert the previous image to grayscale
            cvtColor(faceMaskSmall, grayMaskSmall, COLOR_BGR2GRAY);
            // Threshold the previous image to isolate the pixels
               associated only with the face mask
            threshold(grayMaskSmall, grayMaskSmallThresh, 230, 255,
                    THRESH_BINARY_INV);
```

그런 다음, 얼굴 마스크와 연관된 픽셀을 분리합니다. 이때, 마스크가 사각형처럼 보이지 않도록 오버레이하기를 원합니다. 따라서 자연스러워 보일 수 있도록 겹쳐진 객체의 정확한 경계가 필요합니다. 이제 마스크를 오버레이해봅시다:

```
        // Create mask by inverting the previous image (because we
           don't want the background to affect the overlay)
        bitwise_not(grayMaskSmallThresh, grayMaskSmallThreshInv);
        // Use bitwise "AND" operator to extract precise boundary of
           face mask
        bitwise_and(faceMaskSmall, faceMaskSmall, maskedFace,
                    grayMaskSmallThresh);
        // Use bitwise "AND" operator to overlay face mask
        bitwise_and(frameROI, frameROI, maskedFrame,
                    grayMaskSmallThreshInv);
        // Add the previously masked images and place it in the
           original frame ROI to create the final image
        add(maskedFace, maskedFrame, frame(Rect(x,y,w,h)));
    }
  // code dealing with memory release and GUI

  return 1;
}
```

코드에 무슨 일이 있었나요?

첫 번째로 주목해야 할 것은 코드에 입력 인수로 face cascade XML 파일과 mask image를 사용한다는 것입니다. 여러분은 `resources` 폴더 아래에 제공되는 `haarcascade_frontalface_alt.xml`와 `facemask.jpg` 파일을 사용할 수 있습니다. 이미지에서 얼굴을 검출하기 위해서는 분류기 모델이 필요한데 OpenCV는 이러한 용도로 사용할 수 있는 미리 훈련된 XML 파일을 제공합니다. `faceCascade.load()` 함수를 사용하여 XML 파일을 로드하고 파일이 올바르게 로드되었는지 확인합니다. 우리는 웹캠에서 입력 프레임을 캡처하기 위해 비디오 캡처 객체를 생성합니다. 그런 다음, 이미지를 그레이 스케일로 변환한 후 얼굴 검출기를 실행합니다. `detectMultiScale` 함수는 입력 이미지에서 얼굴을 검출하여 검출된 사각형 정보를 저장합니다. 필요에 따라 이미지를 축소해야 할 수 있는데, 이 함수의 두 번째 매개변수가 이를 처리합니다. 이 크기 요소를 여러 배율로 변화시켜 봅니다. 다양한 크기의 얼굴을 찾아야 하기 때문에 실행할 때마다 현재 크기의 1.1배가 더 커집니다. 마지막 매개변수는 검출된 사각형 정보, 즉 얼굴 검출 후보들의 개수를 지정하는데 사용되는 임계값입니다. 이는 얼굴 검출기의 강건성을 높일 수 있습니다. 그런 다음, `while` 루프를 시작하고, 사용자가 Esc키를 누를 때까지 모든 프레임에서 얼굴을 계속 검출합니다. 일단 얼굴을 탐지하면, 그 위에 마스크를 오버레이합니다. 마스크가 잘 맞도록 크기를 약간 수정해야 할 수도 있습니다. 이러한 사용자 지정은 주관적일 수 있으며 마스크에 따라 다릅니다. 이제 관심 영역을 추출했으므로 이 영역에 마스크를 씌워야 합니다. 이때, 마스크 둘레에 있는 흰색 배경도 같이 오버레이하면 이상하게 보일 수 있으므로, 마스크의 정확한 곡선 테두리를 추출한 후에 오버레이해야 합니다. 즉 마스크 픽셀은 보이고 나머지 영역은 투명해야 합니다.

보다시피 입력 마스크는 흰색 배경입니다. 따라서 마스크 이미지에 임계값을 적용합니다. 실험을 통해 임계값이 `240`일 때 잘 작동하는 것을 알 수 있었습니다. 영상에서 밝기 값이 `240`보다 큰 픽셀은 `0`이 되고 나머지 픽셀은 `255`가 됩니다. 관심 영역이라면 이 영역의 픽셀이 검정색으로 처리되어집니다. 이를 위해서, 우리는 방금 만들어진 마스크 픽셀 값을 반전시킵니다. 마지막 단계는 마스크를 덧씌워 최종 출력 이미지를 생성합니다.

선글라스 착용해보기

이제 얼굴 검출하는 방법을 이해했으므로, 이 개념을 얼굴의 다른 부분을 탐지하는 데 활용할 수 있습니다. 우리는 눈 검출기를 사용하여 실시간 영상에서 선글라스를 오버레이 해보겠습니다. Viola-Jones 프레임워크는 어떤 객체에도 적용될 수 있습니다. 시스템의 정확도와 강건성은 객체가 가지는 고유한 특징에 따라 달라집니다. 예를 들어, 사람의 얼굴은 매우 고유한 특성을 가지고 있기 때문에 시스템을 강건하게 훈련시키는 것은 쉽습니다. 반면, 수건과 같은 객체는 너무 일반적이고, 고유성이라고 할만한 뚜렷한 특징이 없기 때문에 성능이 좋은 수건 탐지기를 구축하는 것은 더 어렵습니다. 눈 검출기를 만들고 선글라스를 오버레이하면 다음 그림과 같이 보입니다:

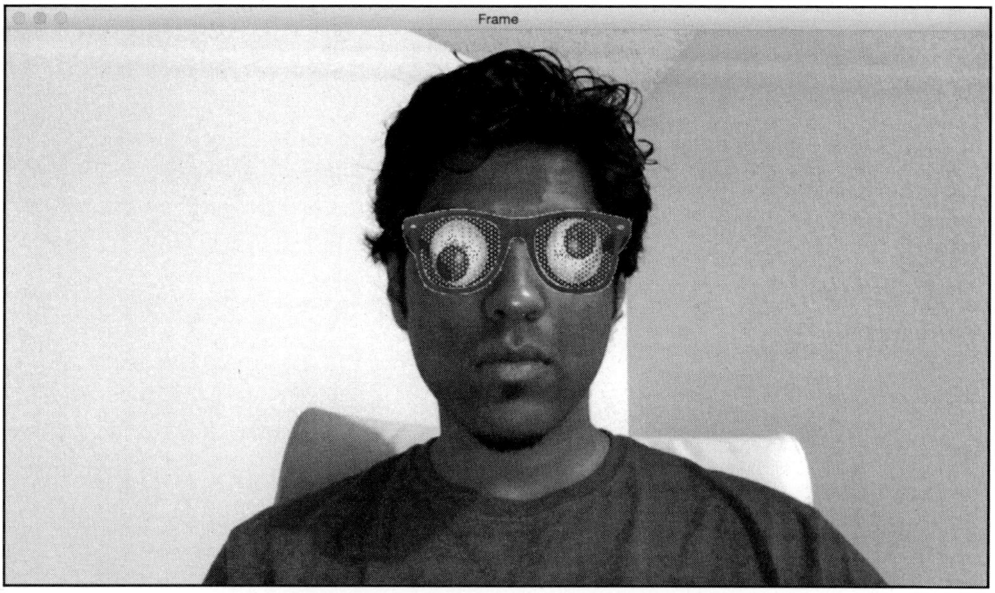

코드의 주요 부분을 살펴보겠습니다:

```
...
int main(int argc, char* argv[])
{
    string faceCascadeName = argv[1];
    string eyeCascadeName = argv[2];

    // Variable declaration and initialization
    ....
    // Face detection code
    ....
    vector<Point> centers;
    ....
    // Draw green circles around the eyes
    for( auto& face:faces )
    {
        Mat faceROI = frameGray(face[i]);
        vector<Rect> eyes;
```

```
    // In each face, detect eyes eyeCascade.detectMultiScale (faceROI,
        eyes, 1.1, 2, 0 |CV_HAAR_SCALE_IMAGE, Size(30, 30));
```

여기서 볼 수 있듯이, 얼굴 영역에서만 눈 검출기를 실행합니다. 우리 눈은 항상 얼굴에 위치함을 알고 있기 때문에 전체 이미지를 검색할 필요가 없습니다:

```
    // For each eye detected, compute the center
    for(auto& eyes:eyes)
    {
        Point center( face.x + eye.x + int(eye.width*0.5), face.y +
                      eye.y + int(eye.height*0.5) );
        centers.push_back(center);
    }
}
// Overlay sunglasses only if both eyes are detected
if(centers.size() == 2)
{
    Point leftPoint, rightPoint;
    // Identify the left and right eyes
    if(centers[0].x < centers[1].x)
    {
        leftPoint = centers[0];
        rightPoint = centers[1];
    }
    else
    {
        leftPoint = centers[1];
        rightPoint = centers[0];
    }
```

양쪽 눈을 모두 검출했을 경우에 저장합니다. 그런 다음 좌표를 사용하여 왼쪽 눈과 오른쪽 눈을 결정합니다:

```
// Custom parameters to make the sunglasses fit your face. You
   may have to play around with them to make sure it works.
int w = 2.3 * (rightPoint.x - leftPoint.x);
int h = int(0.4 * w);
int x = leftPoint.x - 0.25*w;
int y = leftPoint.y - 0.5*h;
// Extract region of interest (ROI) covering both the eyes
   frameROI = frame(Rect(x,y,w,h));
// Resize the sunglasses image based on the dimensions of the
   above ROI
resize(eyeMask, eyeMaskSmall, Size(w,h));
```

위의 코드에서 얼굴 비율에 맞게 선글라스 크기를 조정했습니다. 나머지 코드를 살펴보겠습니다:

```
    // Convert the previous image to grayscale
    cvtColor(eyeMaskSmall, grayMaskSmall, COLOR_BGR2GRAY);
    // Threshold the previous image to isolate the foreground object
    threshold(grayMaskSmall, grayMaskSmallThresh, 245, 255,
              THRESH_BINARY_INV);
    // Create mask by inverting the previous image (because we
       don't want the background to affect the overlay)
    bitwise_not(grayMaskSmallThresh, grayMaskSmallThreshInv);
    // Use bitwise "AND" operator to extract precise boundary of
       sunglasses
    bitwise_and(eyeMaskSmall, eyeMaskSmall, maskedEye,
                grayMaskSmallThresh);
    // Use bitwise "AND" operator to overlay sunglasses
    bitwise_and(frameROI, frameROI, maskedFrame,
                grayMaskSmallThreshInv);
    // Add the previously masked images and place it in the
       original frame ROI to create the final image
    add(maskedEye, maskedFrame, frame(Rect(x,y,w,h)));
}
```

```
    // code for memory release and GUI

    return 1;
}
```

코드 들여다보기

코드의 흐름이 실시간 영상에서 얼굴에 마스크 오버레이하기 위한 얼굴 검출 코드와 유사해 보입니다. 얼굴 검출 캐스케이드 분류기뿐만 아니라 눈 검출 캐스케이드 분류기도 로드합니다. 눈을 검출하는데 왜 얼굴 검출 캐스케이드 분류기를 로드할까요? 얼굴 검출기를 사용할 필요는 없지만 눈의 위치를 찾는 데 도움을 줄 수 있기 때문입니다. 우리는 눈이 항상 얼굴에 위치한다는 것을 알고 있기 때문에 눈 검출을 위해서 탐지 영역을 얼굴 부위로 제한할 수 있습니다. 첫 번째 단계는 얼굴을 검출하고 이 영역에서 눈 검출 코드를 실행하는 것입니다. 눈 검출이 더 작은 영역에서 실행되기 때문에 빠르고 효율적입니다.

이미지의 각 프레임에 대해 얼굴을 먼저 검출합니다. 그리고 나서 검출된 얼굴 영역에서 눈의 위치를 탐지합니다. 눈 검출 후에 선글라스를 오버레이합니다. 그러기 위해서는 선글라스 이미지를 얼굴 크기에 맞게 조정해야 합니다. 우리는 검출된 두 눈 사이의 거리를 고려하면 선글라스 이미지의 적절한 크기를 결정할 수 있습니다. 그렇기 때문에 양쪽 눈을 모두 탐지했을 때만 선글라스를 오버레이할 수 있습니다. 이러한 이유로 눈 검출기를 먼저 동작시키고, 두 눈의 중심을 알아내고, 선글라스를 오버레이하는 것입니다. 이 단계가 완료되면 선글라스 마스크를 오버레이하면 됩니다. 선글라스 오버레이에 사용되는 원리는 얼굴 마스크를 오버레이하는 원리와 매우 유사합니다. 필요에 따라 선글라스의 크기와 위치를 조정할 수도 있습니다. 여러분은 이제 다양한 종류의 선글라스를 적용해 볼 수 있습니다.

코, 입 그리고 귀 추적하기

이제 여러분은 프레임워크를 이용하여 다양한 객체를 추적하는 방법을 알고 있으므로,

여러분의 코, 입, 그리고 귀를 추적할 수 있습니다. 코 검출기를 사용하여 우스꽝스러운 코를 오버레이해 봅시다:

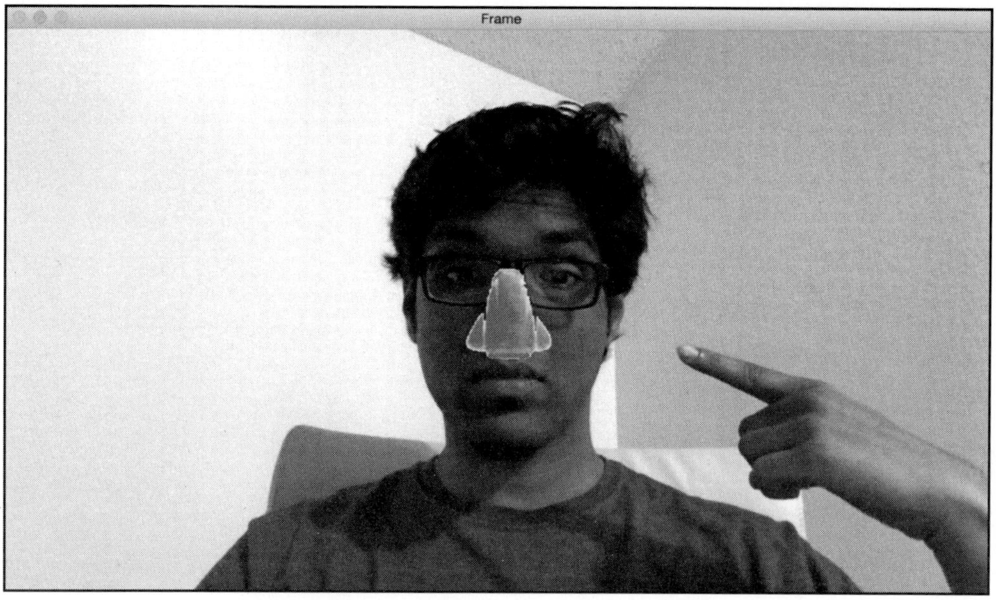

이 검출기의 구현을 위해 다음 파일들에서 전체 코드를 참조할 수 있습니다. `haarcascade_mcs_nose.xml`, `haarcascade_mcs_mouth.xml`, `haarcascade_mcs_leftear.xml` 및 `haarcascade_mcs_rightear.xml` 파일을 사용하여 얼굴의 다른 부분을 추적하는 것도 가능합니다. 여러분의 얼굴에 콧수염이나 드라큘라 귀를 오버레이하며 즐겨 보세요.

요약

이 장에서는 Haar 기반 캐스케이드와 적분 영상에 대하여 알아보았습니다. 얼굴 검출 파이프라인이 어떻게 구축되는지 살펴봤습니다. 우리는 실시간 스트리밍 영상에서 얼굴을 검출하고 추적하는 방법을 배웠습니다. 얼굴 검출 프레임워크를 사용하여 눈, 코, 입, 귀 등 다양한 얼굴 부위를 검출하는 방법에 대해 논의하였습니다. 마지막으로, 얼굴 부위 탐지 결과를 사용하여 입력 이미지에 마스크를 오버레이하는 방법을 학습하였습니다.

다음 장에서는 비디오 감시, 배경 제거, 모폴로지 이미지 처리에 대하여 알아보겠습니다.

CHAPTER 8

비디오 감시, 배경 모델링 및 모폴로지 연산

이 장에서는 고정 카메라로 촬영한 비디오에서 움직이는 물체를 탐지하는 방법에 대해 학습합니다. 이는 비디오 감시 시스템에서 널리 사용하는 방법입니다. 이러한 시스템을 구축하는 데 사용할 수 있는 다양한 특성들에 대해 알아보겠습니다. 그리고 배경 모델링의 개념을 이해하고 실시간 영상에서 배경 모델 생성하는 방법을 살펴보겠습니다. 이러한 작업을 통해 모든 블록을 결합하여 영상에서 관심 객체를 검출할 수 있습니다.

이 장을 마칠 때 즈음, 여러분은 다음의 질문에 답할 수 있습니다:

- 배경 제거란 무엇일까요?
- 프레임 차이 대조법이란 무엇일까요?
- 어떻게 배경 모델을 만들 수 있을까요?
- 정지 영상 프레임에서 새 객체를 식별하려면 어떻게 해야 할까요?
- 모폴로지 이미지 처리란 무엇이며 배경 모델링과 어떤 연관이 있을까요?
- 모폴로지 연산자를 사용하면 다른 효과를 나타낼 수 있을까요?

기술적 요구사항

이 장을 이해하기 위해서는 기본 C++ 프로그래밍 언어에 익숙해야 합니다. 이 장에서 사용된 모든 코드는 다음 GitHub 링크에서 다운로드할 수 있습니다: `https://github.com/PacktPublishing/Learn-OpenCV-4-By-Building-Projects-Second`

-Edition/tree/ master/Chapter_08. 다운로드받은 코드는 모든 운영 체제에서 실행될 수 있지만, 우분투(Ubuntu) 운영체제에서만 테스트되었습니다.

다음 링크에서 코드실행 동영상을 확인할 수 있습니다:
http://bit.ly/2SfqzRo

배경 제거 이해하기

배경 제거는 비디오 감시에서 매우 유용한 기술입니다. 기본적으로 배경 제거 기술은 정지 영상 프레임에서 움직이는 물체를 검출해야 하는 경우에 매우 잘 작동합니다. 이 기술이 비디오 감시에 어떻게 유용하게 쓰일까요? 비디오 감시 프로세스는 지속적으로 데이터 흐름을 처리합니다. 데이터 스트림이 계속 진행되는 상황에서, 장면에 의심스러운 활동이 있는지 알아보기 위해 이를 분석해야 합니다. 호텔 로비의 상황을 예로 들어보겠습니다. 호텔의 벽과 가구는 모두 정해진 위치가 있습니다. 배경 모델을 생성하여 활용하면 호텔 로비에서 수상한 행동이 발생했는지 확인할 수 있습니다. 우리는 장면에서의 배경이 정적으로 유지된다는 점을 활용합니다. 이는 불필요한 계산 시간 오버헤드를 피할 수 있도록 도와줍니다. 용어에서도 알 수 있듯이, 배경 제거 알고리즘은 이미지의 각 픽셀을 검출하여 배경(정적이고 안정된 상태라고 가정) 또는 전경, 이 두 클래스로 분류합니다. 그리고 현재 프레임에서 배경을 제거하여 사람, 자동차 등의 움직이는 객체를 포함한 전경 이미지의 영역을 얻는 방식으로 작동합니다. 정적인 상황이란 가정하에, 전경 객체는 배경에서 움직이는 물체나 사람에 해당합니다.

움직이는 물체를 검출하기 위해서는 배경 모델을 만들어야 합니다. 이는 실제 배경을 모델링하여 배경 모델로 사용하기 때문에 프레임 차이 대조법과는 다릅니다. 기본적으로 배경을 모델링한다는 것은, 배경을 나타내는 데 필요한 수식을 작성하는 것을 의미합니다. 이것은 프레임 차이 대조법보다 훨씬 좋습니다. 이 기술은 배경의 정적인 부분을 검출한 후, 변환된 부분이 있으면 배경을 표현할 수 있는 수식을 업데이트합니다. 따라서, 이 기술은 장면에 따라 조정 가능한 적응형 기술입니다.

배경 제거

자, 처음부터 시작해봅시다. 배경 제거는 어떤 프로세스일까요? 다음 이미지를 먼저 살펴봅시다:

위의 이미지는 배경 장면을 나타냅니다. 이제 이 장면에 새로운 객체를 추가하겠습니다:

그림에서 볼 수 있듯이, 장면에 새로운 객체가 등장했습니다. 이때, 새로운 객체 이미지와 배경 모델의 차이를 계산해낸다면 TV 리모컨의 위치를 식별할 수 있습니다:

전체 프로세스는 아래 그림과 같습니다:

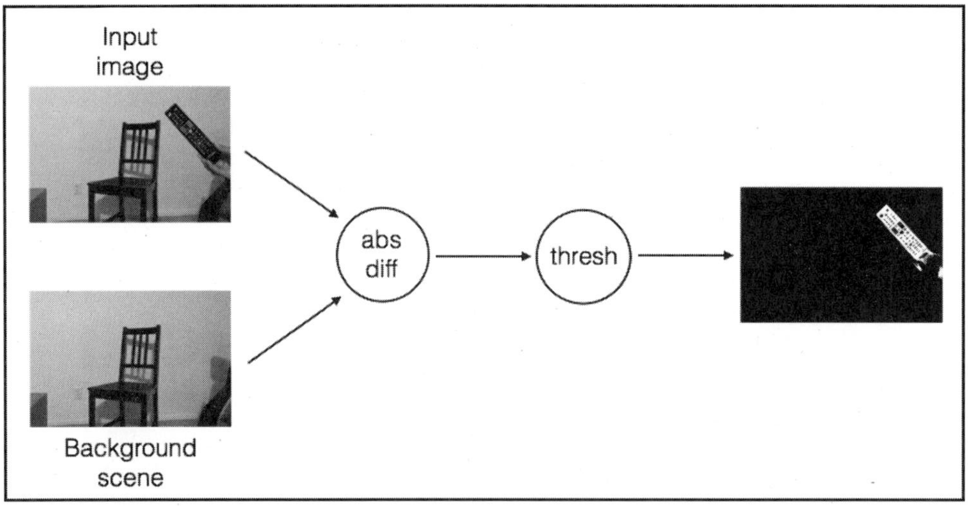

잘 작동하나요?

위에서 소개한 프로세스 접근법은 아주 단순합니다! 그런데, 이 작업을 수행하면 이상적인 조건하에서는 잘 작동하지만, 알다시피, 현실 세계는 어떤 것도 이상적이지 않습니다. 제약 조건이 많지 않을 때는 주어진 객체의 모양을 계산하는 작업은 상당히 잘 수행됩니다. 이 접근법의 주요 요구사항 중 하나는 물체의 색과 밝기 값이 배경과 확실히 차이 나야 한다는 것입니다. 이러한 종류의 알고리즘 수행에 영향을 미치는 요인으로는 이미지 잡음, 조명 조건 및 카메라 초점 등이 있습니다.

일단 새로운 객체가 해당 장면에 들어온 상태로 계속 유지되고 있다면, 이러한 객체를 검출해내기가 어렵습니다. 이유는 배경 모델을 업데이트하지 않아서, 새로운 객체가 배경의 일부가 되었기 때문입니다. 다음 이미지를 살펴봅시다:

이때, 어떤 객체(즉, 의자)가 장면에 들어온다고 생각해봅시다:

우리는 이것을 새로운 객체로 검출할 것입니다 이어서 다른 객체(즉, 책)가 장면에 들어온다고 가정해 보겠습니다:

두 객체의 위치가 서로 겹치기 때문에 위치를 식별하기가 어렵습니다. 배경을 제거한 후 임계값을 적용하면 다음과 같은 결과를 얻을 수 있습니다:

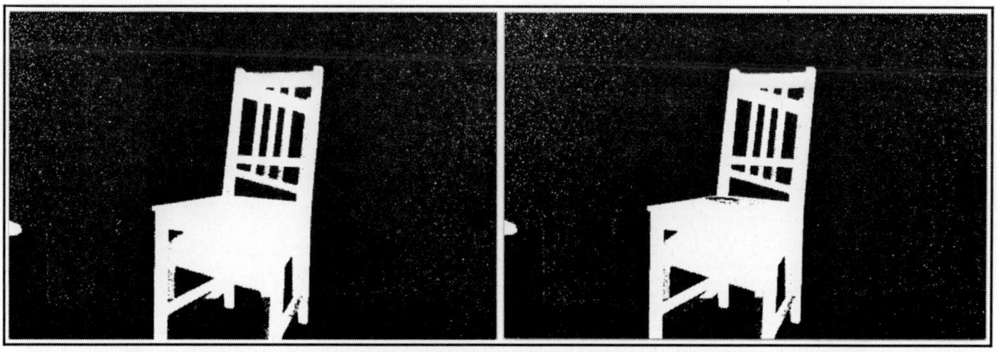

이 접근법은 배경이 정적인 것으로 가정합니다. 만약 배경의 일부가 움직이기 시작하면, 그 부분들을 또 새로운 객체로 인식할 것입니다. 예를 들어, 흔들리는 깃발과 같은 작은 움직임도 검출 알고리즘 성능에 영향을 줄 수 있습니다. 또한 이 접근법은 조명의 변화에 민감하고 카메라의 움직임을 처리할 수 없습니다. 정말로, 세심한 접근 방식인 셈입니다! 그래서 우리는 현실 세계에서 이 모든 상황을 처리할 수 있는 무언가가 필요합니다.

프레임 차이 대조법

우리는 객체를 검출할 때 사용하는 배경 이미지 패턴을 정적으로 계속 유지할 수 없다는 것을 알았습니다. 이 문제를 해결하기 위해서 프레임 차이 대조법을 사용합니다. 이 방법은 영상에서 어떤 부분이 이동 했는지를 확인할 수 있는 가장 간단한 기술 중 하나입니다. 실시간 비디오 영상임을 고려하면, 연속 프레임 간의 차이는 많은 정보를 제공합니다. 개념은 매우 간단합니다! 연속적인 프레임들 사이에서 발생하는 차이를 계산하고 그것들을 보여주기만 하면 됩니다.

노트북을 빠르게 움직이면 다음과 같이 볼 수 있습니다:

노트북 대신 객체를 이동하면 어떻게 되는지 살펴봅시다. 만약 머리를 빠르게 흔든다면, 다음과 같아 보일 것입니다:

이전 이미지에서 볼 수 있듯이 영상의 움직이는 부분만 강조됩니다. 따라서 이는 영상에서 어떤 영역이 움직이는지 알 수 있는 좋은 출발점이 됩니다. 프레임 차이를 계산하는 함수를 살펴보겠습니다:

```
Mat frameDiff(Mat prevFrame, Mat curFrame, Mat nextFrame)
{
    Mat diffFrames1, diffFrames2, output;
    // Compute absolute difference between current frame and the next
    absdiff(nextFrame, curFrame, diffFrames1);
    // Compute absolute difference between current frame and the previous
    absdiff(curFrame, prevFrame, diffFrames2);
    // Bitwise "AND" operation between the previous two diff images
    bitwise_and(diffFrames1, diffFrames2, output);
    return output;
}
```

프레임 차이 계산법은 매우 간단합니다! 현재 프레임과 이전 프레임 간, 현재 프레임과 다음 프레임 간의 절대 차이를 계산합니다. 그런 다음 이러한 프레임 차이를 가져와 비트 단위 AND 연산자를 적용합니다. 이로써 이미지의 움직이는 부분이 강조될 수 있습니다. 단순히 현재 프레임과 이전 프레임 간의 차이만 계산할 경우 노이즈가 발생하는 경향이 있습니다. 때문에 움직이는 객체를 탐지할 때 시스템 안정성 확보를 위해 연속적인 프레임 차이 간에 비트 단위의 AND 연산을 수행시킬 필요가 있습니다.

웹 캠에서 프레임을 추출하고 반환하는 함수를 살펴봅시다:

```
Mat getFrame(VideoCapture cap, float scalingFactor)
{
    Mat frame, output;

    // Capture the current frame
    cap >> frame;

    // Resize the frame
    resize(frame, frame, Size(), scalingFactor, scalingFactor, INTER_AREA);

    // Convert to grayscale
    cvtColor(frame, output, COLOR_BGR2GRAY);
```

```
    return output;
}
```

보시다시피, 코드는 매우 간단합니다. 프레임의 크기를 조정하고 그레이스케일로 변환하기만 하면 됩니다. 이제 도움이 될 만한 함수가 준비되었으므로 메인 함수와 어떻게 통합되는지 살펴보겠습니다:

```
int main(int argc, char* argv[])
{
    Mat frame, prevFrame, curFrame, nextFrame;
    char ch;

    // Create the capture object
    // 0 -> input arg that specifies it should take the input from the webcam
    VideoCapture cap(0);

    // If you cannot open the webcam, stop the execution!
    if(!cap.isOpened())
        return -1;

    //create GUI windows
    namedWindow("Frame");

    // Scaling factor to resize the input frames from the webcam
    float scalingFactor = 0.75;

    prevFrame = getFrame(cap, scalingFactor);
    curFrame = getFrame(cap, scalingFactor);
    nextFrame = getFrame(cap, scalingFactor);

    // Iterate until the user presses the Esc key
    while(true)
    {
        // Show the object movement
```

```
        imshow("Object Movement", frameDiff(prevFrame, curFrame, nextFrame));

        // Update the variables and grab the next frame
        prevFrame = curFrame;
        curFrame = nextFrame;
        nextFrame = getFrame(cap, scalingFactor);

        // Get the keyboard input and check if it's 'Esc'
        // 27 -> ASCII value of 'Esc' key
        ch = waitKey( 30 );
        if (ch == 27) {
            break;
        }
    }

    // Release the video capture object
    cap.release();

    // Close all windows
    destroyAllWindows();

    return 1;
}
```

얼마나 잘 작동할까요?

프레임 차이 대조법은 우리가 이전에 직면했던 몇 가지 중요한 문제들을 해결합니다. 예를 들면, 조명의 변화나 카메라의 움직임에 빠르게 적응할 수 있습니다. 만약 프레임에 객체가 들어와서 정지 상태라면, 향후 프레임에서는 해당 객체가 검출되지 않을 수도 있습니다. 이 문제점은 균일한 색상의 객체를 검출할 때 발생합니다. 이때 균일하게 색칠된 객체의 가장자리만 감지할 수 있습니다. 그 이유는 객체의 대부분이 픽셀 차이가 매우 적기 때문입니다:

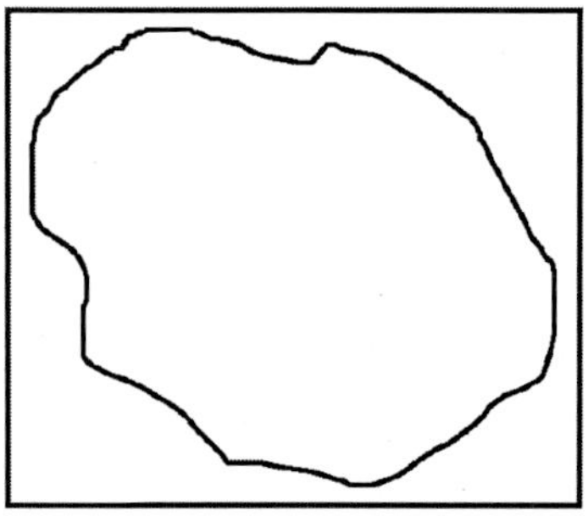

이 객체가 약간 이동했다고 가정해 보겠습니다. 이전 프레임과 비교해보면 다음 그림과 같습니다:

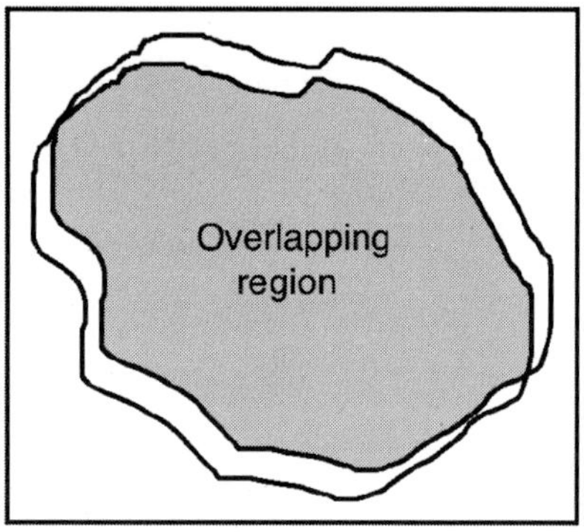

이 객체의 이동 거리가 적기 때문에 레이블링된 픽셀은 거의 없습니다. 또 다른 문제점은 물체가 카메라를 향해 움직이는지, 아니면 카메라로부터 멀어지는지를 감지하기 어렵다는 것입니다.

가우시안 혼합 모델(Mixture of Gaussians)

가우시안 혼합 모델(MOG)에 대해 이야기하기 전에, **혼합 모델**이 무엇인지 살펴보겠습니다. 혼합 모델은 전체 데이터 내에 하위 집단의 존재를 나타내는 데 사용할 수 있는 통계 모델입니다. 우리는 각 하위 집단이 어떤 범주에 속하는지에 대해서는 신경 쓸 필요가 없습니다. 단지 해야 할 일은 주어진 데이터 안에 어떤 그룹을 포함하고 있는지를 확인하는 것입니다. 가우시안 함수를 사용하여 각 하위 집단을 나타내면 이를 가우시안 혼합 모델이라고 합니다. 다음 사진을 살펴봅시다:

이 장면에서 프레임이 더 많이 모일수록, 이미지의 모든 부분이 점차 배경 모델의 일부가 됩니다. 이것은 앞서 프레임 차이 대조법을 설명할 때 논의한 내용입니다. 장면이 정적인 경우, 모델은 배경 모델이 업데이트 될 수 있도록 자체 조정합니다. 전경 객체를 나타내는 전경 마스크는 모든 픽셀이 배경 모델의 일부이기 때문에 이 시점에서는 검은색 이미지로 보입니다.

> OpenCV에는 가우시안 혼합 모델을 구현한 알고리즘들이 있습니다. 그 중 하나는 MOG이고 다른 하나는 MOG2입니다. 자세한 설명은 다음 링크된 웹페이지를 참조하십시오: `http://docs.opencv.org/master/db/d5c/tutorial_py_bg_subtraction.html#gsc.tab=0`. 또한 제안된 알고리즘을 소개한 연구논문을 확인할 수 있습니다.

잠시 후, 장면에 새로운 객체를 가져와 보겠습니다. MOG2를 사용하여 전경 마스크가 어떻게 보이는지 살펴봅시다:

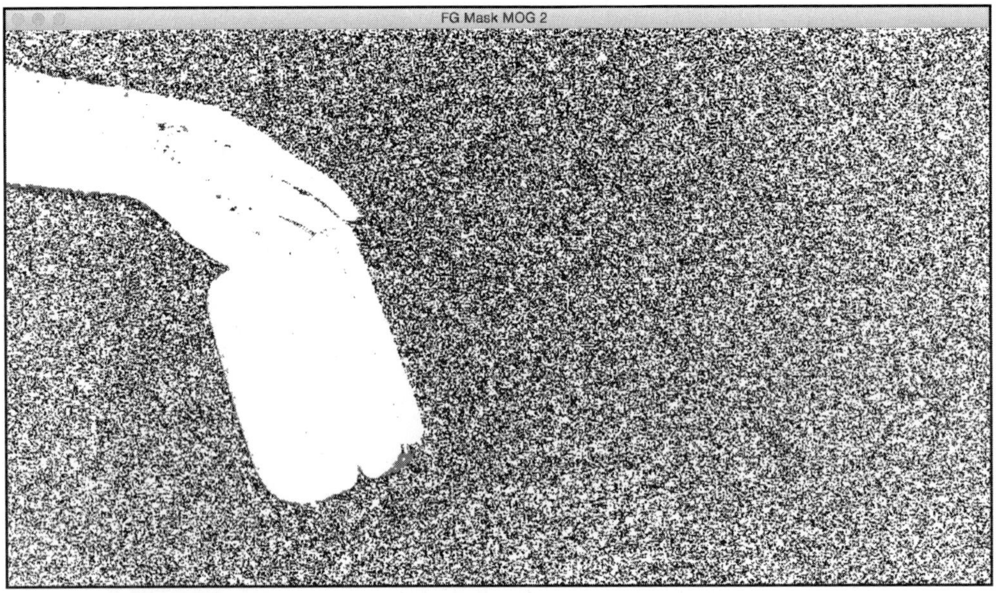

보시다시피, 새로운 객체가 정확하게 식별됩니다. 주요 코드를 살펴봅시다(전체 코드는 .cpp 파일에서 확인할 수 있습니다):

```
int main(int argc, char* argv[])
{

    // Variable declaration and initialization
    ....
    // Iterate until the user presses the Esc key
    while(true)
    {
        // Capture the current frame
        cap >> frame;

        // Resize the frame
        resize(frame, frame, Size(), scalingFactor, scalingFactor,
              INTER_AREA);
```

```
        // Update the MOG2 background model based on the current frame
        pMOG2->apply(frame, fgMaskMOG2);

        // Show the MOG2 foreground mask
        imshow("FG Mask MOG 2", fgMaskMOG2);

        // Get the keyboard input and check if it's 'Esc'
        // 27 -> ASCII value of 'Esc' key
        ch = waitKey( 30 );
        if (ch == 27) {
            break;
        }
    }

    // Release the video capture object
    cap.release();

    // Close all windows
    destroyAllWindows();

    return 1;
}
```

코드에 무슨 일이 일어나고 있나요?

어떤 일이 발생했는지 코드를 빠르게 살펴봅시다. 우리는 지금 가우시안 혼합 모델을 사용하여 추출할 배경 객체를 생성합니다. 이 객체는 웹 캠에서 새 프레임이 나타날 때 업데이트될 모델을 나타냅니다. 우리는 **BackgroundSubtractorMOG**와 **BackgroundSubtractorMOG2**라는 두 가지 배경 추출 모델을 초기화했습니다. 이 모델은 배경 제거에 사용되는 알고리즘입니다.

첫 번째 모델은 다음 논문에서 참조됩니다. *P. KadewTraKuPong*과 *R. Bowden*의 *An Improved Adaptive Background Mixture Model for Real-time Tracking with*

*Shadow Detection*입니다. 이 논문은 http://personal.ee.surrey.ac.uk/Personal/R.Bowden/publications/avbs01/avbs01.pdf에서 확인할 수 있습니다. 두 번째 모델 참조 논문은 *Z. Zivkovic*의 *Improved Adaptive Gaussian Mixture Model for Background Subtraction*입니다. 이 논문은 http://www.zoranz.net/Publications/zivkovic2004ICPR.pdf에서 확인할 수 있습니다.

코드에서는 웹 캠의 프레임을 지속적으로 읽어 들이기 위해서 while문을 실행합니다. 아래 코드를 사용하여 각 프레임 간 변화를 적용한 배경 모델을 업데이트합니다:

```
pMOG2->apply(frame, fgMaskMOG2);
```

이 단계에서 배경 모델이 업데이트됩니다. 이제 새로운 객체가 장면에서 정지해 있을 경우, 배경 모델의 일부가 됩니다. 이는 일반적인 배경 제거 모델의 가장 큰 단점 중 하나를 해결하는데 도움이 될 것입니다.

모폴로지 이미지 처리

앞서 논의한 바와 같이, 배경 제거 방법은 여러 가지 요인에 영향을 받습니다. 데이터를 수집하는 방법과 처리 방법에 따라 정확도가 달라지게 되는데, 특히 알고리즘에 영향을 미치는 가장 큰 요인 중 하나는 노이즈입니다. **노이즈**란, 이미지에서 불규칙한 점들의 두드러짐이나 흑/백 픽셀 휘도 문제를 뜻합니다. 이러한 노이즈는 알고리즘의 성능에 영향을 미치므로 이를 해결하기 위해서 모폴로지 이미지 처리 기술이 등장하게 되었습니다. 모폴로지 연산은 이미지의 객체 형태와 구조를 분석하고 처리하는 기법으로 시스템 성능을 보장하고 다양한 분야의 실시간 시스템에서 사용되고 있습니다. 예를 들어, 이미지에서 픽셀의 정렬 방식이 아닌 픽셀 값에 의존하여 모양을 확장하거나 축소시킬 수 있습니다. 이러한 이유로, 이진화된 이미지에서 우수한 결과를 얻을 수 있습니다. 모폴로지 이미지 처리는 그레이스케일 이미지에서도 잘 작동하지만, 이미지 픽셀 값이 중요한 요소는 아닙니다.

기본 원리는 무엇입니까?

모폴로지 연산자는 이미지를 변형하기 위해서 구조 요소를 사용합니다. 구조 요소란 무엇일까요? 구조 요소는 기본적으로 이미지의 작은 영역을 검사하는 데 사용할 수 있는 작은 크기의 행렬 모양입니다. 구조 요소는 이미지의 모든 픽셀을 스캔하면서 해당 픽셀의 주변값을 구할 수 있습니다. 즉, 작은 행렬 모양을 영상 픽셀에 오버레이하고 결과에 따라, 해당 픽셀의 위치 값을 설정합니다.

다음 입력 이미지를 가정해봅시다:

이 이미지에 여러 가지 모폴로지 연산을 적용하여 모양이 어떻게 변하는지 확인해 보겠습니다.

모양 축소하기

우리는 침식 연산을 사용하여 모양에 축소 효과를 줄 수 있습니다. 이는 이미지에 있는 모든 모양의 경계 부분을 깎아내어 얇게 만드는 연산입니다:

모폴로지 침식 변환 함수를 살펴보겠습니다:

```
Mat performErosion(Mat inputImage, int erosionElement, int erosionSize)
{

    Mat outputImage;
    int erosionType;

    if(erosionElement == 0)
        erosionType = MORPH_RECT;
    else if(erosionElement == 1)
        erosionType = MORPH_CROSS;
    else if(erosionElement == 2)
        erosionType = MORPH_ELLIPSE;

    // Create the structuring element for erosion
    Mat element = getStructuringElement(erosionType, Size(2*erosionSize
                  + 1, 2*erosionSize + 1), Point(erosionSize,
                  erosionSize));

    // Erode the image using the structuring element
    erode(inputImage, outputImage, element);

    // Return the output image
    return outputImage;
}
```

이 함수의 전체 코드를 `.cpp` 파일에서 확인하고 사용법을 이해하는 것이 중요합니다. 우리는 OpenCV 라이브러리를 사용하여 구조 요소를 생성합니다. 이 객체는 특정 조건에 따라 각 픽셀을 수정하는 관찰자로 사용됩니다. 여기서 특정 조건이란 이미지의 픽셀 주변에서 발생하는 상황을 의미합니다. 예를 들어, 주변 픽셀이 흰색인가요? 아니면 검은색인가요? 해답을 얻었다면, 픽셀에 채울 값을 설정할 수 있습니다.

모양 확대하기

모양을 더 두껍게 확장시키기 위해서 **팽창** 연산을 사용합니다. 이는 이미지 모양의 경계 부분을 확대하여 도형을 더 두껍게 만드는 연산입니다:

팽창 연산 코드는 다음과 같습니다:

```
Mat performDilation(Mat inputImage, int dilationElement, int dilationSize)
{
    Mat outputImage;
    int dilationType;

    if(dilationElement == 0)
        dilationType = MORPH_RECT;
    else if(dilationElement == 1)
        dilationType = MORPH_CROSS;
    else if(dilationElement == 2)
        dilationType = MORPH_ELLIPSE;

    // Create the structuring element for dilation
    Mat element = getStructuringElement(dilationType, Size(2*dilationSize
                  + 1, 2*dilationSize + 1), Point(dilationSize,
                  dilationSize));

    // Dilate the image using the structuring element
    dilate(inputImage, outputImage, element);
```

```
    // Return the output image
    return outputImage;
}
```

다른 모폴로지 연산자들

또 다른 흥미로운 모폴로지 연산자들이 있습니다. 먼저 출력 이미지를 살펴보겠습니다. 코드는 이 장의 마지막에 소개합니다.

열림 연산

모폴로지 기법 중 열림 연산은 모양을 open하는 연산입니다. 이 연산자는 주로 이미지의 노이즈 제거에 사용됩니다. 기본적으로 침식 연산을 수행한 후 다시 팽창 연산을 수행합니다. 모폴로지 기법을 이용한 열림은 이미지의 전경에 위치한 작은 크기의 객체들을 제거하는 데 효과적입니다:

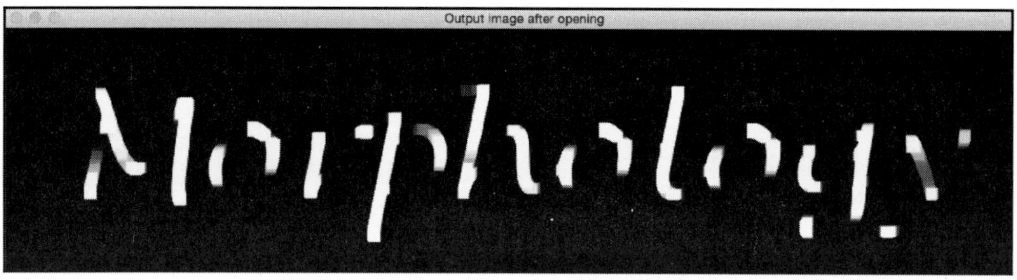

모폴로지 기법을 이용한 열림 함수는 다음과 같습니다:

```
Mat performOpening(Mat inputImage, int morphologyElement, int
morphologySize)
{

    Mat outputImage, tempImage;
```

```
    int morphologyType;

    if(morphologyElement == 0)
        morphologyType = MORPH_RECT;
    else if(morphologyElement == 1)
        morphologyType = MORPH_CROSS;
    else if(morphologyElement == 2)
        morphologyType = MORPH_ELLIPSE;

    // Create the structuring element for erosion
    Mat element = getStructuringElement(morphologyType,
                  Size(2*morphologySize + 1, 2*morphologySize + 1),
                  Point(morphologySize, morphologySize));

    // Apply morphological opening to the image using the structuring
       element
    erode(inputImage, tempImage, element);
    dilate(tempImage, outputImage, element);

    // Return the output image
    return outputImage;
}
```

여기서 볼 수 있듯이, 우리는 모폴로지 기법을 이용한 열림을 수행하기 위해서는 이미지에 **침식 연산**과 **팽창 연산**을 조합하여 적용합니다.

닫힘 연산

다음 그림에서 보이는 바와 같이, 모폴로지 기법을 이용한 닫힘 연산은 객체 내부의 작은 구멍을 메꿀 수 있는 close 연산입니다. 이는 노이즈 제거에도 사용됩니다. 기본적으로 팽창 연산을 먼저 수행한 다음에 침식 연산을 수행합니다. 이 연산은 배경의 작은 객체를 전경으로 변경함으로써 전경의 작은 홀을 채울 수 있습니다:

모폴로지 기법을 이용한 닫힘 함수를 살펴보겠습니다:

```
Mat performClosing(Mat inputImage, int morphologyElement, int
morphologySize)
{

    Mat outputImage, tempImage;
    int morphologyType;

    if(morphologyElement == 0)
        morphologyType = MORPH_RECT;
    else if(morphologyElement == 1)
        morphologyType = MORPH_CROSS;
    else if(morphologyElement == 2)
        morphologyType = MORPH_ELLIPSE;
    // Create the structuring element for erosion
    Mat element = getStructuringElement(morphologyType, Size(2*
                    morphologySize + 1, 2*morphologySize + 1),
                    Point(morphologySize, morphologySize));

    // Apply morphological opening to the image using the structuring
       element
    dilate(inputImage, tempImage, element);
    erode(tempImage, outputImage, element);
    // Return the output image
    return outputImage;
}
```

경계선 그리기

모폴로지 기법 중 그레디언트(gradient) 연산을 이용하여 경계 검출을 할 수 있습니다. 이것은 이미지의 팽창 연산과 침식 연산을 적용하고 감산을 진행하여 모양 객체의 가장자리를 반환하는 연산입니다:

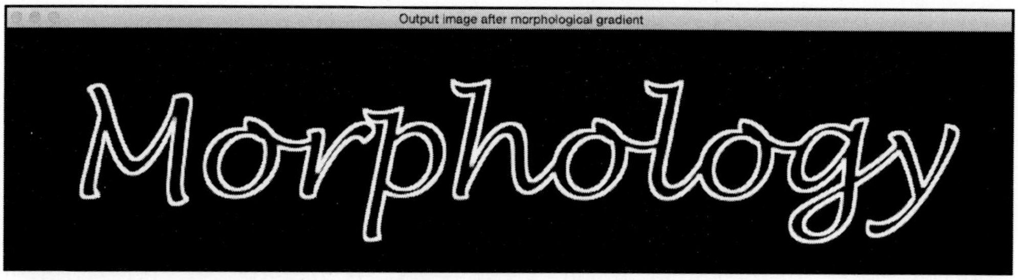

모폴로지 기법인 gradient 연산을 수행하는 함수를 살펴봅시다:

```
Mat performMorphologicalGradient(Mat inputImage, int morphologyElement,
int morphologySize)
{
    Mat outputImage, tempImage1, tempImage2;
    int morphologyType;

    if(morphologyElement == 0)
        morphologyType = MORPH_RECT;
    else if(morphologyElement == 1)
        morphologyType = MORPH_CROSS;
    else if(morphologyElement == 2)
    morphologyType = MORPH_ELLIPSE;

    // Create the structuring element for erosion
    Mat element = getStructuringElement(morphologyType, Size(2*
                  morphologySize + 1, 2*morphologySize + 1), Point(mor-
                  phologySize, morphologySize));
```

```
    // Apply morphological gradient to the image using the structuring
       element
    dilate(inputImage, tempImage1, element);
    erode(inputImage, tempImage2, element);

    // Return the output image
    return tempImage1 - tempImage2;
}
```

Top Hat 변환

Top Hat 변환은 이미지에서 더 자세한 정보를 추출할 수 있습니다. 이 기법은 입력 이미지와 그 이미지에 열림 연산을 적용한 이미지를 감산합니다. 이 작업을 수행하면 이미지에서 구조 요소보다 작고 주변 환경보다 밝은 영역을 도드라지게 표시합니다. 구조 요소의 크기에 따라, 주어진 이미지에서 다양한 객체를 추출할 수 있습니다:

출력 이미지를 자세히 보면, 검은색 사각형을 볼 수 있습니다. 이것은 구조 요소가 위치하여 그 영역들이 검게 변했음을 의미합니다. Top Hat 변환 함수는 다음과 같습니다:

```
Mat performTopHat(Mat inputImage, int morphologyElement, int
morphologySize)
{

    Mat outputImage;
    int morphologyType;
```

```
    if(morphologyElement == 0)
        morphologyType = MORPH_RECT;
    else if(morphologyElement == 1)
        morphologyType = MORPH_CROSS;
    else if(morphologyElement == 2)
        morphologyType = MORPH_ELLIPSE;

    // Create the structuring element for erosion
    Mat element = getStructuringElement(morphologyType,
    Size(2*morphologySize + 1, 2*morphologySize + 1), Point
          (morphologySize, morphologySize));

    // Apply top hat operation to the image using the structuring
       element outputImage = inputImage - performOpening(inputImage,
       morphologyElement, morphologySize);

    // Return the output image
    return outputImage;
}
```

Black Hat 변환

Black Hat 변환 역시 이미지에서 보다 자세한 정보를 추출할 수 있습니다. 이 변환은 입력 이미지와 그 이미지에 닫힘 연산을 적용한 이미지를 감산합니다. 이 방법으로 이미지에서 구조 요소보다 작고 주변 환경보다 어두운 객체를 도드라지게 표시할 수 있습니다:

Black Hat 변환 함수를 살펴봅시다:

```
Mat performBlackHat(Mat inputImage, int morphologyElement, int
morphologySize)
{
    Mat outputImage;
    int morphologyType;

    if(morphologyElement == 0)
        morphologyType = MORPH_RECT;
    else if(morphologyElement == 1)
        morphologyType = MORPH_CROSS;
    else if(morphologyElement == 2)
        morphologyType = MORPH_ELLIPSE;

    // Create the structuring element for erosion
    Mat element = getStructuringElement(morphologyType, Size
                  (2*morphologySize + 1, 2*morphologySize + 1),
                  Point(morphologySize, morphologySize));

    // Apply black hat operation to the image using the structuring
       element outputImage = performClosing(inputImage,
       morphologyElement, morphologySize) - inputImage;

    // Return the output image
    return outputImage;
}
```

요약

이 장에서는 배경 모델링 및 모폴로지 이미지 처리에 사용되는 알고리즘에 대해 알아보았습니다. 일반적인 배경 제거 방법과 한계점에 대해서도 논의했습니다. 또한, 프레임 차이 대조법을 이용하여 움직임 정보를 얻는 방법과 다양한 종류의 객체를 추적할 때의 문제점에 대해 살펴보았습니다. 이러한 한계 극복을 위해 가우시안 혼합 모델에 대한 논의를 하고 구현하는 방법에 대해 알아봤습니다. 그런 다음 다각도로 활용할 수 있는 모폴로지 이미지 처리에 대해 논의하였고, 다양한 연산자를 이용한 예제를 살펴보았습니다.

다음 9장에서는 객체 추적에 사용할 수 있는 여러 가지 기술에 대해 알아보겠습니다.

CHAPTER 9

객체 추적

8장에서는 비디오 감시, 배경 모델링 및 모폴로지 이미지 처리에 대해 공부했습니다. 또한, 다양한 모폴로지 연산자를 사용하여 원본 이미지에 멋진 시각 효과를 적용할 수 있는 방법에 대해서도 논의했습니다. 이번 장에서는, 객체 추적에 도움이 되는 다양한 특성에 대해서도 살펴보겠습니다. 더불어, 실시간 영상에서 객체 추적을 위한 다양한 방법과 기술에 대해서 학습하겠습니다. 객체 추적은 로봇 공학, 자율주행 자동차, 차량 추적, 스포츠 분야에서의 선수 추적, 비디오 압축 등 광범위하게 사용되고 있습니다.

이 장이 끝날 때 즈음, 다음 주제들에 대해서 잘 이해할 수 있습니다:

- 특정 색상의 객체 추적 방법
- 상호작용 객체 추적기 구축 방법
- 코너 검출기 개념
- 추적에 적합한 특징 검출 방법
- 옵티컬 플로우 기반 추적기 구축 방법

기술 요구사항

이 장을 이해하기 위해서는 기본 C++ 프로그래밍 언어에 익숙해야 합니다. 이 장에서 사용된 모든 코드는 다음 GitHub 링크에서 다운로드할 수 있습니다: `https://github.com/PacktPublishing/Learn-OpenCV-4-By-Building-Projects-Second`

`-Edition/tree/ master/Chapter_09`. 다운로드받은 코드는 모든 운영 체제에서 실행될 수 있지만, 우분투(Ubuntu) 운영체제에서만 테스트 되었습니다.

다음 링크에서 코드실행 동영상을 확인할 수 있습니다.:
`http://bit.ly/2SidbMc`

특정 색상의 객체 추적

객체 추적기가 강조하면서 정확도가 높은, 성능이 우수한 시스템이 되기 위해서는 어떤 특성이 사용되어져야 하는지에 대한 이해가 필요합니다. 자, 이제 성능이 좋은 추적기를 구축하기 위한 첫걸음으로, 컬러 공간 정보를 특성으로 사용하는 방법에 대해서 알아봅시다. 단, 한 가지 명심해야 할 것은 컬러 정보가 조명에 민감하다는 것입니다. 실제 애플리케이션에서는 이를 처리하기 위해 몇 가지 전처리를 수행해야 합니다. 지금은, 전처리를 수행한 순수한 색상의 이미지를 가지고 있다고 가정하겠습니다.

다양한 컬러 공간 중에서 사용자의 애플리케이션에 적합한 것을 선택합니다. RGB는 컴퓨터 모니터의 기본 색 체계이지만, 반드시 인간에게 적합한 색은 아닙니다. 인간은 색조로 색상 이름을 판단하는데, 이러한 점에서 HSV(Hue Saturation Value)가 가장 유용한 컬러 공간일 수 있습니다. 즉, HSV는 우리가 색상을 인지하는 방식과 굉장히 밀접합니다. 색조는 색상 스펙트럼을, 채도는 특정 색상의 강도를, 명도는 해당 픽셀의 밝기를 나타냅니다. 이는 실제로 원기둥으로 표현할 수 있습니다. 이에 대한 설명은 `http://infohost.nmt.edu/tcc/help/pubs/colortheory/web/hsv.html`에서 확인할 수 있습니다. 예제에서는 이미지 픽셀을 HSV 색 공간으로 변환하고, 변환된 색상 공간에서의 거리와 임계값을 측정하여 주어진 객체를 추적할 수 있습니다.

다음 비디오 프레임을 살펴봅시다:

컬러 공간 필터를 사용하여 객체를 추적하면 다음과 같은 결과를 확인할 수 있습니다:

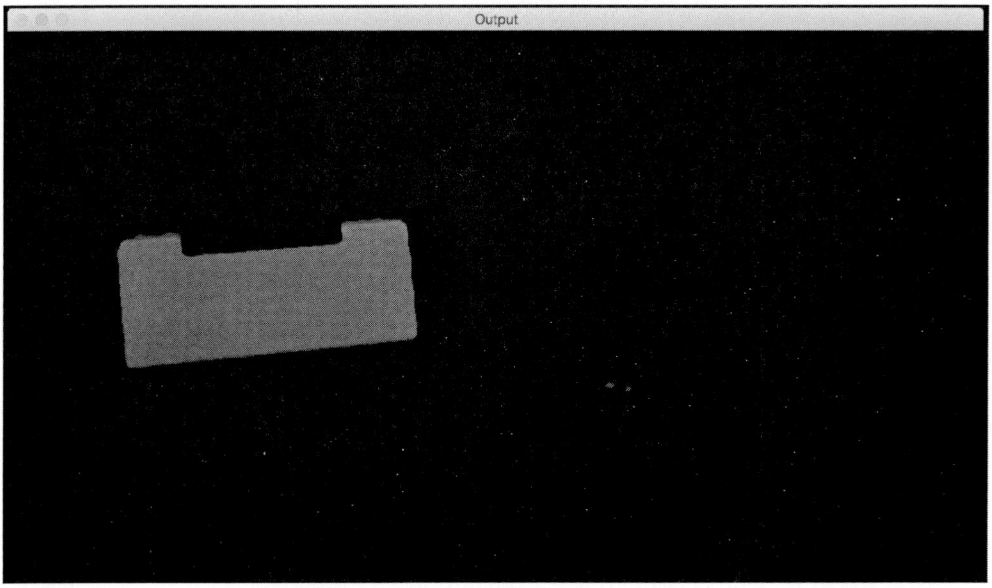

그림에서 볼 수 있듯이, 추적기는 영상에서 색상에 기초하여 특정 객체를 인식합니다. 이 추적기를 사용하기 위해서, 우리는 타깃이 되는 객체의 색상 분포를 알아야 합니다. 다음은 특정 색상을 가진 픽셀만 선택하도록 지정된 색상의 객체를 추적하는 코드입니다. 코드에서 각각 주석 처리가 되어 있는 설명을 참고하여 어떤 일을 수행하는지 이해합니다:

```
int main(int argc, char* argv[])
{
    // Variable declarations and initializations
    // Iterate until the user presses the Esc key
    while(true)
    {
        // Initialize the output image before each iteration
        outputImage = Scalar(0,0,0);
        // Capture the current frame
        cap >> frame;
        // Check if 'frame' is empty
        if(frame.empty())
            break;
        // Resize the frame
        resize(frame, frame, Size(), scalingFactor, scalingFactor,
              INTER_AREA);
        // Convert to HSV colorspace
        cvtColor(frame, hsvImage, COLOR_BGR2HSV);
        // Define the range of "blue" color in HSV colorspace
        Scalar lowerLimit = Scalar(60,100,100);
        Scalar upperLimit = Scalar(180,255,255);
        // Threshold the HSV image to get only blue color
        inRange(hsvImage, lowerLimit, upperLimit, mask);
        // Compute bitwise-AND of input image and mask
        bitwise_and(frame, frame, outputImage, mask=mask);
        // Run median filter on the output to smoothen it
        medianBlur(outputImage, outputImage, 5);
        // Display the input and output image
```

```
        imshow("Input", frame);
        imshow("Output", outputImage);
        // Get the keyboard input and check if it's 'Esc'
        // 30 -> wait for 30 ms
        // 27 -> ASCII value of 'ESC' key
        ch = waitKey(30);
        if (ch == 27) {
            break;
        }
    }
    return 1;
}
```

상호작용 객체 추적기 만들기

컬러 공간 기반 추적기는 특정 색상의 객체를 자유롭게 추적할 수 있지만 미리 정의된 색상으로 제한됩니다. 그러면 우리가 임의의 객체를 선택하려면 어떻게 해야 할까요? 선택한 객체의 특성을 자동으로 학습하고 추적할 수 있는 객체 추적기를 어떻게 구현할 수 있을까요? 이에 대한 대답으로 CAMShift(Continuously-Adaptive Meanshift) 알고리즘이 등장합니다. 이 알고리즘은 meanShift 알고리즘의 단점을 개선한 버전입니다.

meanShift 알고리즘은 객체를 고속으로 추적하면서도 매우 단순합니다. 만약 추적하고자 하는 객체의 관심 영역을 선택하고 객체 추적기가 해당 객체를 추적하기를 원한다고 가정해봅시다. 이 영역에서, 우리는 색상 히스토그램 분포를 기반으로 여러 점들을 선택하고 점들로 구성된 영역의 무게중심을 계산합니다. 무게중심이 이 영역의 중심에 있으면, 객체가 움직이지 않았다는 것을 알 수 있습니다. 반면 무게중심이 이 영역의 중심에 있지 않다면, 객체가 특정 방향으로 움직이고 있다는 것을 알 수 있습니다. 무게중심의 움직임은 객체가 이동하는 방향을 제어합니다. 그래서, 그 객체의 바운딩 박스를 새로운 위치로 이동시켜 무게중심이 이 바운딩 박스의 중심이 될 수 있도록 합니다. 따라서, 무게중심이 이동하기 때문에 이 알고리즘은 meanShift라고 부릅니다. 이러한 방식으로, 객체의 현재 위치를 계속 업데이트할 수 있게 되는 것입니다.

그러나 meanShift의 문제점은 바운딩 박스의 크기를 변경할 수 없다는 것입니다. 만약 객체가 카메라에서 멀어지면, 우리가 보기에 더 작게 보이지만 meanShift는 크기를 스스로 조정하지 못합니다. 즉, 바운딩 박스의 크기는 추적하는 내내 같은 크기로 유지됩니다. 따라서 CAMShift를 사용해야 할 필요가 있습니다. CAMShift의 장점은 객체의 방향을 추적할 수 있을 뿐만 아니라 바운딩 박스의 크기를 객체 크기에 맞게 스스로 조정할 수 있습니다.

다음 그림은 객체가 강조 표시된 비디오프레임을 보여줍니다:

이제 객체가 선택되었으니, 히스토그램 역투영을 계산하고 해당 히스토그램에 부합하는 영역을 찾아냅니다. 히스토그램 역투영이란 무엇일까요? 이는 주어진 히스토그램 모델과 일치하는 픽셀을 찾아내는 기법입니다. 특정 객체의 히스토그램 모델을 계산한 다음, 이 모델을 사용하여 이미지에서 해당 객체를 찾을 수 있습니다. 객체를 움직였을 때, 어떻게 추적되는지 살펴보겠습니다:

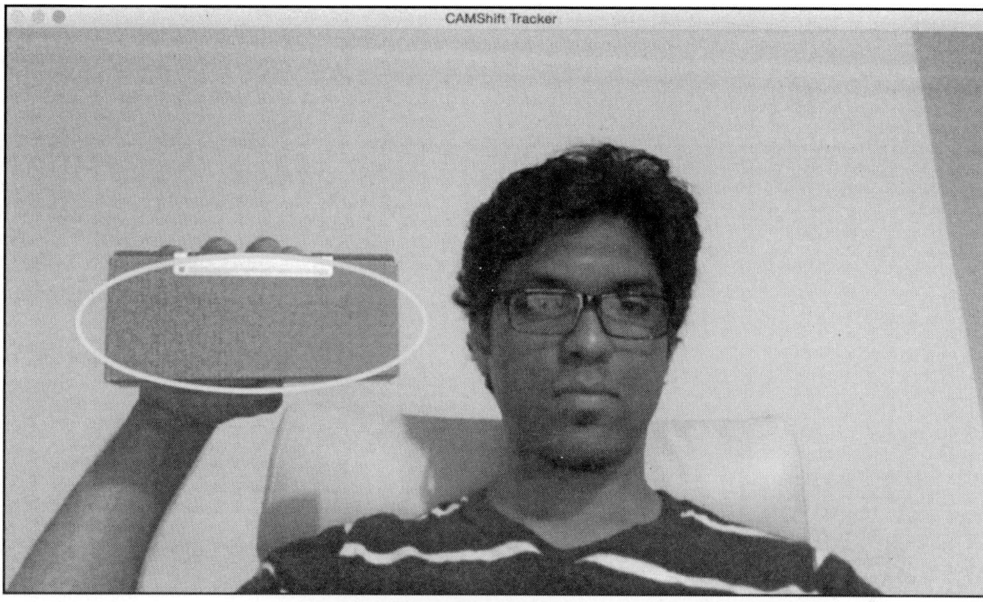

객체 추적이 꽤 잘 되고 있습니다. 방향을 변경하고도 추적이 잘되는지 살펴봅시다:

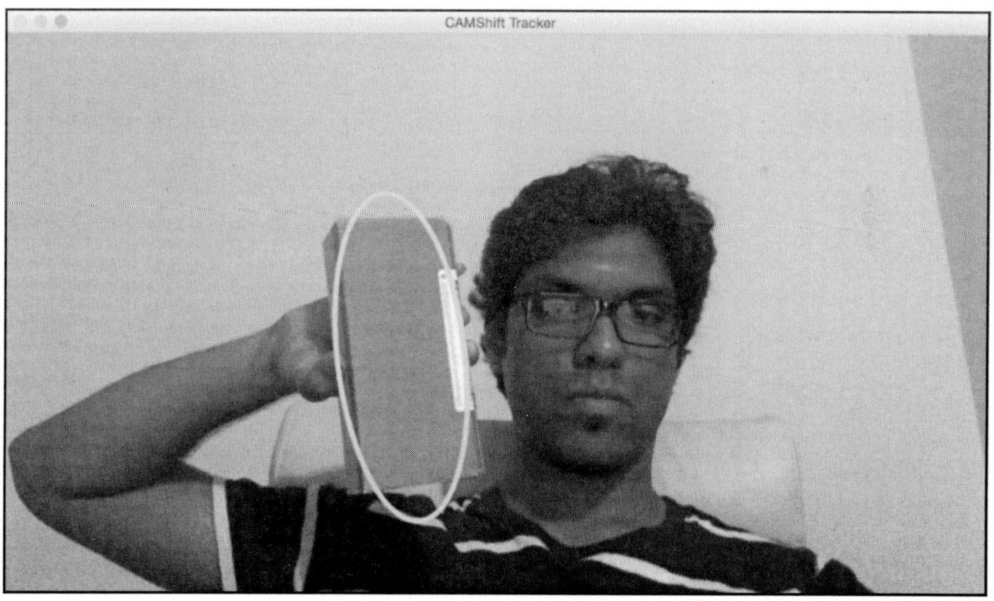

그림에서 보듯이, 타원은 위치 이동뿐만 아니라 방향도 변경되었습니다. 다음은 객체의 시점을 변경하여도 잘 추적할 수 있는지 살펴봅시다:

여전히 잘 됩니다! 타원은 현재 객체의 기울어진 모습을 반영하기 위해 종횡비를 변경했습니다(시점 변환으로 인해). 다음 코드에서 사용자 인터페이스 함수를 살펴봅시다:

```
Mat image;
Point originPoint;
Rect selectedRect;
bool selectRegion = false;
int trackingFlag = 0;

// Function to track the mouse events
void onMouse(int event, int x, int y, int, void*)
{
    if(selectRegion)
    {
        selectedRect.x = MIN(x, originPoint.x);
```

```
        selectedRect.y = MIN(y, originPoint.y);
        selectedRect.width = std::abs(x - originPoint.x);
        selectedRect.height = std::abs(y - originPoint.y);
        selectedRect &= Rect(0, 0, image.cols, image.rows);
    }
    switch(event)
    {
        case EVENT_LBUTTONDOWN:
            originPoint = Point(x,y);
            selectedRect = Rect(x,y,0,0);
            selectRegion = true;
            break;
        case EVENT_LBUTTONUP:
            selectRegion = false;
            if( selectedRect.width > 0 && selectedRect.height > 0 )
            {
                trackingFlag = -1;
            }
            break;
    }
}
```

이 함수는 기본적으로 윈도우에서 선택한 사각형의 좌표를 얻습니다. 사용자는 단순히 마우스로 클릭한 다음, 드래그만 하면 됩니다. OpenCV에는 이러한 다양한 마우스 이벤트 감지를 지원하는 라이브러리 함수가 있습니다.

다음은 CAMShift 알고리즘을 이용한 객체 추적 코드입니다:

```
int main(int argc, char* argv[])
{
    // Variable declaration and initialization
    ....
    // Iterate until the user presses the Esc key
    while(true)
```

```
{
    // Capture the current frame
    cap >> frame;
    // Check if 'frame' is empty
    if(frame.empty())
        break;
    // Resize the frame
    resize(frame, frame, Size(), scalingFactor, scalingFactor,
            INTER_AREA);
    // Clone the input frame
    frame.copyTo(image);
    // Convert to HSV colorspace
    cvtColor(image, hsvImage, COLOR_BGR2HSV);
```

이제 임계값을 사용하여 HSV 이미지를 처리하는 방법을 살펴보겠습니다:

```
    if(trackingFlag)
    {
        // Check for all the values in 'hsvimage' that are within the
           specified range
        // and put the result in 'mask'
        inRange(hsvImage, Scalar(0, minSaturation, minValue),
                 Scalar(180, 256, maxValue), mask);
        // Mix the specified channels
        int channels[] = {0, 0};
        hueImage.create(hsvImage.size(), hsvImage.depth());
        mixChannels(&hsvImage, 1, &hueImage, 1, channels, 1);
        if(trackingFlag < 0)
        {
            // Create images based on selected regions of interest
            Mat roi(hueImage, selectedRect), maskroi(mask, selectedRect);
            // Compute the histogram and normalize it
            calcHist(&roi, 1, 0, maskroi, hist, 1, &histSize,
                    &histRanges);
```

```
        normalize(hist, hist, 0, 255, NORM_MINMAX);
        trackingRect = selectedRect;
        trackingFlag = 1;
    }
```

여기서, 관심 영역의 히스토그램을 계산하기 위해 HSV 색 모델을 사용합니다. 먼저, 임계값을 사용하여 HSV 스펙트럼에서 필요한 색상을 찾은 다음 이를 기준으로 이미지를 필터링합니다. 히스토그램 역투영을 계산하는 방법을 살펴보겠습니다:

```
    // Compute the histogram backprojection
    calcBackProject(&hueImage, 1, 0, hist, backproj, &histRanges);
    backproj &= mask;
    RotatedRect rotatedTrackingRect = CamShift(backproj,
                trackingRect, TermCriteria(TermCriteria::EPS |
                TermCriteria::COUNT, 10, 1));
    // Check if the area of trackingRect is too small
    if(trackingRect.area() <= 1)
    {
        // Use an offset value to make sure the trackingRect has a
           minimum size
        int cols = backproj.cols, rows = backproj.rows;
        int offset = MIN(rows, cols) + 1;
        trackingRect = Rect(trackingRect.x - offset, trackingRect.y
                      - offset, trackingRect.x + offset,
                      trackingRect.y + offset) & Rect(0, 0, cols,
                      rows);
    }
```

이제 결과를 보여줄 준비가 되었습니다. 관심 영역인 회전된 사각형에 타원을 그립니다:

```
    // Draw the ellipse on top of the image
    ellipse(image, rotatedTrackingRect, Scalar(0,255,0), 3,
            LINE_AA);
```

```
        }
        // Apply the 'negative' effect on the selected region of interest
        if(selectRegion && selectedRect.width > 0 && selectedRect.height > 0)
        {
            Mat roi(image, selectedRect);
            bitwise_not(roi, roi);
        }
        // Display the output image
        imshow(windowName, image);
        // Get the keyboard input and check if it's 'Esc'
        // 27 -> ASCII value of 'Esc' key
        ch = waitKey(30);
        if (ch == 27) {
            break;
        }
    }
    return 1;
}
```

해리스 코너 검출기를 이용한 점 검출

코너 검출은 이미지에서 관심점을 검출하는 데 사용되는 기술입니다. 이러한 관심점을 컴퓨터 비전 용어로, 특징 또는 특징점이라고도 부릅니다. 코너란 기본적으로 두 모서리의 교차점입니다. 특징점은 이미지에서 고유하게 검출될 수 있는 특성을 의미합니다. 코너는 특징점의 특별한 특성이라고 할 수 있습니다. 이러한 특징점은 이미지의 특성을 파악하는 데 도움이 됩니다. 이는 객체 추적, 이미지 분류 및 이미지 검색과 같은 다양한 애플리케이션에서 사용됩니다. 이제 코너의 유용함을 알았으니, 검출하는 방법을 살펴봅시다.

컴퓨터 비전에는 해리스 코너 검출기라고 불리는 유명한 코너 검출 기술이 있습니다. 기본적으로 그레이스케일 이미지의 편미분 값을 기반으로 2×2 행렬을 구축한 다음, 고유값을 분석합니다. 이게 무슨 뜻일까요? 자, 이해를 돕기 위해 풀어서 설명해보겠습니다.

이미지에 작은 패치가 있다고 생각합시다. 우리의 관심은 이 부분에 코너가 있는지 확인하는 것입니다. 이를 위해, 모든 인접 부분을 고려하고 인접 부분과의 밝기 변화를 계산해야 합니다. 만약 모든 방향으로 밝기 변화 차이가 크다면, 해당 패치에 코너 점이 있다는 것입니다. 즉, 이때 검출한 코너 점은 엣지의 방향 변화가 급격한 지점입니다. 조금 전 설명은 실제 알고리즘을 매우 단순화한 내용이지만, 핵심 기술입니다. 기본적인 수식 이해가 필요하다면 *Harris-Stephens*이 발표한 논문 `http://www.bmva.org/bmvc/1988/avc-88-023.pdf`을 참조하십시오.

해리스 코너 검출기 실행 결과는 다음 그림과 같습니다:

그림에서, TV 리모컨에 표시된 6개의 녹색 원이 검출된 코너 점입니다. 검출 결과는 검출기에서 선택한 매개변수에 따라 달라질 수 있습니다. 매개변수를 수정하면, 더 많은 점이 검출될 수도 있습니다. 반면, 이를 엄격하게 한다면, 완만한 코너를 검출하지 못할 수도 있습니다. 자, 이제 해리스 코너 검출 코드를 살펴봅시다:

```
int main(int argc, char* argv[])
{
// Variable declaration and initialization

// Iterate until the user presses the Esc key
while(true)
{
    // Capture the current frame
    cap >> frame;

    // Resize the frame
    resize(frame, frame, Size(), scalingFactor, scalingFactor, INTER_AREA);

    dst = Mat::zeros(frame.size(), CV_32FC1);

    // Convert to grayscale
    cvtColor(frame, frameGray, COLOR_BGR2GRAY );

    // Detecting corners
    cornerHarris(frameGray, dst, blockSize, apertureSize, k, BORDER_DEFAULT);

    // Normalizing
    normalize(dst, dst_norm, 0, 255, NORM_MINMAX, CV_32FC1, Mat());
    convertScaleAbs(dst_norm, dst_norm_scaled);
```

이미지를 그레이스케일로 변환하고 매개변수를 사용하여 코너 점을 검출하였습니다. 전체 코드는 **.cpp** 파일에서 확인할 수 있습니다. 이 코드의 매개변수들은 검출될 코너 점의 개수와 상관있습니다. OpenCV에서 제공하는 **cornerHarris()**에 대한 자세한 설명은 아래 링크된 웹사이트에서 확인할 수 있습니다: **https://docs.opencv.org/master/dd/d1a/group__imgproc__feature.html#gac1fc3598018010880e370e2f709 b4345**

이제 필요한 모든 정보를 얻었습니다. 결과를 표시하기 위해서 검출된 코너 점 주위에 원을 그리도록 하겠습니다:

```
        // Drawing a circle around each corner
        for(int j = 0; j < dst_norm.rows ; j++)
        {
            for(int i = 0; i < dst_norm.cols; i++)
            {
                if((int)dst_norm.at<float>(j,i) > thresh)
                {
                    circle(frame, Point(i, j), 8, Scalar(0,255,0), 2, 8, 0);
                }
            }
        }

        // Showing the result
        imshow(windowName, frame);

        // Get the keyboard input and check if it's 'Esc'
        // 27 -> ASCII value of 'Esc' key
        ch = waitKey(10);
        if (ch == 27) {
            break;
        }
    }
    // Release the video capture object
    cap.release();

    // Close all windows
    destroyAllWindows();

    return 1;
}
```

`cornerHarris()`는 blockSize라는 인수가 필요합니다. 이때, 사용자가 선택한 인접 픽셀 크기에 따라 성능이 달라집니다. blockSize 값을 4로 초기화하여 어떠한 결과를 보여주는지 확인해보세요.

추적에 적합한 특징

해리스 코너 검출기는 성능이 우수한 편이지만 여전히 개선이 필요합니다. *Harris-Stephens*의 논문이 발표되고 약 6년 후에 *Shi-Tomasi*는 코너 검출 성능이 더 우수한 알고리즘을 제안하였고 그것을 추적에 적합한 특징(Good Features to Track)이라고 불렀습니다. 자세한 설명은 `http://www.ai.mit.edu/courses/6.891/handouts/shi94good.pdf`에서 확인할 수 있습니다. 이들은 전반적인 성능을 향상시키기 위해 다른 scoring 함수를 사용합니다. 이 방법을 사용하면, 주어진 이미지에서 최적의 검출 값을 가진 N 개의 코너를 식별할 수 있으며 이미지에서 정보를 추출하는 데 있어서 모든 코너를 사용하지 않을 경우에 매우 유용합니다. 앞서 말했듯이, 객체 추적, 객체 인식 및 이미지 검색과 같은 애플리케이션에서 특징점 검출기는 매우 유용할 수 있습니다.

이미지에 Shi-Tomasi 코너 검출기를 적용하면, 다음과 같은 결과를 확인할 수 있습니다:

그림에서 볼 수 있듯이, 프레임의 중요한 점들은 모두 표시됩니다. 이러한 특징들을 추적하기 위해 사용하는 코드를 함께 살펴보겠습니다:

```
int main(int argc, char* argv[])
{
    // Variable declaration and initialization
    // Iterate until the user presses the Esc key
    while(true)
    {
        // Capture the current frame
        cap >> frame;
        // Resize the frame
        resize(frame, frame, Size(), scalingFactor, scalingFactor,
                INTER_AREA);
        // Convert to grayscale
        cvtColor(frame, frameGray, COLOR_BGR2GRAY );
        // Initialize the parameters for Shi-Tomasi algorithm
        vector<Point2f> corners;
        double qualityThreshold = 0.02;
        double minDist = 15;
        int blockSize = 5;
        bool useHarrisDetector = false;
        double k = 0.07;
        // Clone the input frame
        Mat frameCopy;
        frameCopy = frame.clone();
        // Apply corner detection
        goodFeaturesToTrack(frameGray, corners, numCorners,
            qualityThreshold, minDist, Mat(), blockSize,
            useHarrisDetector, k);
```

코드에서 볼 수 있듯이, 프레임을 추출하고 goodFeaturesToTrack()을 사용하여 코너를 검출했습니다. 검출된 코너의 수는 매개변수의 선택에 따라 다르다는 것을 이해해야 합니다. 자세한 설명은 http://docs.opencv.org/2.4/modules/imgproc/doc/feature_detection.html?highlight=goodfeaturestrack#goodfeaturestotrack 에서 확인할 수 있습니다. 결과를 표시하기 위해 코너 점 주위에 원을 그려보도록 하겠습니다:

```
        // Parameters for the circles to display the corners
        int radius = 8; // radius of the circles
        int thickness = 2; // thickness of the circles
        int lineType = 8;
        // Draw the detected corners using circles
        for(size_t i = 0; i < corners.size(); i++)
        {
            Scalar color = Scalar(rng.uniform(0,255),
                           rng.uniform(0,255), rng.uniform(0,255));
            circle(frameCopy, corners[i], radius, color, thickness,
                   lineType, 0);
        }
        /// Show what you got
        imshow(windowName, frameCopy);
        // Get the keyboard input and check if it's 'Esc'
        // 27 -> ASCII value of 'Esc' key
        ch = waitKey(30);
        if (ch == 27) {
            break;
        }
    }
    // Release the video capture object
    cap.release();
    // Close all windows
    destroyAllWindows();
    return 1;
}
```

이 프로그램에서 goodfeaturesToTrack()의 인수로 numCorners를 사용합니다. 이 값은 검출될 코너의 최대 개수를 나타냅니다. 값을 100으로 설정하여 어떤 결과를 표시하는지 살펴봅시다. 이때, 값을 크게 하면 더 많은 특징점이 검출될 수 있습니다.

특징 기반 물체 추적

특징 기반 물체 추적은 비디오의 연속 프레임에서 개별 특징점을 추적하는 것을 의미합니다. 이 시스템의 장점은 모든 프레임에서 특징점을 검출할 필요가 없다는 것입니다. 그리고 한 번 검출하면 이후에도 계속 추적할 수 있습니다. 이것은 모든 프레임에서 검출기를 작동하는 것보다 훨씬 효율적입니다. 이 특징들을 추적하기 위해 옵티컬 플로우를 사용합니다. 옵티컬 플로우는 컴퓨터 비전에서 가장 많이 사용되는 기술 중 하나입니다. 이는 다수의 특징점을 선택하고 비디오 스트림을 통해 추적합니다. 특징점을 검출하면, 변위 벡터를 계산하고 연속적인 두 프레임 간에 해당 키포인트의 움직임을 보여줍니다. 이러한 벡터를 모션 벡터라고 부릅니다. 특정 점에 대한 모션 벡터는 이전 프레임과 비교하여 해당 점이 이동한 위치를 화살표로 나타냅니다. 이러한 모션 벡터를 검출하는 데는 다양한 방법이 사용되며 그 중에서 가장 인기 있는 두 가지 알고리즘으로 Lucas-Kanade와 Farneback 알고리즘이 있습니다.

Lucas-Kanade 알고리즘

Lucas-Kanade 알고리즘은 희소 옵티컬 플로우 추적에 사용됩니다. 여기서 희소라는 용어는 몇 개의 특징점을 추출하고 그 특징점에 대하여 계산한다는 의미입니다. 다음 링크에서 원문을 참조할 수 있습니다: `http://cseweb.ucsd.edu/classes/sp02/cse252/lucaskanade81.pdf`. 먼저, 프로세스를 시작하기 위해서 특징점을 추출합니다. 각 특징점을 중심으로 3×3 패치를 생성합니다. 여기서, 각 패치 내의 모든 점들이 같은 모션 벡터를 가진다고 가정합니다. 여러분이 해결해야 할 문제에 따라 이 윈도우 패치 크기를 조정할 수 있습니다.

현재 프레임의 각 특징점에 대해, 주변의 3×3 패치를 기준점으로 사용합니다. 이 경우, 최상의 패치를 얻기 위해 이전 프레임에서 해당 패치의 인접 픽셀을 살펴봅니다. 이때 인접 픽셀은 패치에 가장 가까운 픽셀을 고려하기 때문에 보통 3×3보다 큽니다. 이제 이전 프레임에서 일치하는 패치의 중심 픽셀부터 현재 프레임에서 고려 중인 패치의 중심 픽셀까지의 경로가 모션 벡터가 됩니다. 이 작업을 모든 특징점에 대해 수행하여 모든 모션 벡터를 구합니다.

다음 그림을 예로 들어 보겠습니다:

추적하려는 점을 미리 지정해주기 위해서 마우스로 윈도우의 여러 지점을 클릭합니다:

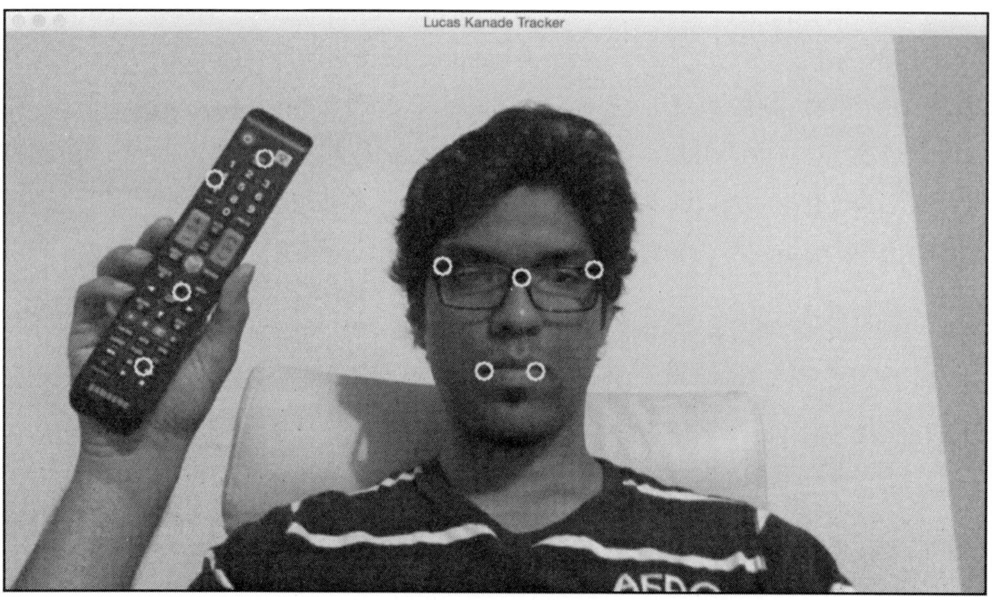

객체 위치의 변동이 있더라도, 작은 오차 범위 내에서 특징점이 잘 추적되고 있음을 알 수 있습니다:

그림과 같이, 더 많은 특징점을 추가하고 결과를 살펴봅시다:

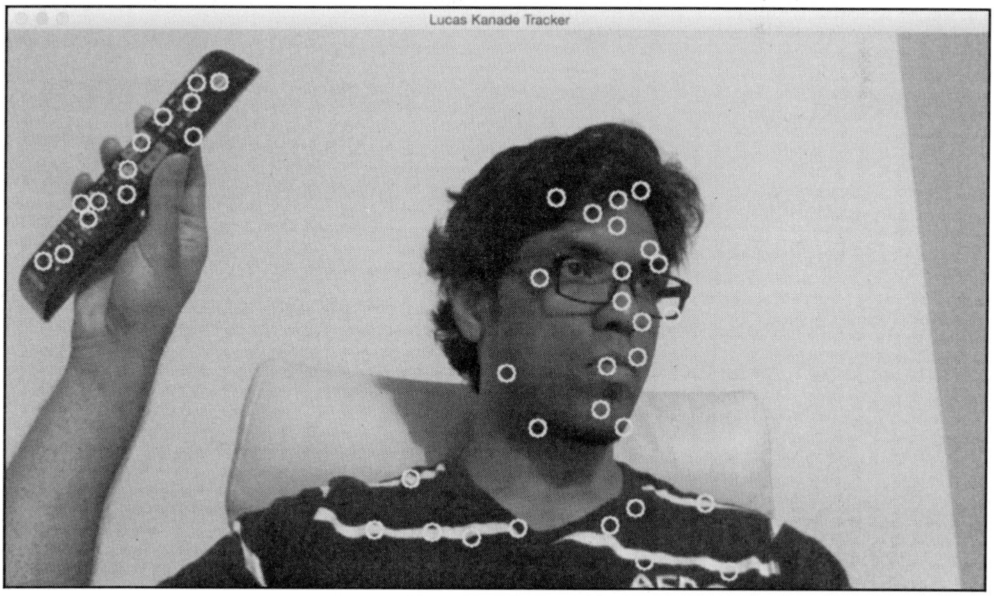

보시다시피, 계속해서 특징점을 잘 추적합니다. 하지만, 패치보다 큰 움직임이 발생할 경우 일부 점들이 누락되기도 합니다. 계속해서 특징점을 추가하면서 테스트해 보십시오. 또한 사용자가 직접 입력 영상에서 관심 영역을 선택하도록 할 수 있습니다. 그런 다음 관심 영역에서 특징점을 추출하고 바운딩 박스로 객체를 추적할 수 있습니다. 재미있는 실험이 될 것입니다!

다음은 Lucas-Kanade 알고리즘 코드입니다:

```
int main(int argc, char* argv[])
{
    // Variable declaration and initialization
    // Iterate until the user hits the Esc key
    while(true)
    {
        // Capture the current frame
        cap >> frame;
        // Check if the frame is empty
        if(frame.empty())
            break;
        // Resize the frame
        resize(frame, frame, Size(), scalingFactor, scalingFactor, INTER_AREA);
        // Copy the input frame
        frame.copyTo(image);
        // Convert the image to grayscale
        cvtColor(image, curGrayImage, COLOR_BGR2GRAY);
        // Check if there are points to track
        if(!trackingPoints[0].empty())
        {
            // Status vector to indicate whether the flow for the
               corresponding features has been found
            vector<uchar> statusVector;
            // Error vector to indicate the error for the corresponding
               feature
            vector<float> errorVector;
```

```
        // Check if previous image is empty
        if(prevGrayImage.empty())
        {
            curGrayImage.copyTo(prevGrayImage);
        }
        // Calculate the optical flow using Lucas-Kanade algorithm
        calcOpticalFlowPyrLK(prevGrayImage, curGrayImage, tracking-
                Points[0], trackingPoints[1], statusVector, error-
                Vector, windowSize, 3, terminationCriteria, 0, 0.001);
```

현재 프레임과 이전 프레임 이미지를 사용하여 옵티컬 플로우를 검출합니다. 당연히, 출력 성능은 함수의 매개변수를 조정하여 개선할 수 있습니다. 매개변수와 관련된 자세한 내용은 http://docs.opencv.org/2.4/modules/video/doc/motion_analysis_and_object_tracking.html#calcopticalflowpyrlk를 참조하십시오. 시스템의 강건성과 성능 향상을 위해서 특징점 간의 거리가 minDist보다 작으면 필터링합니다. 계속해서 살펴봅시다:

```
        int count = 0;
        // Minimum distance between any two tracking points
        int minDist = 7;
        for(int i=0; i < trackingPoints[1].size(); i++)
        {
            if(pointTrackingFlag)
            {
                // If the new point is within 'minDist' distance from
                    an existing point, it will not be tracked
                if(norm(currentPoint - trackingPoints[1][i]) <= minDist)
                {
                    pointTrackingFlag = false;
                    continue;
                }
            }
            // Check if the status vector is good
```

```
            if(!statusVector[i])
                continue;
            trackingPoints[1][count++] = trackingPoints[1][i];

            // Draw a filled circle for each of the tracking points
            int radius = 8;
            int thickness = 2;
            int lineType = 8;
            circle(image, trackingPoints[1][i], radius, Scalar(0,
                    255,0), thickness, lineType);
        }
        trackingPoints[1].resize(count);
    }
```

이제 추적 지점을 확보했습니다. 다음 단계는 이러한 지점의 위치를 최적화하는 것입니다. 최적화란 정확히 무엇을 의미할까요? 시스템 처리 속도를 향상시키기 위해서는 어느 정도(추적 지점 사이 거리)의 정규화가 필요합니다. 쉽게 말해서, 이를 윈도우 간 픽셀의 시차 값을 반올림했다고 생각할 수 있습니다. 이제 대략적인 영역을 확보했으므로, 해당 영역 내의 특징점 위치를 최적화하여 보다 더 정확한 결과를 얻을 수 있습니다. 계속해서 살펴봅시다:

```
    // Refining the location of the feature points
    if(pointTrackingFlag && trackingPoints[1].size() < maxNumPoints)
    {
        vector<Point2f> tempPoints;
        tempPoints.push_back(currentPoint);
        // Function to refine the location of the corners to subpixel
           accuracy.
        // Here, 'pixel' refers to the image patch of size
           'windowSize' and not the actual image pixel
        cornerSubPix(curGrayImage, tempPoints, windowSize,
                     Size(-1,-1), terminationCriteria);
        trackingPoints[1].push_back(tempPoints[0]);
```

```
            pointTrackingFlag = false;
        }
        // Display the image with the tracking points
        imshow(windowName, image);
        // Check if the user pressed the Esc key
        char ch = waitKey(10);
        if(ch == 27)
            break;
        // Swap the 'points' vectors to update 'previous' to 'current'
        std::swap(trackingPoints[1], trackingPoints[0]);
        // Swap the images to update previous image to current image
        cv::swap(prevGrayImage, curGrayImage);
    }
    return 1;
}
```

Farneback 알고리즘

Gunnar Farneback이 제안한 Farneback은 밀집 옵티컬 플로우 추적 알고리즘입니다. 밀집 옵티컬 플로우 계산은 로봇 공학, 증강 현실, 3D 매핑 등 다양한 분야에서 광범위하게 사용됩니다. 자세한 내용은 `http://www.diva-portal.org/smash/get/diva2:273847/FULLTEXT01.pdf`에서 참조할 수 있습니다. Lucas-Kanade 알고리즘은 희소 옵티컬 플로우 추적 기술이므로 전체 이미지에서 일부 픽셀만 처리하면 됩니다. 반면, Farneback 알고리즘은 주어진 이미지에 있는 모든 픽셀을 처리해야 하는 밀집 옵티컬 플로우 추적 기술입니다. 따라서, 우리는 애플리케이션에서 상호절충을 고려해야 합니다. 밀집 옵티컬 플로우 기술은 정확한 추적이 가능한 반면 연산량이 많아 속도가 느립니다. 희소 옵티컬 플로우 추적 기술은 정확성은 떨어지지만 속도가 더 빠릅니다. 그렇기 때문에, 실시간 애플리케이션의 경우, 사람들은 희소 옵티컬 플로우 추적 기술을 더 선호하며 시간과 시스템 복잡도를 고려하지 않아도 되는 애플리케이션의 경우에는 세부적인 정보를 추출하기 위해 밀집 옵티컬 플로우 기술을 선호합니다.

Farneback 논문은 인접한 두 프레임 간의 움직임을 확장 다항식 기반으로 계산하는 밀집 옵티컬 플로우 추적 기술을 제안하였습니다. 두 프레임 사이의 움직임을 추정하기 위해서 총 3단계를 수행합니다. 첫 번째 단계에서, 두 프레임의 각 인접 픽셀 영역은 다항식 기반으로 계산됩니다. 첫 번째 단계에서는 오직 2차 다항식에만 관심이 있습니다. 두 번째 단계에서, 변위 값을 기준으로 새 시그널을 구성합니다. 이제 각 인접 픽셀이 다항식으로 근사화되었으므로, 해당 다항식이 이상적인 변화를 수행했을 때 어떤 결과가 생기는지 확인합니다. 마지막 단계에서, 2차 다항식의 계수를 동일하게 하여 전역 변위를 계산합니다.

자, 이것을 어떻게 실현할 수 있을까요? 우리는 전체 시그널이 단일 다항식이고 두 신호와 관련된 전역 변위가 있다고 가정하고 있습니다. 하지만, 이것은 현실적인 시나리오가 아닙니다! 그렇다면, 우리는 무엇을 해야 하는 걸까요? 우리의 목표는 특징을 추적할 수 있는 유용한 알고리즘을 구축할 수 있도록 해당 오류들이 충분이 작은지 확인하는 것입니다.

다음 정지 프레임을 살펴봅시다:

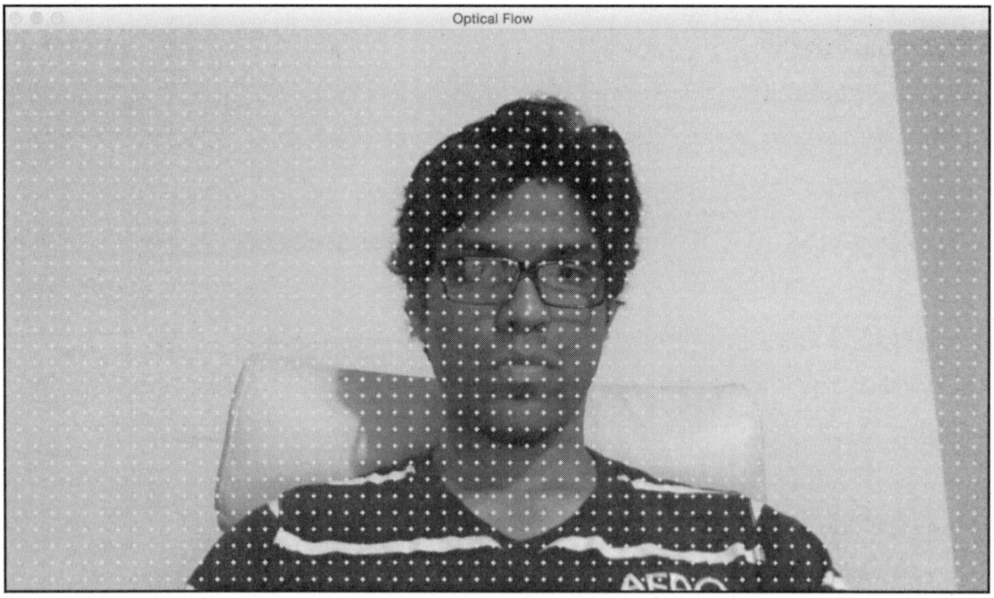

옆으로 움직이면, 모션 벡터가 가로 방향을 가리키고 있음을 확인할 수 있습니다. 이는

단순히 머리의 움직임을 추적한 것입니다:

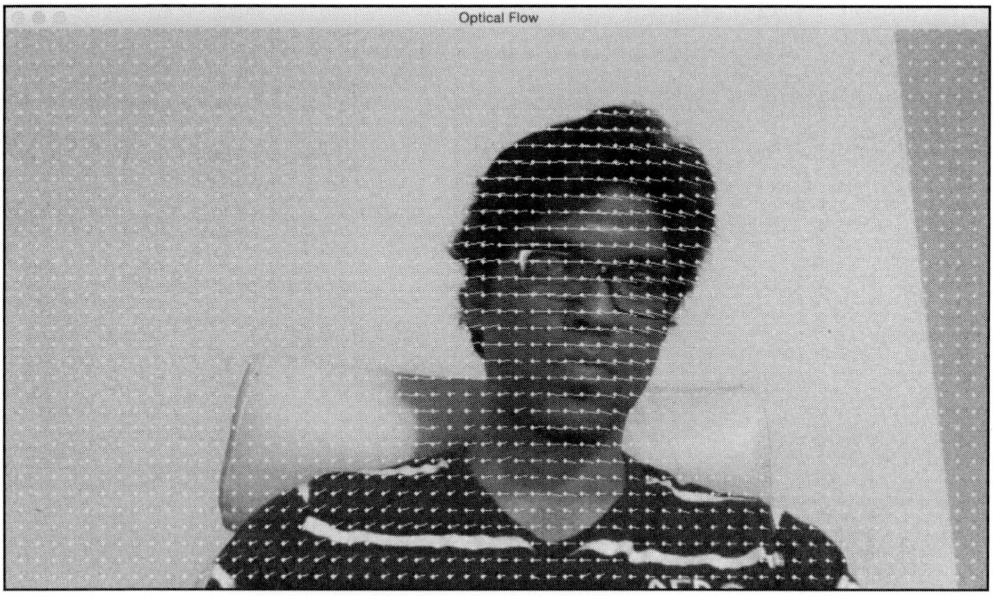

웹 캠에서 멀어지면, 모션 벡터가 이미지 평면에 수직인 방향을 가리키고 있음을 확인할 수 있습니다:

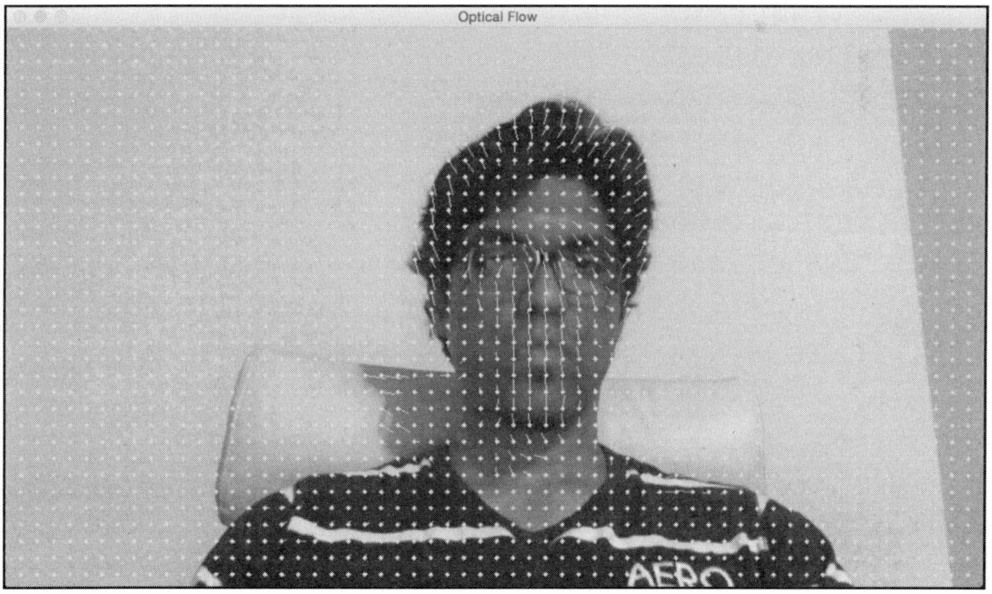

다음은 Farneback 알고리즘을 사용한 옵티컬 플로우 추적 코드입니다:

```
int main(int, char** argv)
{
    // Variable declaration and initialization
    // Iterate until the user presses the Esc key
    while(true)
    {
        // Capture the current frame
        cap >> frame;
        if(frame.empty())
            break;
        // Resize the frame
        resize(frame, frame, Size(), scalingFactor, scalingFactor,
              INTER_AREA);
        // Convert to grayscale
        cvtColor(frame, curGray, COLOR_BGR2GRAY);
        // Check if the image is valid
        if(prevGray.data)
        {
            // Initialize parameters for the optical flow algorithm
            float pyrScale = 0.5;
            int numLevels = 3;
            int windowSize = 15;
            int numIterations = 3;
            int neighborhoodSize = 5;
            float stdDeviation = 1.2;
            // Calculate optical flow map using Farneback algorithm
            calcOpticalFlowFarneback(prevGray, curGray, flowImage,
            pyrScale, numLevels, windowSize, numIterations,
            neighborhoodSize, stdDeviation, OPTFLOW_USE_INITIAL_FLOW);
```

보시다시피, 우리는 Farneback 알고리즘을 사용하여 옵티컬 플로우 벡터를 계산합니다. 추적의 성능에 있어서 `calcOpticalFlowFarneback`에 대한 입력 매개변수는 매우 중요합니다. 이러한 매개변수에 대한 자세한 내용은 http://docs.opencv.org/3.0-beta/modules/video/doc/motion_analysis_and_object_tracking.html에서 확인할 수 있습니다. 이제 이미지에 벡터를 그려보겠습니다:

```
            // Convert to 3-channel RGB
            cvtColor(prevGray, flowImageGray, COLOR_GRAY2BGR);
            // Draw the optical flow map
            drawOpticalFlow(flowImage, flowImageGray);
            // Display the output image
            imshow(windowName, flowImageGray);
        }
        // Break out of the loop if the user presses the Esc key
        ch = waitKey(10);
        if(ch == 27)
            break;
        // Swap previous image with the current image
        std::swap(prevGray, curGray);
    }
    return 1;
}
```

drawOpticalFlow 함수를 사용하여 옵티컬 플로우를 화면에 표시합니다. 이 벡터는 움직임의 방향을 나타냅니다. 함수를 통해 이러한 벡터를 나타내는 방법을 살펴보겠습니다:

```
// Function to compute the optical flow map
void drawOpticalFlow(const Mat& flowImage, Mat& flowImageGray)
{
    int stepSize = 16;
    Scalar color = Scalar(0, 255, 0);
    // Draw the uniform grid of points on the input image along with the
       motion vectors
    for(int y = 0; y < flowImageGray.rows; y += stepSize)
    {
        for(int x = 0; x < flowImageGray.cols; x += stepSize)
```

```
        {
            // Circles to indicate the uniform grid of points
            int radius = 2;
            int thickness = -1;
            circle(flowImageGray, Point(x,y), radius, color, thickness);
            // Lines to indicate the motion vectors
            Point2f pt = flowImage.at<Point2f>(y, x);
            line(flowImageGray, Point(x,y), Point(cvRound(x+pt.x),
                cvRound(y+pt.y)), color);
        }
    }
}
```

요약

이 장에서는, 객체 추적에 대하여 학습했습니다. 먼저 HSV 컬러 공간을 사용하여 특정 색상의 객체를 추적하는 방법을 배웠습니다. 또한, 객체 추적을 위한 클러스터링 기법과 CAMShift 알고리즘을 사용하여 상호작용 객체 추적기를 구축하는 방법에 대해 설명했습니다. 실시간 영상에서 코너 검출기를 이용하여 코너를 추적하는 방법도 살펴봤습니다. 그리고 옵티컬 플로우를 이용하여 영상에서 특징을 추적하는 방법에 대해 논의했습니다. 마지막으로, Lucas-Kanade 및 Farneback 알고리즘에 대한 개념을 이해하고 이를 구현했습니다.

다음 장에서는, 텍스트 인식을 위한 분할 알고리즘에 대해 알아보겠습니다.

CHAPTER 10

텍스트 인식을 위한 분할 알고리즘

9장에서는 임계값, 윤곽선 생성, 모폴로지 연산과 같은 영상 처리 기법 등 광범위한 내용을 다루었습니다. 이번 장은, 텍스트의 위치 식별 및 회전 변환 등 스캔한 문서를 처리할 때 직면할 수 있는 문제에 대하여 알아보고자 합니다. 또한 이러한 문제점을 해결하기 위하여 이미 제시된 기법들을 어떻게 결합하여 활용할지에 대하여 학습합니다. 이번 장의 목표는 OCR(optical character recognition) 라이브러리가 처리할 수 있도록 텍스트의 영역을 분할하는 것입니다.

이 장이 끝날 때, 여러분은 다음 질문들에 답할 수 있습니다:

- OCR 애플리케이션에는 어떤 종류가 있습니까?
- OCR 애플리케이션을 구축할 때 발생할 수 있는 문제는 무엇입니까?
- 문서에서 텍스트 영역은 어떻게 식별할 수 있습니까?
- 텍스트 중간에 나타나는 다른 요소나 텍스트 회전과 같은 문제들은 어떻게 처리합니까?
- 텍스트 인식을 위해 Tesseract OCR을 어떻게 활용합니까?

기술적 요구사항

이 장을 이해하기 위해서는 기본 C++ 프로그래밍 언어에 익숙해야 합니다. 이 장에서 사용된 모든 코드는 다음 GitHub 링크에서 다운로드할 수 있습니다: `https://github.com/PacktPublishing/Learn-OpenCV-4-By-Building-Projects-Second`

-Edition/tree/master/Chapter_10. 다운로드받은 코드는 모든 운영 체제에서 실행될 수 있지만, 우분투(Ubuntu) 운영체제에서만 테스트되었습니다

다음 링크에서 코드실행 동영상을 확인할 수 있습니다:
http://bit.ly/2KIoJFX

광학 문자 인식

컴퓨터 비전에서 이미지의 텍스트를 식별하는 애플리케이션은 매우 인기가 많습니다. 이 프로세스를 일반적으로 **광학 문자 인식**이라고 하며, 다음과 같이 세분화할 수 있습니다:

- **텍스트 전처리 및 분할**: 이미지 노이즈 및 회전(기울어짐)을 처리하고 후보 텍스트 영역을 식별합니다.
- **텍스트 인식**: 각 영역의 문자를 텍스트로 식별합니다. 이는 컴퓨터 비전과 관련 있지만, 순전히 OpenCV만을 사용하여 이 작업을 수행하는 내용은 다루지 않습니다. 대신, OpenCV 3.0에 Tesseract가 통합된 점을 고려하여, Tesseract 라이브러리를 활용하여 수행하는 방법을 살펴보겠습니다. Tesseract 구현 방법이 궁금하다면, Packt 출판사에서 출간된 *Mastering OpenCV*의 차량 번호판 인식 섹션을 참고하십시오.

전처리 및 분할 단계는 텍스트 원본에 따라 크게 달라질 수 있습니다. 전처리를 수행하는 일반적인 상황을 살펴보겠습니다:

- **스캐너 텍스트 스캐닝**: 매우 신뢰할 수 있는 텍스트 원본 소스입니다. 이미지 배경은 보통 흰색이며 문서는 스캐너 여백 설정에 맞추어 정렬됩니다. 스캔된 내용은 기본적으로 노이즈가 거의 없는 텍스트를 포함합니다. 이러한 종류의 애플리케이션은 간단한 전처리 기술로 빠르게 텍스트를 보정하고 스캔할 수 있습니다. 스캐너 OCR 소프트웨어는 사용자가 필요로 하는 텍스트 영역을 식별하고, 텍스트 검증 및 색인화를 위한 품질 파이프라인을 만드는 것이 일반적입니다.
- **이미지 혹은 사진 텍스트 스캐닝**: 텍스트의 위치를 알 수 없기 때문에 훨씬 복잡합니다. 이 작업을 **장면 텍스트 인식**이라고 하고, OpenCV 4.0은 이를 처리

할 수 있는 contrib 라이브러리를 포함하고 있습니다. 장면 텍스트 인식은 11장 'Tessract를 활용한 텍스트 인식'에서 자세히 다루도록 하겠습니다. 일반적으로, 텍스트 패턴을 식별하기 위해 전처리로 텍스쳐 분석 기법을 사용합니다.

- **역사 문헌 텍스트 스캐닝**: 역사 문헌을 스캔하게 되면, 오랜 세월로 용지가 노후화되거나 잉크 색상 변질로 생기는 노이즈 같은 부가적인 문제가 발생할 수 있습니다. 일반적으로, 세월이 지남에 따라 잉크색이 연해져 명암 대비가 낮을 수 있으며 문헌 마다 특정 서체로 꾸밈 문자가 있습니다. 이에 특정 문서에 대한 OCR 소프트웨어를 제작하는 것은 흔한 일입니다.
- **지도, 다이어그램 및 차트 텍스트 스캐닝**: 이 시나리오는 보통 텍스트가 이미지 중간에 있거나 다양한 방향에 위치할 수 있기 때문에 특히나 더 어렵습니다. 예를 들면, 도시명은 군집화된 영역에, 바다의 이름은 그 나라의 해안 등고선에 표시됩니다. 차트는 어두운 색상에 밝거나 혹은 어두운 톤의 텍스트와 함께 사용하고 있습니다.

OCR 전략도 사용 목적에 따라 달라집니다. 예를 들면, 전체 텍스트 검색에 사용됩니까? 텍스트 색인화된 데이터베이스의 구조화 검색을 위해 영역이 구분되어야 합니까?

이번 장에서는, 스캐본 이미지 또는 카메라로 촬영된 이미지의 텍스트를 전처리하는데 초점을 맞출 것입니다. 예를 들어, 아래 그림의 주차권처럼 종이나 카드에 인화된 텍스트 처리를 주요 목적으로 합니다:

일반적인 노이즈를 제거하고, 텍스트 기울어짐(있는 경우)을 처리하고 텍스트 영역을 자릅니다. 이미 대부분의 OCR API들은 최신 알고리즘을 사용하여 이러한 작업을 자동으로 수행하지만 작업 수행 과정을 알아 두는 것이 좋습니다. 이를 통해, OCR API 매개변수를 쉽게 이해할 수 있으며 앞으로 직면할 OCR의 잠재된 문제들을 파악하는 데 도움을 줄 수 있습니다.

전처리 단계

문자 인식 소프트웨어는 이전에 기록된 데이터와 텍스트를 비교하며 작업을 수행합니다. 이때, 입력 텍스트가 선명하고, 기울어지지 않고, 소프트웨어로 전송된 이미지에 다른 요소가 없을 경우 분류 결과가 더 좋습니다. 이 섹션에서는, **전처리**를 통해서 어떻게 텍스트를 보정하는지 알아보도록 하겠습니다.

이미지 임계값

일반적인 이미지 전처리로 임계값을 지정하여 사용합니다. 이 단계에서 모든 색상 정보를 제거할 수 있습니다. 대부분의 OpenCV 함수는 정보를 흰색(255)으로 배경은 검정색(0)으로 간주합니다. 이 기준에 적합한 임계값 함수를 만들어 보겠습니다:

```
#include opencv2/opencv.hpp;
#include vector;

using namespace std;
using namespace cv;

Mat binarize(Mat input)
{
    //Uses otsu to threshold the input image
    Mat binaryImage;
    cvtColor(input, input, COLOR_BGR2GRAY);
    threshold(input, binaryImage, 0, 255, THRESH_OTSU);
    //Count the number of black and white pixels
```

```
    int white = countNonZero(binaryImage);
    int black = binaryImage.size().area() - white;

    //If the image is mostly white (white background), invert it
    return white black ? binaryImage : ~binaryImage;
}
```

binarize 함수는 4장 '히스토그램 및 필터'에서 소개한 방식과 유사하게 임계값을 적용합니다. threshold 함수의 다섯 번째 매개변수에 THRESH_OTSU를 전달하여 Otsu 방법을 사용합니다. Otsu는 클래스 간 분산을 최대화할 수 있습니다. 임계값은 오직 두 개의 클래스만 (검정색 및 흰색 픽셀) 생성하므로 이는 같은 클래스 내의 픽셀 간의 분산은 작아야 한다는 의미입니다. 이미지 픽셀 값의 분포는 히스토그램으로 표현합니다. 가능한 모든 임계값을 이용하여 임계값을 적용한 이미지의 배경이나 전경에 있는 픽셀 값에 대한 분포를 계산합니다. 이 프로세스의 목적은 두 분포의 합이 최소인 임계값을 찾는 것입니다.

임계값을 적용 후, 함수는 이미지 내부의 흰색 픽셀 수를 계산합니다. 검정색 픽셀은 이미지 영역에서 흰색 픽셀 수를 뺀 총 픽셀 수로 계산하면 됩니다. 일반적으로 텍스트는 배경 위에 쓰여지기 때문에, 검정색 픽셀보다 흰색 픽셀이 더 많은지 검사하여, 이 경우라면 흰색 배경 위에 검정색 텍스트를 처리하는 것이므로 추가 처리를 위해서 이미지 색상 반전을 합니다.

주차권 이미지의 임계값 적용 결과는 다음과 같습니다:

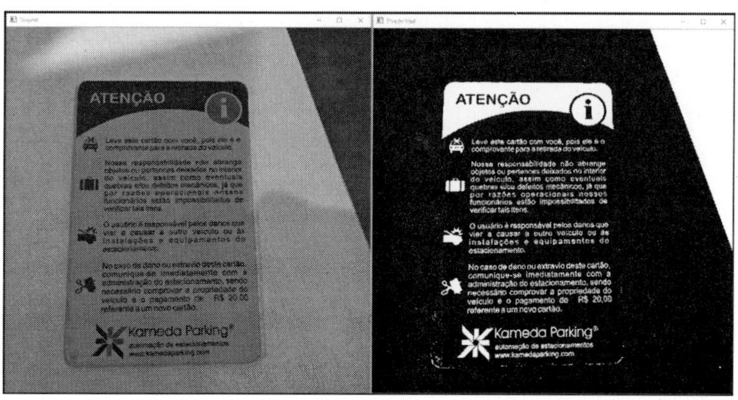

텍스트 분할

다음 단계는, 텍스트의 위치를 찾아서 추출하는 단계입니다. 일반적으로 두 가지 방법이 있습니다:

- **연결 성분 분석 사용**: 이미지에서 연결된 픽셀 그룹을 탐색합니다. 이번 장에서 사용할 기술입니다.
- **미리 학습된 텍스처 패턴 분류기 사용**: 웨이블릿(wavlet) 변환을 적용한 Haralick 텍스처 특징을 사용합니다. 또 다른 접근법으로는 MSER(Maximally Stable Extremal Regions)을 식별하는 것으로 복잡한 배경의 텍스트에 효과적입니다. 자세한 내용은 11장 'Tesseract를 활용한 텍스트 인식'에서 다룹니다. Haralick 텍스처 특징에 대해서는 링크된 `http://haralick.org/journals/TexturalFeatures.pdf`를 참조하세요.

연결 영역 만들기

이미지를 자세히 보면, 문자들은 텍스트 단락으로 묶을 수 있는 블록을 형성함을 알 수 있습니다. 그러면 이 블록들을 어떻게 검출하고 제거할지에 대한 궁금증이 생깁니다.

첫 번째 단계는 이 블록을 더욱 분명하게 만드는 것입니다. 이는 모폴로지 연산자 중 팽창 기법을 사용하여 구현할 수 있습니다. 8장 '비디오 감시, 배경 모델링 및 모폴로지 연산'에서 학습한 팽창 연산자가 이미지의 모양을 확장시킨다는 점을 상기해보세요. 이 기술을 적용한 코드를 살펴봅시다:

```
auto kernel = getStructuringElement(MORPH_CROSS, Size(3,3));
Mat dilated;
dilate(input, dilated, kernel, cv::Point(-1, -1), 5);
imshow("Dilated", dilated);
```

앞의 코드에서는, 모폴로지 연산에 사용될 3×3 커널을 생성합니다. 그런 다음, 이 커널을 중심으로 팽창 연산을 5번 적용합니다. 이때, 사용자 목적에 따라 적용할 커널 사이즈와 팽창 연산 적용 횟수를 다르게 적용할 수 있습니다. 다만, 같은 라인의 글자가 모두 나열될 수 있도록 하기만 하면 됩니다.

다음 그림에서 팽창 연산의 결과를 확인할 수 있습니다:

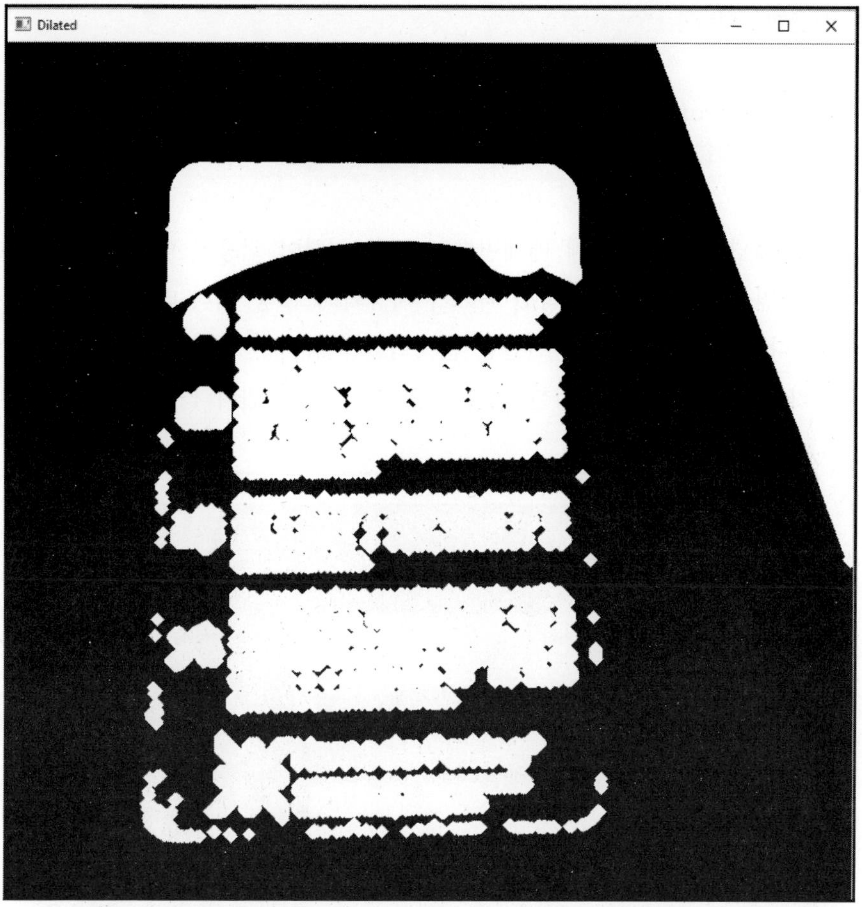

위의 그림을 보면, 흰색의 큰 블록을 볼 수 있습니다. 이 블록들은 각 텍스트 단락과 정확히 일치하며 삽입된 그림이나 경계선 노이즈와 같은 텍스트가 아닌 요소와도 일치합니다.

> **TIP** 코드와 함께 제공되는 티켓 이미지는 저해상도 이미지입니다. OCR 애플리케이션은 보통 고해상도 이미지(200 또는 300 DPI)에 잘 동작하므로 팽창 연산을 5번 이상 적용해야 할 수도 있습니다.

단락 블록 식별하기

다음 단계는, 연결 성분을 분석하여 단락에 해당하는 블록을 찾는 것입니다. 이를 수행하기 위해 5장 '자동 광학 검사, 객체 분할 및 감지'에서 학습한 OpenCV의 `findContours` 함수를 사용합니다:

```
vector;vector;Point;contours;
findContours(dilated, contours, RETR_EXTERNAL, CHAIN_APPROX_SIMPLE);
```

`findContours` 함수의 첫 번째 매개변수로 팽창 연산이 적용된 이미지를 전달합니다. 두 번째 매개변수에는 검출된 윤곽선 좌표가 저장되고, 보통 벡터 타입의 변수를 지정합니다. 그런 다음, 외부 윤곽선에 간단한 근사화를 적용하는 옵션을 사용합니다. 이미지 윤곽선은 다음 그림과 같이 다양한 색깔로 표시되어 구분됩니다:

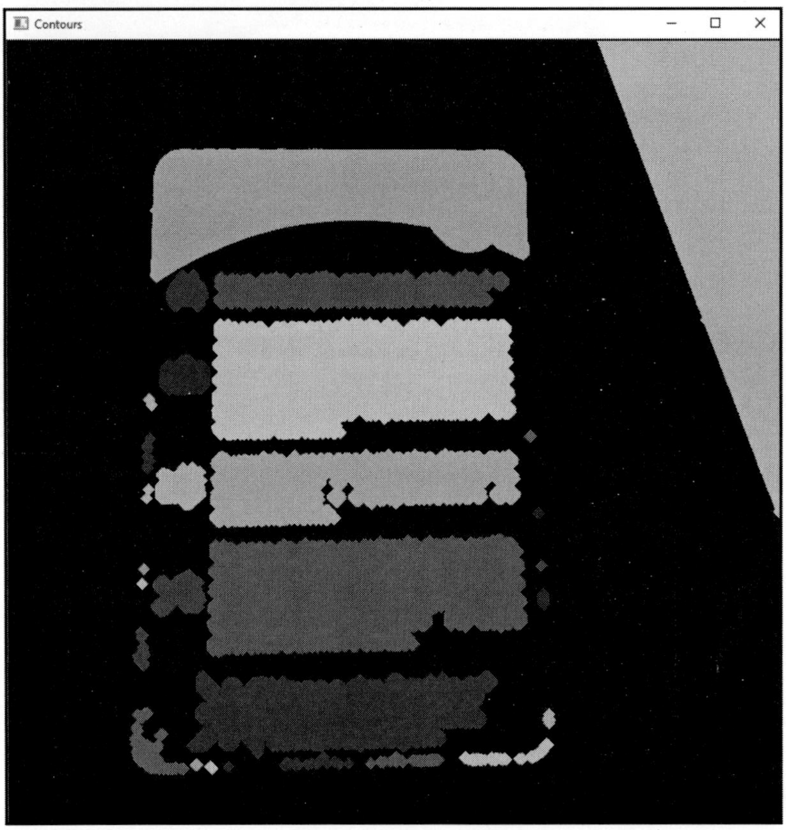

마지막 단계는 각 윤곽선 위에 회전을 고려한 바운딩 박스를 그립니다. OpenCV는 이 작업에 적합한 `minAreaRect` 함수를 제공합니다. 이 함수는 임의 점으로 구성된 벡터를 전달받고 바운딩 박스가 포함된 `RoundedRect`를 반환합니다. 이는 원치 않는 사각형, 즉 텍스트가 아닌 사각형을 제거할 수 있는 좋은 기회입니다. 우리는 OCR 애플리케이션을 구축하기 때문에, 텍스트 그룹이 포함되어 있다고 가정하겠습니다. 이러한 가정 하에, 다음과 같은 상황이면 텍스트를 제거합니다.

- 바운딩 박스의 너비 또는 높이가 20픽셀보다 작은 경우 텍스트를 제거합니다. 이는 경계에 있는 노이즈를 제거하는 데 도움이 됩니다.
- 바운딩 박스의 가로 세로 비율이 2보다 작은 경우 텍스트를 제거합니다. 즉, 이미지 내의 아이콘과 같이 정사각형과 비슷하거나 혹은 훨씬 큰 사각형이 제거됩니다.

두 번째 조건에서 주의해야 할 점이 있습니다. 여기서 회전된 바운딩 박스를 처리하기 위해, 바운딩 박스의 각도가 −45 보다 작은지 확인해야 합니다. 그럴 경우, 텍스트는 세로로 회전하게 되기 때문에 우리가 고려해야 할 비율은 높이/너비가 됩니다.

이를 다음 코드에서 확인할 수 있습니다:

```
//For each contour

vector;RotatedRect; areas;
for (const auto& contour : contours)
{
    //Find it's rotated rect
    auto box = minAreaRect(contour);

    //Discard very small boxes
    if (box.size.width 20 || box.size.height 20)
        continue;

    //Discard squares shaped boxes and boxes
    //higher than larger
```

```
    double proportion = box.angle -45.0 ?
        box.size.height / box.size.width :
        box.size.width / box.size.height;

    if (proportion 2)
        continue;

    //Add the box
    areas.push_back(box);
}
```

이 알고리즘이 선택한 바운딩 박스를 살펴보겠습니다:

결과가 아주 훌륭합니다!

앞의 코드 2단계에서 사용한 알고리즘 또한 단일 문자를 제거합니다. 이는 OCR 전처리기를 만드는 데 크게 문제가 되지 않으며, 페이지 번호와 같은 단일 기호는 대개 문맥 정보에 영향을 미치지 않습니다. 페이지 번호는 보통 페이지 하단에 단독으로 나타나는데, 이는 텍스트의 크기 및 비율에 방해가 될 수도 있기 때문에 이 과정을 통해 제거됩니다. 텍스트가 OCR을 통과한 후, 페이지 분할이 전혀 없는 방대한 양의 텍스트 파일이 생기므로 단일 문자 제거에 대해 신경쓰지 않아도 괜찮습니다.

이 모든 코드를 다음의 시그니처가 있는 함수에 삽입합니다:

```
vector RotatedRect; findTextAreas(Mat input)
```

텍스트 추출과 기울기 조정

이제, 우리가 해야 할 일은 텍스트를 추출하고 기울기를 조정해야 합니다. 이것은 `deskewAndCrop` 함수에 의해 수행됩니다:

```
Mat deskewAndCrop(Mat input, const RotatedRect& box)
{
    double angle = box.angle;
    auto size = box.size;

    //Adjust the box angle
    if (angle -45.0)
    {
        angle += 90.0;
        std::swap(size.width, size.height);
    }
    //Rotate the text according to the angle
    auto transform = getRotationMatrix2D(box.center, angle, 1.0);
    Mat rotated;
    warpAffine(input, rotated, transform, input.size(), INTER_CUBIC);
    //Crop the result
    Mat cropped;
```

```
    getRectSubPix(rotated, size, box.center, cropped);
    copyMakeBorder(cropped,cropped,10,10,10,10,BORDER_CONSTANT, Scalar(0));
    return cropped;
}
```

먼저, 관심 영역의 크기와 각도를 읽습니다. 앞에서 본 것처럼, 각도는 -45도보다 작을 수도 있습니다. 이는 텍스트가 세로로 정렬되었다는 뜻이기 때문에 회전 각도에 90도를 더하고 너비와 높이 속성을 교체해야 합니다. 다음으로, 텍스트를 회전해야 합니다. 먼저, 회전을 수행하는 2D 어파인(affine) 변환 행렬을 만들어야 합니다. OpenCV에 **getRotationMatrix2D** 함수를 사용하여 수행할 수 있습니다. 이 함수는 세 개의 매개변수를 사용합니다:

- CENTER: 회전 중심. CENTER를 중심으로 회전합니다. 예제의 경우, 바운딩 박스의 중심을 이용합니다.
- ANGLE: 회전 각도. 음수일 경우, 시계 방향으로 회전합니다.
- SCALE: 크기 배율. 바운딩 박스의 원래 크기를 유지하기 위해서 1.0을 사용합니다.

회전을 수행하기 위해서 이미지를 이동할 수 있는 **warpAffine** 함수를 사용합니다. 이 함수는 네 개의 필수 인수를 사용합니다:

- SRC: 변환할 원본 소스 **mat** 행렬
- DST: 연산 결과를 저장할 **mat** 행렬
- M: 어파인 변환 행렬. 크기는 2×3입니다. 이동, 크기 또는 회전 행렬로 표현될 수 있습니다. 예제에서는, 최근에 만든 행렬을 그대로 사용하겠습니다.
- SIZE: 출력 이미지의 크기. 입력 이미지와 같은 크기의 이미지를 생성합니다.

다음은 세 개의 옵션 인수입니다:

- FLAGS: 보간법 알고리즘. 품질 향상을 위해 **BICUBIC_INTERPOLATION**을 사용합니다. 기본 값은 **LINEAR_INTERPOLATION**입니다.
- BORDER: 경계 모드. 기본 값은 **BORDER_CONSTANT**입니다.
- BORDER VALUE: 경계선(border)의 색상. 기본 값은 검정색입니다. 그 다음,

getRectSubPix 함수를 사용합니다. 이미지를 회전시킨 후에, 바운딩 박스의 사각형 부분을 잘라야 합니다. 이 함수는 4개의 필수 인수와 1개의 옵션 인수를 사용하고 잘라낸 이미지를 반환합니다:

- IMAGE: 자를 이미지
- SIZE: 잘라낼 바운딩 박스의 너비와 높이를 나타내는 cv::Size 객체
- CENTER: 자를 영역의 중앙 픽셀. 중심을 기준으로 회전했기 때문에 중심은 변하지 않는다는 점을 기억하십시오.
- PATCH: 결과 이미지
- PATCH_TYPE: 결과 이미지의 깊이. 우리는 원본 소스 이미지와 동일한 깊이를 갖는 기본 값을 사용합니다.

마지막 단계는, copyMakeBorder 함수에 의해 수행됩니다. 이 함수는 이미지 둘레에 테두리를 추가합니다. 이는 텍스트 주변의 여백이 분류 기준이 될 수 있기 때문에 중요합니다. 함수의 매개변수는 매우 간단합니다: 입력 및 출력 이미지, 상단, 하단, 좌측 및 우측의 경계 두께, 경계 유형 및 새로운 경계의 색상입니다.

카드 이미지의 경우, 다음과 같은 이미지가 생성됩니다:

자, 이제 모든 함수를 합쳐보도록 하겠습니다. main 함수는 다음과 같은 내용을 수행합니다:

- 티켓 이미지를 로드합니다.
- 이진화 함수를 호출합니다.
- 모든 텍스트 영역을 검출합니다.
- 윈도우에 각 영역을 표시합니다.

main 함수 코드는 다음과 같습니다:

```
int main(int argc, char* argv[])
{
    //Loads the ticket image and binarize it
    auto ticket = binarize(imread("ticket.png"));
    auto regions = findTextAreas(ticket);
    //For each region
    for (const auto& region : regions) {
        //Crop
        auto cropped = deskewAndCrop(ticket, region);

        //Show
        imshow("Cropped text", cropped);
        waitKey(0);
        destroyWindow("Border Skew");
    }
}
```

전체 소스 코드는, segment.cpp 파일에서 확인할 수 있습니다.

운영체제에 맞는 Tesseract OCR 설치하기

Tersseract는 Hewlett-Packard Laboratories Bristol에서 개발되었으며 Hewlett-Packard Co.에서 오픈소스로 출시한 OCR 엔진입니다. 이 소프트웨어는 Apache 라이센스를 따르며, `https://github.com/tesseract-ocrGitHub`에서 호스팅되고 있습니다. 이는 통용되고 있는 OCR 엔진 중 가장 정확도가 높다고 평가되고 있으며 다양한 이미지 포맷을 읽을 수 있고 60개 이상의 언어로 쓰여진 텍스트를 인식할 수 있습니다. 이 섹션에서는, 윈도우나 Mac 환경에 Tesseract를 설치하는 방법을 알아보겠습니다. 이미 많은 리눅스 배포판이 있기 때문에, 리눅스에 대한 설치 방법은 다루지 않습니다. Tesseract는 저장소에 설치 패키지를 제공하고 있으므로, 직접 Tesseract 패키지를 검색해보는 것을 추천합니다.

윈도우용 Tesseract 설치하기

Tesseract 패키지는 **C++ Archive Network(CPPAN)**를 통해 다운로드 가능합니다. Tesseract 설치를 위해서 다음 단계를 수행하십시오.

최신 라이브러리 만들기

1. `https://cppan.org/client/`에서 최신 CPPAN 클라이언트를 다운로드합니다.
2. 커맨드라인에서 `cppan --build pvt.cppan.demo.google.tesseract.tesseract-master`를 실행합니다.

Visual Studio에서 Tesseract 설치하기

1. `https://github.com/Microsoft/vcpkg`에서 Visual C++ 패키지 매니저인 `vcpkg`를 설정합니다.
2. 64비트 설치 시, `vcpkg install tesseract:x64-windows` 명령을 수행합니다. master 브랜치에 `--head`를 추가할 수도 있습니다.

정적 링크

프로젝트에서 Tesseract를 정적 링킹(`https://github.com/tesseract-ocr/tesseract/wiki/Compiling#static-linking`)할 수도 있습니다. 이렇게 하면 `dll`이 실행 파일과 함께 패키징되지 않아도 됩니다. 이전과 마찬가지로 `vcpkg`를 이용하여 32비트를 설치하려면 다음을 명령행에 입력하십시오:

```
vcpkg install tesseract:x86-windows-static
```

64비트 설치는 다음을 명령행에 입력하십시오:

```
vckpg install tesseract:x64-windows-static
```

Mac용 Tesseract 설치하기

Mac용 Tesseract를 설치하는 가장 쉬운 방법은 MacOS용 패키지 관리자 Homebrew를 사용하는 것입니다. Homebrew를 설치하기 위해서 Homebrew 사이트(`http://brew.sh/`)에 접속하여, 콘솔을 열고 첫 페이지에 있는 명령어를 복사하여 붙여넣은 후 실행합니다. 이후, Mac 로그인에 사용되는 비밀번호를 입력하면 됩니다.

Homebrew 설치 후에 다음을 명령행에 입력하십시오:

```
brew install tesseract
```

Tesseract 설치 시 기본 언어는 영어입니다. 다른 언어팩를 설치하고 싶다면, 다음을 명령행에 입력하십시오:

```
brew install tesseract --all-languages
```

이 명령으로 모든 언어팩이 설치됩니다. 이후 Tesseract 설치 디렉토리에서 사용하지 않는 언어는 제거할 수 있습니다. Homebrew는 일반적으로 `/usr/local/` 디렉토리에 파일을 설치합니다.

Tesseract OCR 라이브러리 사용

Tesseract OCR은 이미 OpenCV 3.0에서 지원하고 있으며, 매개변수를 보다 세부적으로 제어할 수 있기 때문에 API를 연구할 가치가 있습니다. 이 내용은 11장 'Tesseract를 활용한 텍스트 인식'에서 다루겠습니다.

OCR 함수 만들기

Tesseract와 연동이 되도록 기존 예제를 변경해보겠습니다. `tesseract/baseapi.h`와 `fstream`를 `include`합니다:

```
#include opencv2/opencv.hpp;
#include tesseract/baseapi.h;

#include vector;
#include fstream;
```

그런 다음, Tesseract OCR 엔진을 나타내는 `TessBaseAPI` 객체를 생성합니다:

```
tesseract::TessBaseAPI ocr;
```

TIP

OCR 엔진은 완전히 독립적입니다. 멀티 스레드 OCR 소프트웨어를 만들기 위해서는 각 스레드마다 다른 `TessBaseAPI` 객체를 추가하면 스레드 실행이 안전합니다. 파일 쓰기 작업을 동일한 파일에 기록 되지 않도록 해야 합니다. 그렇지 않을 경우, 이 작업에 대한 안전성을 보장하기 어렵습니다.

다음으로, OCR을 실행할 identifyText 함수를 만들겠습니다:

```
const char* identifyText(Mat input, const char* language = "eng")
{
    ocr.Init(NULL, language, tesseract::OEM_TESSERACT_ONLY);
    ocr.SetPageSegMode(tesseract::PSM_SINGLE_BLOCK);
```

```
    ocr.SetImage(input.data, input.cols, input.rows, 1, input.step);
    const char* text = ocr.GetUTF8Text();
    cout "Text:" endl;
    cout text endl;
    cout "Confidence: " ocr.MeanTextConf() endl;
    // Get the text
    return text;
}
```

코드를 한 줄씩 살펴봅시다. 첫 번째 줄에서, `Init` 함수를 호출하여 `tesseract`를 초기화합니다. 이 함수의 시그니처는 다음과 같습니다:

```
int Init(const char* datapath, const char* language, OcrEngineMode oem)
```

각 매개변수를 살펴봅시다:

- `datapath`: `tessdata` 파일의 루트 디렉터리 경로입니다. 경로는 백슬래시 "/"로 끝나야 합니다. `tessdata` 디렉토리에는 설치한 언어 파일이 포함되어 있습니다. 이 매개변수에 `NULL`을 전달하면 `tesseract` 기본 설치 디렉토리를 검색하게 됩니다. 애플리케이션을 배포할 때 이 값을 `args[0]`로 변경하고 경로에 `tessdata` 폴더를 포함하는 것이 일반적입니다.
- `language`: 언어 코드를 나타내기 위해 세 글자로 표시합니다(예를 들면, 영어는 eng, 포르투갈어는 por, 힌디어는 hin으로 표기). Tesseract는 "+" 기호를 사용하여 다중 언어를 지원합니다. 따라서, `eng+por`를 입력하면 영어와 포르투갈어 둘 다 인식합니다. 물론, 미리 설치한 언어만 사용할 수 있습니다. 그렇지 않을 경우, 로딩 프로세스는 실패합니다. 그리고 두 개 이상의 언어를 함께 로딩하는 것을 방지하기 위해서 "~"를 사용합니다. 예를 들면 `hin+~eng`라고 입력하면 두 가지 언어가 함께 지정되어 있더라도 영어가 힌두어와 함께 로딩되지 않도록 수행합니다.
- `OcrEngineMode`: OCR 알고리즘으로써 다음 값들 중 하나를 선택할 수 있습니다:

- OEM_TESSERACT_ONLY: `tesseract`만 사용합니다. 가장 빠르지만 정확성이 떨어집니다.
- OEM_CUBE_ONLY: Cube 엔진을 사용합니다. 느리지만 더 정확합니다. 해당 언어가 이 엔진 모드를 지원하도록 설정된 경우에만 작동합니다. 작동이 되는지 확인하려면, `tessdata` 폴더에서 해당 언어에 대한 `.cube` 파일을 찾아보세요. 영어는 기본적으로 지원됩니다.
- OEM_TESSERACT_CUBE_COMBINED: Tesseract와 Cube를 결합하여 최고 성능의 OCR 분류기를 생성합니다. 이 엔진은 실행 시간이 가장 오래 걸리지만 정확합니다.
- OEM_DEFAULT: 언어 설정 및 명령행 설정을 기반으로 방법을 채택하는데, 둘 다 없을 경우 OEM_TESSERACT_ONLY를 사용합니다.

중요한 것은 `Init` 함수가 여러 번 실행될 수 있다는 점입니다. 동일한 매개변수를 사용하면, 명령을 무시하고 다른 언어 및 엔진 모드를 사용하면, Tesseract는 기존 설정을 지우고 다시 시작할 정도로 똑똑합니다. `init` 함수는 성공 시 `0`을, 실패 시는 `-1`을 반환합니다.

페이지 분할 모드를 설정하여 다음 프로그램을 계속 진행합니다:

```
ocr.SetPageSegMode(tesseract::PSM_SINGLE_BLOCK);
```

다양한 분할 모드가 있습니다:

- PSM_OSD_ONLY: 이 모드를 사용하여, Tesseract는 전처리 알고리즘만 실행하여 방향 탐지 및 스크립트를 검출합니다.
- PSM_AUTO_OSD: 이 모드를 사용하여, Tesseract가 방향 탐지 및 스크립트 검출을 통해 자동 페이지 분할을 수행합니다.
- PSM_AUTO_ONLY: 이 모드를 사용하여, 페이지 분할은 수행하지만 방향 탐지, 스크립트 검출 또는 OCR은 수행하지 않습니다.
- PSM_AUTO: 이 모드를 사용하여, 페이지 분할 및 OCR은 수행하지만 방향 탐지 또는 스크립트 검출 작업은 수행하지 않습니다.

- PSM_SINGLE_COLUMN: 이 모드를 사용하여, 다양한 크기의 텍스트가 한 열에 표시된다고 가정합니다.
- PSM_SINGLE_BLOCK_VERT_TEXT: 이 모드를 사용하여, 이미지를 수직 정렬된 텍스트의 싱글 블록으로 처리합니다.
- PSM_SINGLE_BLOCK: 이 모드를 사용하여, 싱글 텍스트 블록을 가정합니다. 전처리 단계에서 이러한 조건을 보장하기에 이를 사용합니다.
- PSM_SINGLE_LINE: 이 모드를 사용하여, 이미지에 한 줄의 텍스트만 포함되어 있음을 나타냅니다.
- PSM_SINGLE_WORD: 이 모드를 사용하여, 이미지에 한 개의 단어만 포함되어 있음을 나타냅니다.
- PSM_SINGLE_WORD_CIRCLE: 이 모드를 사용하여, 이미지가 원 안에 배치된 한 단어임을 나타냅니다.
- PSM_SINGLE_CHAR: 이 모드를 사용하여, 이미지에 한 개의 문자만 포함되어 있음을 나타냅니다.

대부분의 OCR 라이브러리와 마찬가지로, Tesseract는 기울기 보정 및 텍스트 분할 알고리즘이 이미 구현되어 있습니다. 그러나 특정한 요구사항 발생 시에 전처리 단계를 제공해야 하는 일이 생길 수 있기 때문에, 알고리즘에 대해 알아두는 것이 도움이 될 수 있습니다. 이를 통해 많은 사례의 텍스트 검출 성능을 향상시킬 수 있기 때문입니다. 예를 들어, 세월이 많이 지난 문서를 위한 OCR 애플리케이션을 제작하는 경우, Tesseract의 기본 임계값을 사용하면 어두운 배경으로 인해 검은 텍스트를 인식할 수 없거나 심각한 텍스트 기울어짐으로 인식하지 못할 수도 있습니다.

다음 시그니처를 사용하여 `SetImage` 함수를 호출합니다:

```
void SetImage(const unsigned char* imagedata, int width,
  int height, int bytes_per_pixel, int bytes_per_line);
```

대부분의 매개변수는 그 이름 자체로 의미가 전달되고, 간단하게 `Mat` 객체에서 직접 읽을 수 있습니다:

- data: 이미지 데이터를 포함한 원시 바이트 배열. OpenCV에는 데이터에 대한 직접적인 포인터를 제공하는 Mat 클래스의 data() 함수가 있습니다.
- width: 이미지 너비
- height: 이미지 높이
- bytes_per_pixel: 픽셀 당 바이트 수. 이진 이미지를 취급하므로 1을 사용합니다. 코드를 일반화하려면 동일한 정보를 제공하는 Mat::elemSize() 함수를 사용할 수도 있습니다.
- bytes_per_line: 라인당 바이트 수. 일부 이미지에는 트레일링 바이트가 추가될 수 있기 때문에 Mat::step 속성을 사용합니다.

그런 다음, 인식을 실행하기 위해 GetUTF8Text를 호출합니다. 인식된 텍스트가 반환되고, BOM(Byte Order Mark)없이 UTF8로 인코딩됩니다. 반환하기 전에, 디버그 정보도 출력됩니다.

MeanTextConf는 0부터 100까지의 숫자로 신뢰도를 반환합니다:

```
auto text = ocr.GetUTF8Text();
cout   "Text:"   endl;
cout   text   endl;
cout   "Confidence: "   ocr.MeanTextConf()   endl;
```

출력을 파일로 전송하기

파일을 출력하도록 main 함수를 변경해봅시다. 표준 ofstream을 사용하여 다음을 수행합니다:

```
int main(int argc, char* argv[])
{
    //Loads the ticket image and binarize it
    Mat ticket = binarize(imread("ticket.png"));
    auto regions = findTextAreas(ticket);
```

```
    std::ofstream file;
    file.open("ticket.txt", std::ios::out | std::ios::binary);

    //For each region
    for (const auto& region : regions) {
        //Crop
        auto cropped = deskewAndCrop(ticket, region);
        auto text = identifyText(cropped, "por");
        file.write(text, strlen(text));
        file endl;
    }
    file.close();
}
```

다음 코드는 binary 파일 모드로 오픈합니다:

```
file.open("ticket.txt", std::ios::out | std::ios::binary);
```

Tesseract는 유니코드에서 사용할 수 있는 특수 문자를 고려하여 UTF-8로 인코딩된 텍스트를 반환하므로 이 작업은 굉장히 중요합니다. 다음 명령을 사용하여 출력해 보겠습니다:

```
file.write(text, strlen(text));
```

이 예제는 포르투갈어(이 티켓이 포르투갈어로 작성)를 입력 언어로 사용하여 인식 함수를 호출하였습니다. 다른 언어로 작성된 이미지를 사용해도 좋습니다.

> 전체 소스 파일은 `segmentOcr.cpp` 파일에서 확인할 수 있습니다.

TIP

이 코드를 학습하면서 결과 이미지를 출력해보고 싶을 것이라 생각하여, 저해상도 `ticket.png`를 사용했습니다. 이 이미지에 대한 Tesseract 인식 결과는 다소 좋지 않습니다. 제공되는 고해상도 이미지 `ticketHigh.png` 파일을 사용해서 테스트할 수도 있습니다. 이 이미지로 테스트하기 위해서는, 팽창 연산을 12번 반복하고 바운딩 박스 크기를 20부터 60사이 값으로 변경해야 합니다. 고해상도 이미지에 대해 대부분의 텍스트를 인식할 수 있으므로 높은 성능(약 87%) 결과를 얻을 수 있습니다. `segmentOcrHigh.cpp` 파일에서 내용을 확인할 수 있습니다.

요약

이번 장에서는, OCR 애플리케이션에 대해 간략하게 소개했습니다. 인식하려는 문서의 유형에 따라 적절한 전처리 단계를 수행해야 한다는 것을 알 수 있었습니다. 이를 위해, 임계값 지정, 자르기, 기울기, 텍스트 영역 분할과 같은 텍스트 파일의 전반적인 전처리 작업 과정에 대해 설명했습니다. 마지막으로, Tesseract OCR를 설치하고 이를 사용하여 이미지의 텍스트를 인식하는 방법을 살펴보았습니다.

다음 장에서는, 카메라로 찍은 사진이나 영상 속의 텍스트를 식별하는 '장면 문자 인식'이라는 이름의 조금 더 정교한 OCR 기술을 배워보도록 하겠습니다. 이러한 시나리오에서 텍스트는 다양한 위치, 다양한 형태의 글꼴과 다양한 조명 및 방향으로 존재할 수 있기 때문에 훨씬 더 복잡합니다. 심지어 텍스트가 전혀 존재하지 않을 수도 있습니다. 또한, Tesseract와 완전히 통합된 OpenCV 3.0 텍스트 contrib 모듈을 사용하는 방법에 대해 학습하도록 하겠습니다.

CHAPTER 11

Tesseract를 활용한 텍스트 인식

10장 '텍스트 인식을 위한 분할 알고리즘'에서, 아주 기본적인 OCR 기술을 다루었습니다. 이 기술은 문서를 사진으로 찍거나 스캔한 경우에 꽤나 유용한 것은 사실이지만, 사진에 우연히 나타나는 텍스트들에 적용하기는 어렵습니다.

이 장에서는 영상에 나타나는 텍스트를 탐지하기 위한 OpenCV 4.0 텍스트 모듈을 살펴보겠습니다. 이 API를 사용하면 웹캠 영상 및 사진(스트리트 뷰 또는 CCTV 촬영 이미지와 같은) 이미지를 분석하여 실시간으로 텍스트 정보를 추출할 수 있습니다. 이를 통해 접근성, 마케팅, 로봇 공학 등 다양한 분야의 애플리케이션에 활용할 수 있습니다.

이 장이 끝날 때, 여러분은 다음을 수행할 수 있습니다:

- 장면 텍스트 인식 개념 이해
- 텍스트 API 작동 방식 이해
- OpenCV 4.0 텍스트 API 활용
- 이미지에서 인식된 텍스트 추출
- 텍스트 인식을 위해 Tesseract와 텍스트 API 통합

기술적 요구사항

이 장을 이해하기 위해서는 기본 C++ 프로그래밍 언어에 익숙해야 합니다. 이 장에서 사용된 모든 코드는 다음 GitHub 링크에서 다운로드할 수 있습니다: `https://`

github.com/PacktPublishing/Learn-OpenCV-4-By-Building-Projects-Second-Edition/tree/ master/Chapter_011. 다운로드받은 코드는 모든 운영 체제에서 실행될 수 있지만, 우분투(Ubuntu) 운영체제에서만 테스트되었습니다.

다음 링크에서 코드실행 동영상을 확인할 수 있습니다:
http://bit.ly/2Slht5A

텍스트 API 작동 방식

텍스트 API는 2012년 CVPR(computer vision and pattern recognition) 컨퍼런스에서 발표된 '*Real-Time Scene Text Localizatio and Recognition*' 논문에서 *Lukás Neumann-Jiri Matas*가 제안한 알고리즘을 구현한 것입니다. 이 알고리즘은 CVPR 데이터베이스뿐만 아니라 구글 스트리트뷰 데이터베이스에서도 최고 성능을 보이면서 장면 텍스트 검출 성능 또한 크게 향상되었습니다. API를 사용하기 전에 장면 텍스트 검출 알고리즘 작동 방식과 야기될 수 있는 문제의 해결법을 살펴보겠습니다.

주의: OpenCV 4.0 텍스트 API는 OpenCV 표준 모듈에 제공되지 않습니다. 이 모듈은 OpenCV `contrib` 패키지에 있는 추가 모듈입니다. Windows Installer를 사용하여 OpenCV를 설치한 경우, 1장 'OpenCV 시작하기'를 다시 확인하십시오. 해당 장에서 모듈 설치 방법을 안내합니다.

장면 검출 문제점

장면에 임의로 나타나는 텍스트를 탐지하는 것은 생각보다 어렵습니다. 텍스트를 인식할 때 몇 가지 고려해야 할 사항이 있습니다:

- **입체성**: 텍스트는 크기, 방향 또는 원근감을 다양하게 적용할 수 있습니다. 또한 텍스트가 부분적으로 가려지거나 연결 끊김이 발생할 수 있습니다. 이렇듯 이미지에는 다양한 효과를 적용한 텍스트가 나타날 수 있습니다.
- **다양성**: 텍스트는 다양한 글꼴과 색상으로 표현될 수 있습니다. 글꼴에는 윤곽

선이 있고 배경은 어둡거나 밝거나 혹은 복잡할 수 있습니다.

- **조명과 그림자**: 시간이 지남에 따라 햇빛의 위치가 변하므로 외형의 색상이 변할 수 있습니다. 안개나 비와 같은 날씨 조건은 노이즈를 발생시킬 수 있습니다. 조명은 폐쇄된 공간에서 문제가 될 수 있습니다. 색이 있는 물체에 반사된 빛이 텍스트에 영향을 주기 때문입니다.
- **블러링**: 카메라 렌즈 초점이 맞지 않는 경우에 텍스트 블러링 효과가 나타날 수 있습니다. 카메라의 움직임, 원근감이 있는 텍스트 또는 안개 낀 날씨에도 텍스트가 흐려 보일 수 있습니다.

다음은 이러한 문제점을 보여주는 구글 스트리트뷰 이미지가 있습니다. 하나의 이미지에서 어떻게 이러한 문제가 동시에 발생하는지 확인해 보겠습니다:

이미지에 텍스트 탐지를 하기 위해서 픽셀 수가 n개일 때 2^n개의 하위 집합을 탐색해야 하므로 계산량이 많습니다.

계산 복잡도를 줄이기 위해 일반적으로 두 가지 전략을 사용합니다:

- **슬라이딩 윈도우를 사용하여 사각형 이미지의 하위 집합만 검색하기**: 이 전략은 탐색해야 할 하위 집합의 수를 줄여줍니다. 영역의 크기는 고려할 텍스트의 복잡성에 따라 달라질 수 있으며, 텍스트 회전만 고려하는 알고리즘은 회전, 왜

곡, 원근과 같은 요소들을 한 번에 고려해야 하는 알고리즘과 비교하여 작은 값을 사용할 수 있습니다. 이 방식의 장점은 단순하다는 것인데, 대개 글꼴의 범위가 한정되어 있고, 보통 특정 단어에 국한됩니다.

- **연결 성분 분석하기**: 이 접근 방식은 픽셀을 유사한 속성을 가진 영역으로 그룹화할 수 있다고 가정합니다. 이렇게 그룹핑된 영역이 문자로 식별될 가능성이 더 높습니다. 이 방식의 장점은 텍스트 속성(방향, 크기, 글꼴 등)에만 의존하지 않으며, OCR 텍스트 단락 분할에 활용할 수도 있습니다. 이것은 10장 '텍스트 인식을 위한 분할 알고리즘'에서 사용한 방식입니다. 조명으로 인해 글자에 그림자가 드리워져 두 개의 뚜렷한 영역을 만드는 경우는 결과에 영향을 미칠 수 있습니다. 특히나 움직이는 차량 영상(예를 들어, 드론 또는 자동차)에서의 장면 검출은 프레임마다 조명 조건이 다르지만 그럼에도 불구하고 이 전략으로 텍스트 탐지를 수행하는 것이 가능합니다.

OpenCV 4.0은 연결 성분 분석을 수행하고 외부 영역을 탐색하기 위해 두 번째 전략 알고리즘을 사용합니다.

극치 영역(Extremal regions)

극치 영역은 일반적으로 배경과 구분되기 쉬운 일정한 밝기 값을 가진 영역입니다. 안정적인 영역은 해당 영역이 임계값 분산에 얼마나 저항성이 있는지 계산하여 측정할 수 있습니다. 이러한 분산은 간단한 알고리즘을 사용하여 측정 가능합니다:

1. 임계값을 적용한 A 이미지를 생성합니다. 연결된 픽셀 영역(극치 영역)을 탐지합니다.
2. 임계값을 델타 값만큼 증가시켜 B 이미지를 생성합니다. 연결된 픽셀 영역(극치 영역)을 탐지합니다.
3. A 이미지와 B 이미지를 비교합니다. A 이미지의 영역이 B 이미지의 영역과 유사한 경우 tree에서 같은 가지를 추가합니다. 유사성 기준은 구현할 때마다 다를 수 있지만, 대개 이미지 영역의 모양과 관련이 있습니다. A 이미지의 영역이 B 이미지 영역과 큰 차이가 있는 경우 새 영역에 대해 두 개의 가지를 생성하고 이전 가지와 연결합니다.

4. A = B로 설정하고 최대 임계값이 적용될 때까지 2단계로 돌아가서 반복 수행합니다.

이 과정을 수행하면 다음과 같이 tree를 구성할 수 있습니다:

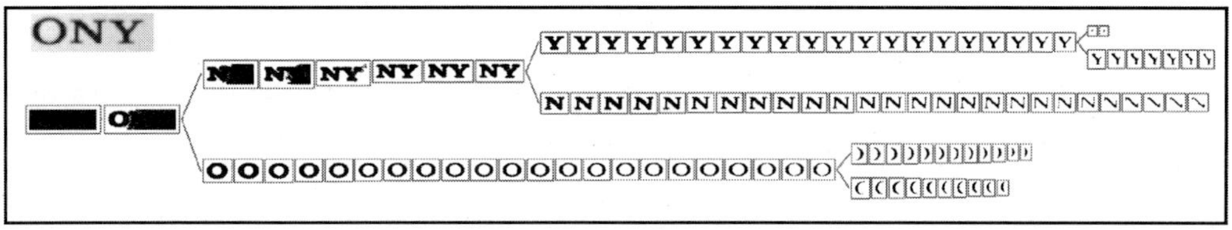

분산에 대한 저항은 동일한 레벨에 있는 노드의 수를 집계하여 결정됩니다. 이 트리를 분석하여, **maximally stable extremal regions(MSERs)**, 즉 다양한 임계값에 대해 안정적으로 유지되는 영역을 결정할 수 있습니다. 이전 다이어그램에서, 영역에는 O, N 및 Y 문자를 포함하고 있습니다. maximally extremal regions의 주된 단점은 블러링된 곳에 대해 결정력이 약하다는 것입니다. OpenCV **feature2d** 모듈은 MSER 특징 탐지기를 제공합니다. 극치 영역(Extremal regions)은 조명, 크기 및 방향에 효과적입니다. 또한 글꼴의 변화에도 민감하지 않으므로 텍스트 검출에 적합합니다. 그리고 각 영역은 텍스트 경계 결정, 어파인 변환 및 수치를 사용하여 결정할 수 있습니다. 마지막으로, 전체 프로세스 수행속도가 매우 빠르기 때문에 실시간 애플리케이션에 매우 적합합니다.

극치 영역 필터링

*Neumann-Matas*가 제안한 알고리즘은 극치 영역(extremal region)을 탐색한다는 점에서 MSERs와 유사한 접근 방식이지만, 텍스트 탐지를 위해 모든 극치 영역(extremal regions)을 훈련된 분류기에 차례로 전달하는 방법을 사용합니다. 이 분류기는 두 단계로 동작합니다:

1. 첫 번째, 각 영역에 대한 기술자(바운딩 박스, 둘레, 면적 및 오일러 수)를 단계적으로 계산합니다. 이러한 기술자는 영역이 알파벳 문자를 포함할 가능성을 추정하는 분류기에 전달됩니다. 이때 텍스트를 포함할 확률이 높은 영역만 2단계에서 사용됩니다.

2. 두 번째, 전체 면적 비율과 볼록 포(convex hull) 비율에 대한 특징과 외부 경계 굴곡점의 개수를 계산합니다. 이는 분류기가 텍스트 아닌 문자를 제거할 수 있도록 자세한 정보를 제공하지만, 처리 속도는 훨씬 느려집니다.

이 프로세스는 OpenCV에 ERFilter 클래스를 사용합니다. *R*, *G*, *B*, 명도 또는 그레이스케일 변환과 같은 다양한 싱글 채널 이미지를 사용하여 텍스트 인식률을 높일 수 있습니다. 마지막으로, 모든 문자를 텍스트 블록(단어 또는 단락과 같은)으로 그룹화해야 합니다. 이 목적으로, OpenCV 3.0은 다음 두 가지 알고리즘을 제공합니다:

- **가지치기 완전 탐색**: 2011년 Mattas에 의해 제안된 이 알고리즘은 사전 학습이나 분류를 필요로 하진 않지만, 가로로 정렬된 텍스트로 제한됩니다.
- **방향이 있는 텍스트 기반 계층적 방법**: 모든 방향의 텍스트를 처리할 수 있지만 학습된 분류기가 필요합니다.

> 이러한 작업에는 분류기가 필요하므로 학습된 모델을 입력으로 제공해야 합니다. OpenCV 4.0은 다음과 같은 몇 가지 모델을 샘플 패키지에 제공합니다: `https://github.com/opencv/opencv_contrib/tree/master/modules/text/samples`. 이것은 이 알고리즘이 학습에 사용된 글꼴에 민감하다는 것을 알 수 있습니다.

Neumann이 제공하는 영상에서 이 알고리즘의 데모를 확인할 수 있습니다: `https://www.youtube.com/watch?v=ejd5gGea2Fofeature=youtu.be`. 텍스트 분할이 수행되었다면 10장 '텍스트 인식을 위한 분할 알고리즘'과 같이 Tesseract OCR 엔진으로 텍스트를 인식할 수 있습니다. 다만, Tesseract과 같은 특정 OCR 엔진 활용하기 위해서 Opencv 텍스트 모듈을 사용해야 합니다.

텍스트 API 사용하기

이제 개념은 충분히 이해했습니다. 실제로 텍스트 모듈이 어떻게 작동하는지 살펴보겠습니다. 이 모듈은 텍스트를 탐지, 추출 및 인식하는 데 사용할 수 있습니다.

텍스트 검출

ERFilters를 사용하여 텍스트를 분할할 수 있는 간단한 프로그램을 만드는 것부터 시작하겠습니다. 이 프로그램은 텍스트 API에서 제공하는 학습된 분류기를 사용합니다. 이는 OpenCV git 저장소에서 다운로드하거나 이 책에서 설명하는 코드에서도 확인할 수 있습니다.

먼저, 필요한 모든 라이브러리를 포함합니다:

```
#include    "opencv2/highgui.hpp"
#include    "opencv2/imgproc.hpp"
#include    "opencv2/text.hpp"

#include    <vector>
#include    <iostream>

using namespace std;
using namespace cv;
using namespace cv::text;
```

극치 영역(Extremal region) 필터링에서 살펴보았듯이 `ERFilter`는 이미지의 멀티 채널을 분리한 싱글 채널에서 작동합니다. 따라서 원하는 싱글 채널로 분리하여 `cv::Mat` 배열에 넣어줍니다. 이 작업은 `separateChannels` 함수를 통해 수행됩니다:

```
vector<Mat> separateChannels(const Mat& src)
{
    vector<Mat> channels;
    //Grayscale images
    if (src.type() == CV_8U || src.type() == CV_8UC1) {
        channels.push_back(src);
        channels.push_back(255-src);
        return channels;
}
```

```
    //Colored images
    if (src.type() == CV_8UC3) {
        computeNMChannels(src, channels);
        int size = static_cast<int>(channels.size())-1;
        for (int c = 0; c < size; c++)
            channels.push_back(255-channels[c]);
        return channels;
    }

    //Other types
    cout << "Invalid image format!" << endl;
    exit(-1);
}
```

먼저 이미지가 싱글 채널(그레이스케일 이미지)인지 확인합니다. 싱글 채널이 맞다면, 이 이미지를 다르게 처리할 필요없이 추가하기만 하면 됩니다. 그렇지 않으면 RGB 이미지인지 확인합니다. 컬러 이미지의 경우 멀티 채널을 싱글 채널로 분할하는 computeNMChannels 함수를 호출합니다. 이 함수는 다음과 같이 정의합니다:

```
void computeNMChannels(InputArray src, OutputArrayOfArrays channels, int
mode = ERFILTER_NM_RGBLGrad);
```

다음은 computeNMChannels 함수에서 사용하는 매개변수입니다:

- src: 원본 입력 배열입니다. 8UC3 타입의 컬러 이미지입니다.
- channels: 결과 채널인 Mat형 배열입니다.
- mode: 계산할 채널을 정의합니다. 두 가지 옵션이 있습니다:
  - ERFILTER_NM_RGBLGrad: RGB 색상, 밝기 및 그레디언트 크기를 채널로 사용할지 여부를 나타냅니다(기본값).
  - ERFILTER_NM_IHSGrad: HSI 색상 및 그레이디언트 크기에 따라 이미지를 분리할지 여부를 나타냅니다.

그리고, 벡터에 있는 모든 색 성분을 반전시켜서 추가합니다. 일반적으로, 이미지에서 세 개의 채널(*R*, *G* 및 *B*) 정도면 충분합니다. 반전-그레이스케일(de-grayscaled) 색 분리처럼, 반전되지 않은 채널을 추가할 수도 있지만 시스템 메모리 사용량을 증가시키므로 6개의 채널만 사용하도록 하겠습니다. 물론, 더 나은 성능을 기대한다면 다른 이미지를 자유롭게 테스트해 볼 수도 있습니다. 이때, 다른 종류의 이미지가 제공되면 이 함수는 오류 메시지와 함께 프로그램이 종료됩니다.

색 성분 반전이 추가되므로, 알고리즘은 어두운 배경에서의 밝은 텍스트와 밝은 배경에서의 어두운 텍스트 모두 처리합니다. 그러나 그레이디언트 크기에 반전을 추가하는 것은 별 의미가 없습니다.

main 함수를 살펴보겠습니다. 이 프로그램을 사용하여 소스 코드와 함께 제공되는 `easel.png`를 분할합니다:

이 사진은 길을 걷다가 휴대폰 카메라로 찍은 사진입니다. 이미지의 이름을 첫 번째 인수로 제공하여 다른 이미지도 쉽게 사용할 수 있도록 코드를 유용하게 작성하였습니다:

```
int main(int argc, const char * argv[])
{
    const char* image = argc < 2 ? "easel.png" : argv[1];
    auto input = imread(image);
```

그 다음, RGB를 그레이 스케일로 변환하고 `separateChannels` 함수를 호출하여 이미지 채널을 분리합니다:

```
    Mat processed;
    cvtColor(input, processed, COLOR_RGB2GRAY);

    auto channels = separateChannels(processed);
```

컬러 이미지의 모든 채널을 사용하려면, 위 코드의 처음 두 줄을 다음과 같이 바꾸면 됩니다:

```
Mat processed = input;
```

2개의 채널(그레이스케일 이미지와 반전) 대신 6개의 채널(RGB 이미지 및 반전)을 분석해야 합니다. 사실, 프로그램 성능에 비해 처리 시간이 훨씬 더 깁니다. 채널이 준비된 상태에서, 두 단계에 걸쳐 `ERFilter`를 생성합니다. 다행히도, OpenCV contrib 텍스트 모듈은 다음과 같은 함수를 제공합니다:

```
// Create ERFilter objects with the 1st and 2nd stage classifiers
auto filter1 = createERFilterNM1(
    loadClassifierNM1("trained_classifierNM1.xml"), 15, 0.00015f,
    0.13f, 0.2f,true,0.1f);

auto filter2 = createERFilterNM2(
    loadClassifierNM2("trained_classifierNM2.xml"),0.5);
```

첫 번째 단계에서, `loadClassifierNM1` 함수를 호출하여 이전에 학습된 분류 모델을 로드합니다. 이때, 매개변수는 학습 데이터를 포함하는 .xml 파일입니다. 그런 다음, createERFilterNM1을 호출하여 분류를 수행할 ERFilter 클래스의 인스턴스를 만듭니다. 이 함수는 다음과 같은 시그니처를 갖습니다:

```
Ptr<ERFilter> createERFilterNM1(const Ptr<ERFilter::Callback>& cb, int
thresholdDelta = 1, float minArea = 0.00025, float maxArea = 0.13, float
minProbability = 0.4, bool nonMaxSuppression = true, float
minProbabilityDiff = 0.1);
```

이 함수의 매개변수는 다음과 같습니다:

- cb: loadCassifierNM1 함수 호출로 로드된 분류 모델과 같습니다.
- thresholdDelta: 반복 수행시 임계값에 더해지는 값입니다. 기본값은 1이지만 예제에서는 15를 사용합니다.
- minArea: 텍스트를 찾을 수 있는 extremal regions(ER)의 최소 영역입니다. 이는 이미지 크기의 백분율로 측정됩니다. 이 값보다 작은 영역의 ER은 즉시 제거됩니다.
- maxArea: 텍스트를 찾을 수 있는 ER의 최대 영역입니다. minArea와 마찬가지로 이미지 크기의 백분율로 측정됩니다. 이 값보다 큰 영역의 ER은 즉시 제거됩니다.
- minProbability: 다음 단계를 유지하기 위해 영역이 문자일 최소 확률입니다.
- nonMaxSupression: 각 분기 확률로 비최대 억제 과정을 수행했는지 여부를 나타냅니다.
- minProbabilityDiff: 최소 ER과 최대 ER 간 최소 확률 차이입니다.

두 번째 단계의 처리 과정도 비슷합니다. 이 단계에서 사용할 분류 모델을 불러오기 위해 loadClassifierNM2를 호출하고 분류기를 생성하기 위해 createERFilterNM2를 호출합니다. 이 함수는 로드된 분류 모델을 입력 매개변수로 사용합니다. 또한 영역이 문자로 간주되기 위해 필요한 최소 확률만 가져옵니다. 각 채널에서 이 알고리즘들을 호출하여 모든 가능한 텍스트 영역을 식별합니다:

```
//Extract text regions using Newmann & Matas algorithm
cout << "Processing " << channels.size() << " channels...";
cout << endl;
vector<vector<ERStat> > regions(channels.size());
for (int c=0; c < channels.size(); c++)
{
    cout << " Channel " << (c+1) << endl;
    filter1->run(channels[c], regions[c]);
    filter2->run(channels[c], regions[c]);
}
filter1.release();
filter2.release();
```

위의 코드에서는, `ERFilter` 클래스의 `run` 함수를 사용했습니다. 이 함수는 두 개의 인수를 사용합니다:

- input channel: 처리할 이미지입니다.
- regions: 알고리즘의 첫 번째 단계에서는 검출된 영역을 의미합니다. 두 번째 단계('`filter2`'로 수행됨)는, 첫 번째 단계에서 선택한 영역을 포함하고 필터링을 수행합니다.

이후, 프로그램에서 더이상 필요하지 않는 두 필터는 모두 메모리 해제합니다. 마지막 분할 단계는 모든 ER 영역을 가능한 단어로 그룹화하고 바운딩 박스를 정의하는 것입니다. 이 작업은 `erGrouping` 함수를 호출하여 수행합니다:

```
//Separate character groups from regions
vector< vector<Vec2i> > groups;
vector<Rect> groupRects;
erGrouping(input, channels, regions, groups, groupRects,
ERGROUPING_ORIENTATION_HORIZ);
```

이 함수는 다음과 같은 시그니처를 갖습니다:

```
void erGrouping(InputArray img, InputArrayOfArrays channels,
std::vector<std::vector<ERStat> > &regions, std::vector<std::vector<Vec2i>
> &groups, std::vector<Rect> &groups_rects, int method =
ERGROUPING_ORIENTATION_HORIZ, const std::string& filename =
std::string(), float minProbablity = 0.5);
```

각 매개변수의 의미를 살펴봅시다:

- `img`: 입력 이미지(원본이미지)입니다.
- `regions`: 추출된 영역에 대한 싱글 채널 이미지 벡터입니다.
- `groups`: 그룹화된 영역의 인덱스로 구성된 출력 벡터입니다. 각 그룹 영역에는 하나의 단어에 대한 모든 extremal regions이 포함됩니다.
- `groupRects`: 검출된 텍스트 영역을 포함한 바운딩 박스 리스트입니다.
- `method`: 그룹화 방법입니다. 다음 옵션 중 하나입니다.
  - `ERGROUPING_ORIENTATION_HORIZ`: Neumann-Matas가 제안한 방법으로 전체 이미지를 검색하여 가로 방향 텍스트가 있는 그룹만 생성합니다. 기본값입니다.
  - `ERGROUPING_ORIENTATION_ANY`: 단일 최단 연결 클러스터링 분류기를 사용하여 다방향의 텍스트가 포함된 그룹을 생성합니다. 이 메소드를 사용하는 경우, 분류기 모델의 파일 이름은 다음 매개변수에 지정합니다.
  - `Filename`: 분류기 모델 이름입니다. 이는 `ERGROUPING_ORIENTATION_ANY`일 때만 필요합니다.
  - `minProbability`: 그룹의 최소 검출 확률입니다. 이는 `ERGROUPING_ORIENTATION_ANY`일 때만 필요합니다.

이 코드에서는 아래의 메소드에 대한 호출도 제공하지만 주석 처리되어 있습니다. 원하면 현재 호출은 주석 처리하고, 주석 처리된 다음 코드의 주석을 해제하여 테스트할 수 있습니다:

```
erGrouping(input, channels, regions,
    groups, groupRects, ERGROUPING_ORIENTATION_ANY,
    "trained_classifier_erGrouping.xml", 0.5);
```

이 호출은, 텍스트 모듈 샘플 패키지에서 제공하는 학습된 분류기를 사용했습니다. 마지막으로, 바운딩 박스를 그려 결과를 표시합니다:

```
// draw groups boxes
for (const auto& rect : groupRects)
    rectangle(input, rect, Scalar(0, 255, 0), 3);

imshow("grouping",input);
waitKey(0);
```

이 프로그램은 다음 그림과 같은 결과를 출력합니다:

전체 소스 코드는 detection.cpp 파일에서 확인할 수 있습니다.

대부분의 OpenCV 텍스트 모듈 함수는 입력 매개변수로 그레이스케일 및 컬러 이미지를 모두 지원하지만, 이 책을 출간할 당시 `erGrouping` 함수에서 그레이스케일 이미지를 사용하면 오류가 발생했습니다. 자세한 내용은 다음 GitHub 링크를 참조하시기 바랍니다:

`https://github.com/Itseez/opencv_ contrib/issues/309`

OpenCV contrib 모듈 패키지가 기본 OpenCV 패키지만큼 안정적이지 않다는 점 항상 주의하십시오.

텍스트 추출

텍스트 영역을 탐지했으니, OCR에서 사용하기 전에 텍스트를 잘라내야 합니다. 단순히 **`getRectSubpix`** 또는 **`Mat::copy`**와 같은 함수를 사용하여 잘라낸 사각형 영역을 **관심 영역**(ROI)으로 활용할 수 있지만, 글자가 기울어져 있기 때문에 원하지 않게 텍스트가 잘릴 수도 있습니다. 예를 들어, 지정된 사각형을 기준으로 ROI를 추출하는 경우 다음과 같이 나타납니다:

다행히, **`ERFilter`**는 각 extremal regions의 픽셀을 포함하는 **`ERStat`**라는 객체를 제공합니다. OpenCV의 **`floodFill`** 함수를 사용하여 이 픽셀들로 각 문자를 재구성할 수 있습니다. 이 함수는, 페인팅 프로그램의 채우기 도구처럼, seedPoint를 기준으로 이웃의 유사한 픽셀을 모두 같은 색상으로 칠합니다. 이 함수의 시그니처는 다음과 같습니다:

```
int floodFill(InputOutputArray image, InputOutputArray mask, Point
seedPoint, Scalar newVal,
  CV_OUT Rect* rect=0, Scalar loDiff = Scalar(), Scalar upDiff =
Scalar(), int flags = 4 );
```

매개변수들의 사용 방법에 대해 살펴봅시다:

- `image`: 입력 이미지입니다. extremal regions의 이미지 채널을 사용합니다. 만약 flags가 `FLOODFILL_MASK_ONLY`로 설정된 경우가 아니라면, 일반적인 플러드 필을 수행합니다. 즉, 원본 영상에 채우기 결과를 표시합니다.
- `mask`: 입력 이미지보다 가로, 세로 방향으로 2픽셀이 더 큰 마스크 이미지입니다. 플러드 필은 픽셀을 그릴 때, 마스크의 해당 픽셀이 0인지 확인합니다. 이 경우, 이 픽셀을 채우고 1로 표시합니다 (혹은 플래그 값으로 표시합니다). 픽셀이 0이 아닌 경우, 플러드 필은 픽셀을 칠하지 않습니다. 이 예제에서, 모든 글자가 마스크에 칠해지도록 빈 마스크를 사용합니다.
- `seedPoint`: 시작점입니다. 이는 그래픽 애플리케이션의 **버킷** 도구를 사용할 때 클릭하는 위치와 유사합니다.
- `newVal`: 추후 선택된 영역의 픽셀 값입니다.
- `loDiff`와 `upDiff`: 처리 중인 픽셀과 해당 인접 픽셀 간의 상한 및 하한 값을 나타냅니다. 이 범위에 속할 경우, 인접 픽셀이 칠해집니다. 만약 flags가 `FLOODFILL_FIXED_RANGE`로 설정되면, 인접 픽셀과 값을 비교하는 대신 seedPoint 픽셀값과 처리 중인 픽셀 값을 비교합니다.
- `rect`: 플러드 필을 적용할 영역을 제한하는 선택적 매개변수입니다.
- `flags`: 비트 마스크로 표시합니다.
  - 플래그의 최하위 8비트는 픽셀의 어떠한 인접 픽셀이 포함될지를 설정합니다. 값이 `4`이면 인접한 4개의 픽셀을 고려함을 의미하고, 값이 `8`이면 대각선 픽셀 포함 인접한 8개의 픽셀을 고려함을 의미합니다. 이 예제에서는 `4`를 사용합니다.
  - 그 다음 8~16비트는 `1~255` 사이의 값이 포함되어 있으며, 이 값은 마스크를 채우는 데 사용됩니다. 마스크를 흰색으로 채우기 위해 값에 `255 << 8`을 사용합니다.
  - 앞서 설명한 바와 같이, `FLOODFILL_FIXED_RANGE` 및 `FLOODFILL_MASK_ONLY` 플래그를 추가할 수 있는 비트 두 개가 포함됩니다.

`drawER` 함수를 만들어 보겠습니다. 4개의 매개변수를 사용합니다:

- 처리된 모든 채널을 포함한 벡터
- ERStat 객체 영역
- 대상 그룹
- 사각형 그룹

이 함수는 그룹이 나타내는 단어가 포함된 이미지를 반환합니다. 마스크 이미지를 생성하고 플래그를 정의한 후 함수를 시작합니다:

```
Mat out = Mat::zeros(channels[0].rows+2, channels[0].cols+2, CV_8UC1);

int flags = 4                           //4 neighbors
    + (255 << 8)                        //paint mask in white (255)
    + FLOODFILL_FIXED_RANGE             //fixed range
    + FLOODFILL_MASK_ONLY;              //Paint just the mask
```

그 다음으로, 각 그룹을 순회합니다. 이때 영역 인덱스와 상태를 반드시 파악해야 합니다. extremal region은 어떤 점도 포함하지 않는 루트일 경우가 종종 있습니다. 이와 같은 경우에는, 무시하면 됩니다:

```
for (int g=0; g < group.size(); g++)
{
    int idx = group[g][0];
    auto er = regions[idx][group[g][1]];

//Ignore root region
    if (er.parent == NULL)
        continue;
```

이제 ERStat 객체에서 픽셀 좌표를 읽을 수 있습니다. 이는 위에서 아래로, 왼쪽에서 오른쪽으로 순서대로 집계하여 픽셀 번호로 표현됩니다. 이 선형 인덱스는 2장 'OpenCV 기초'에서 설명한 공식을 사용하여 행(y) 및 열(z) 표기법으로 변환해야 합니다:

```
int px = er.pixel % channels[idx].cols;
int py = er.pixel / channels[idx].cols;
Point p(px, py);
```

그 다음, floodFill 함수를 호출합니다. ERStat 객체는 loDiff 매개변수에 사용될 값을 제공합니다:

```
floodFill(
    channels[idx], out,             //Image and mask
    p, Scalar(255),                 //Seed and color
    nullptr,                        //No rect
    Scalar(er.level),Scalar(0),     //LoDiff and upDiff
    flags                           //Flags
```

그룹 내 모든 영역에 대해 이 작업을 수행하면, 원본보다 조금 더 큰 검정색 배경과 흰색 텍스트가 있는 이미지로 표시됩니다. 자, 이제 문자 영역만 자르도록 하겠습니다. 사각형 영역이 주어졌으므로, 이를 관심 영역으로 정의하겠습니다:

```
out = out(rect);
```

그런 다음, 0이 아닌 픽셀을 모두 찾습니다. 이는 minAreaRect 함수에서 문자 주위의 회전된 직사각형을 가져오는 데 사용할 값입니다. 마지막으로, 이전 장에서 소개한 deskewAndCrop 함수를 사용하여 이미지를 자르기 및 회전을 수행합니다:

```
    vector<Point> points;
    findNonZero(out, points);
    //Use deskew and crop to crop it perfectly
    return deskewAndCrop(out, minAreaRect(points));
}
```

아래 그림은 `easel.png`에 대한 이미지 처리 결과입니다:

텍스트 인식

10장 '텍스트 인식을 위한 분할 알고리즘'에서는 Tesseract API를 사용하여 텍스트 영역을 인식했습니다. 이번에는, OpenCV 클래스를 사용하여 동일한 작업을 수행해보도록 하겠습니다.

OpenCV에 모든 OCR 관련 클래스는 BaseOCR 가상 클래스에서 파생됩니다. 이 클래스는 OCR 실행 메소드 인터페이스를 제공하며 이 클래스를 상속받아 구현합니다. 기본적으로, 텍스트 모듈은 세 가지 구현을 제공합니다: OCRTesseract, OCRHMMDecoder 및 OCRBeamSearchDecoder.

다음 그림은 클래스 계층 구조도입니다:

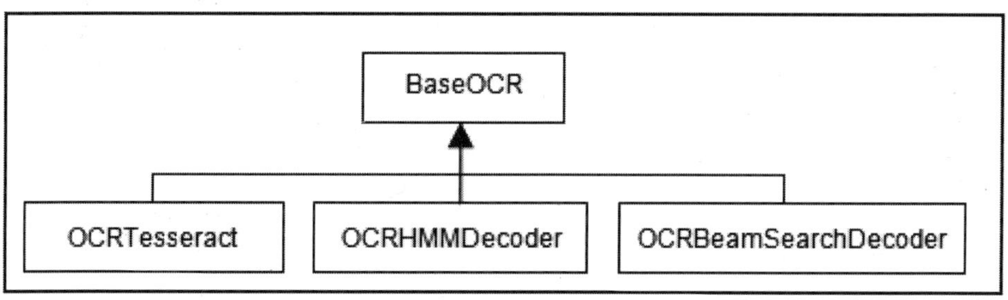

이 접근법을 사용하면, OCR 메커니즘 코드를 분리할 수 있습니다. 이를 통해 향후 OCR 애플리케이션을 구현할 때 보다 쉽게 변경할 수 있습니다.

먼저, 문자열을 기반으로 하여 결정을 하는 메소드를 생성해 보겠습니다. 현재 Tesseract만 지원하지만, 이 장의 코드를 살펴보면 HMMDecoder를 사용한 데모도 제공합니다. 또한, OCR 엔진 이름을 문자열 매개변수로 전달받지만, 애플리케이션의 유연성을 향상시키기 위해서 JSON 또는 XML 구조 파일에서 읽을 수 있습니다:

```
cv::Ptr<BaseOCR> initOCR2(const string& ocr) { if (ocr == "tesseract") {
return OCRTesseract::create(nullptr, "eng+por"); } throw string("Invalid
OCR engine: ") + ocr; }
```

보시다시피, 이 함수는 `Ptr<BaseOCR>`을 반환합니다. 위 코드에서 `create` 메소드를 호출하여 Tesseract OCR 인스턴스를 초기화합니다. 이제, 몇 가지 특정 매개변수를 허용하는 함수 시그니처를 살펴보겠습니다:

```
Ptr<OCRTesseract> create(const char* datapath=NULL,
  const char* language=NULL,
  const char* char_whitelist=NULL,
  int oem=3, int psmode=3);
```

각 매개변수들을 분석해봅시다:

- `datapath`: 루트 디렉터리의 `tessdata` 파일에 대한 경로입니다. 경로는 반드시 백슬래시 '/' 문자로 끝나야 합니다. `tessdata` 디렉토리에는 설치한 언어 팩이 포함되어 있습니다. 이 매개변수에 `nullptr`를 전달하면 `Tesseract` 기본 설치 디렉토리 폴더를 검색합니다. 일반적으로 애플리케이션을 배포할 때 이 값을 `args[0]`로 변경하고 애플리케이션 경로에 `tessdata` 폴더를 포함합니다.
- `language`: 세글자로 된 언어 코드를 냅니다(예: 영어 eng, 포르투갈어 por, 힌두어 hin). Tesseract는 `+` 기호를 사용하여 여러 언어 코드를 로드할 수 있습니다. 따라서, `eng+por`를 전달하면 영어와 포르투갈어가 로드됩니다. 물론, 이전에 설치한 언어만 사용할 수 있으며, 설치되어 있지 않으면 로드 실패합니다. `config` 파일은 두 개 이상의 언어를 함께 로드하도록 지정할 수 있습니다.

이를 방지하기 위해서는 물결표 문자 '~'를 사용할 수 있습니다. 예를 들어 hin+~eng을 사용하면 영어와 힌두어가 함께 지정되어 있더라도 영어가 힌두어와 함께 로드되지 않도록 할 수 있습니다.

- whitelist: 인식 대상으로 설정된 문자입니다. nullptr가 전달된 경우, 문자 기본 값은 아래와 같이 됩니다.

```
0123456789abcdefghijklmnopqrstuvwxyzABCDEFGHIJKLMNOPQRSTUVWXYZ
```

- oem: OCR 알고리즘으로써 다음 값 중 하나를 선택할 수 있습니다.
  - OEM_TESSERACT_ONLY: Tesseract만 사용합니다. 가장 빠른 방법이지만 정확도가 낮습니다.
  - OEM_CUBE_ONLY: Cube 엔진을 사용합니다. 느리지만 더 정확합니다. 언어가 이 엔진 모드를 지원하도록 설정된 경우에만 작동합니다. 작동되는지 확인하려면, tessdata 폴더에서 해당 언어에 대한 .cube 파일을 찾아보세요. 영어는 기본적으로 지원됩니다.
  - OEM_TESSERACT_CUBE_COMBINED: 최상의 OCR 분류를 위해 Cube와 Tesseract를 결합합니다. 이 엔진은 가장 정확하지만 실행 시간이 오래 걸립니다.
  - OEM_DEFAULT: 언어 설정 및 명령행 설정을 기반으로 방법을 채택하는데, 둘 다 없는 경우 OEM_TESSERACT_ONLY를 사용합니다.
- psmode: 페이지 분할 모드입니다. 다음 값 중 하나를 선택할 수 있습니다.
  - PSM_OSD_ONLY: 이 모드를 사용하여, Tesseract는 전처리 알고리즘을 실행하여 방향 탐지 및 스크립트를 검출합니다.
  - PSM_AUTO_OSD: 이 모드를 사용하여, Tesseract가 방향 탐지 및 스크립트 검출을 통해 자동 페이지 분할을 수행합니다.
  - PSM_AUTO_ONLY: 이 모드를 사용하여(기본 값), 페이지 분할은 수행하지만 방향 탐지, 스크립트 검출 또는 OCR은 수행하지 않습니다.
  - PSM_AUTO: 이 모드를 사용하여, 페이지 분할 및 OCR은 수행하지만 방향 탐지 또는 스크립트 검출 작업은 수행하지 않습니다.
  - PSM_SINGLE_COLUMN: 이 모드를 사용하여, 다양한 크기의 텍스트가 한 열에 표시된다고 가정합니다.

- PSM_SINGLE_BLOCK_VERT_TEXT: 이 모드를 사용하여, 이미지를 하나의 수직 정렬된 텍스트 블록으로 처리합니다.
- PSM_SINGLE_BLOCK: 이 모드를 사용하여, 싱글 텍스트 블록을 가정합니다. 디폴트 설정입니다. 전처리 단계에서 이러한 조건을 보장하기 위해 우리는 이 모드를 사용합니다.
- PSM_SINGLE_LINE: 이 모드를 사용하여, 이미지에 한 줄의 텍스트만 포함되어 있음을 나타냅니다.
- PSM_SINGLE_WORD: 이 모드를 사용하여, 이미지에 한 개의 단어만 포함되어 있음을 나타냅니다.
- PSM_SINGLE_WORD_CIRCLE: 이 모드를 사용하여, 이미지가 원 안에 배치된 한 단어임을 나타냅니다.
- PSM_SINGLE_CHAR: 이 모드를 사용하여, 이미지에 한 개의 문자만 포함되어 있음을 나타냅니다.

마지막 두 매개변수의 경우, 값을 입력하는 대신 열거형 상수명을 사용하기 위해 **#include** Tesseract 디렉토리를 사용할 것을 추천합니다. 마지막으로 텍스트 검출 기능 코드를 main 함수에 추가하면 됩니다:

```
auto ocr = initOCR("tesseract");
for (int i = 0; i < groups.size(); i++)
{
    auto wordImage = drawER(channels, regions, groups[i],
    groupRects[i]);

    string word;
    ocr->run(wordImage, word);
    cout << word << endl;
}
```

이 코드에서, 먼저 **initOCR** 함수를 호출하여 Tesseract 인스턴스를 생성합니다. run 함수 시그니처는 BaseOCR 클래스에서 보장되기 때문에 다른 OCR 엔진을 선택하더라도 나머지 코드는 변경되지 않는다는 점을 참고하세요. 그런 다음, 검출된 각 `ERFilter` 그룹에 대해 반복 작업을 수행합니다. 각 그룹은 다른 단어를 나타내므로 다음의 작업을 수행하도록 합니다.

1. 이전에 만든 `drawER` 함수를 호출하여 단어를 이미지로 만듭니다.
2. string형 `word`를 만들고, `run` 메소드를 호출하여 단어 이미지를 인식합니다. 인식된 단어는 문자열에 저장됩니다.
3. 화면에 문자열을 출력합니다.

`run` 함수 시그니처를 살펴보겠습니다. 이 함수는 `BaseOCR` 클래스에 정의되어 있으며, 향후 구현될 수 있는 것들을 포함한 모든 특정 OCR 구현과 동일합니다:

```
virtual void run(Mat& image, std::string& output_text,
  std::vector<Rect>* component_rects=NULL,
  std::vector<std::string>* component_texts=NULL,
  std::vector<float>* component_confidences=NULL, int component_
  level=0) = 0;
```

물론, 이 함수는 각 특정 클래스(`OCRTesseract` 클래스와 같은)에 의해 구현되어야 하는 순수 가상 함수입니다:

- `image`: 입력 이미지입니다. RGB 또는 그레이 스케일 이미지입니다.
- `component_rects`: OCR 엔진에서 검출한 각 컴포넌트(단어 또는 텍스트 라인)의 바운딩 박스를 가진 벡터를 제공합니다.
- `component_texts`: 지정된 경우, 이 벡터는 OCR에서 검출한 각 컴포넌트의 문자열입니다.
- `component_confidences`: 지정된 경우, 벡터는 각 컴포넌트의 부동소수점 신뢰도 입니다.
- `component_level`: 컴포넌트의 내용을 정의합니다. `OCR_LEVEL_WORD`(기본값) 또는 `OCR_LEVEL_TEXT_LINE`을 가질 수 있습니다.

> **TIP** 필요한 경우, `create()` 함수의 `psmode` 매개변수로 작업을 수행하는 대신 동일한 작업을 `run()` 함수의 component level을 단어나 라인으로 변경하여 수행해도 괜찮습니다. `run` 메소드는 `BaseOCR` 클래스를 구현하려는 모든 OCR 엔진에서 지원되므로 후자가 더 바람직합니다. `create()` 메소드는 공급 업체별로 맞추어서 구성 설정해야 함을 주의하기 바랍니다.

다음은 프로그램의 최종 출력 화면입니다:

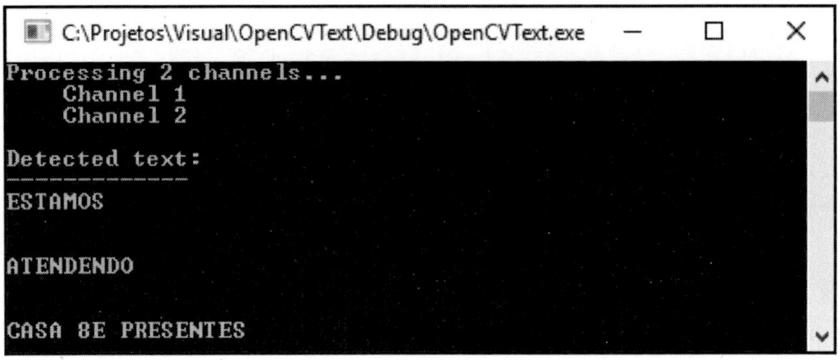

'&' 기호에서 약간의 혼동이 있었지만, 이 외의 모든 단어들에 대해서는 완벽하게 인식되었습니다. 전체 소스 코드는 이 장의 `ocr.cpp` 파일에서 확인할 수 있습니다.

요약

이 장에서, 장면 텍스트 인식은 스캔한 문서의 텍스트를 인식하는 것보다 훨씬 더 어려운 상황임을 확인했습니다. 이 문제를 해결하기 위해 *Newmann-Matas* 알고리즘을 사용하여 OpenCV contrib 텍스트 모듈을 활용한 extremal region을 식별 방법을 공부했습니다. 또한, `floodFill` 함수를 사용하여 이미지의 텍스트를 추출하고 이를 Tesseract OCR에 전송하여 처리하는 방법을 살펴보았습니다. 마지막으로, OpenCV 텍스트 모듈이 Tesseract 및 기타 OCR 엔진들과 통합되는 방법과 클래스를 사용하여 이미지에 나타난 내용을 식별하는 방법을 알아보았습니다.

다음 장에서는, OpenCV의 딥러닝에 대해 살펴보겠습니다. 더불어, YOLO(You Only Look Once) 알고리즘을 사용하여 객체 검출 및 분류에 대해 배우도록 하겠습니다.

CHAPTER 12

OpenCV를 활용한 딥러닝

딥러닝은 이미지 분류나 음성 인식 분야에서 최고의 정확도에 도달할 수 있는 기계 학습 최신 기술입니다. 이 기술은 로봇 공학이나 강화 학습과 같은 인공지능의 다른 분야에서도 활용됩니다. 이러한 까닭에 OpenCV가 딥러닝 핵심 모듈을 포함시키기 위해 부단한 노력을 기울이고 있습니다. 이에, OpenCV 딥러닝 인터페이스 사용법을 학습하고 객체 검출과 얼굴 탐지 사용 사례를 알아보겠습니다.

이번 장에서는 딥러닝의 기본 개념에 대해 학습하고 OpenCV 활용하는 방법을 살펴봅니다. 이해를 돕기 위해 YOLO(You Only Look Once) 알고리즘을 사용하여 객체 탐지 및 분류에 대해 학습합니다.

이 장에서 다룰 주제는 다음과 같습니다.:

- 딥러닝이란 무엇인가?
- OpenCV를 활용한 딥러닝과 딥러닝 **뉴럴 네트워크**(NNs)를 구현하는 방법
- YOLO - 속도가 매우 빠른 딥러닝 객체 탐지 알고리즘
- 싱글 샷 검출기를 활용한 얼굴 탐지

기술적 요구사항

이 장을 쉽게 따라가려면 미리 컴파일된 딥러닝 모듈을 포함하는 OpenCV를 설치해야 합니다. 이 모듈이 없으면 샘플 코드를 컴파일하고 실행을 할 수 없습니다.

CUDA를 지원하는 NVIDIA GPU를 사용하는 것이 매우 유용합니다. OpenCV에서는 CUDA를 연동하여 학습 및 검출 속도를 향상시킬 수 있습니다.

마지막으로, 이 장에 사용된 코드는 다음 링크 `https://github.com/PacktPublishing/Learn-OpenCV-4-By-Building-Projects-Second-Edition/tree/master/Chapter_12`에서 다운로드할 수 있습니다.

다음 링크에서 코드실행 동영상을 확인할 수 있습니다:
`http://bit.ly/2SmbWf7`

딥러닝에 대한 소개

오늘날 과학 분야 논문 소재로 이미지 분류 및 음성 인식과 관련한 딥러닝을 가장 많이 다루고 있습니다. 딥러닝은 뇌를 모방한 전통적인 신경망을 기반으로 한 기계학습의 하위 영역입니다. 이 기술을 애플리케이션에 적용하기 위해서는 신경망이 무엇이며 어떻게 동작하는지 이해하는 것이 매우 중요합니다.

신경망은 무엇이며 데이터를 어떻게 학습할까요?

신경망은 여러 개의 뉴런이 서로 연결되어 네트워크를 형성하는 뇌의 구조에서 영감을 얻었습니다. 각각의 뉴런은 생물학적 뉴런처럼 여러 개의 입력과 여러 개의 출력을 가지고 있습니다.

이 네트워크는 계층으로 구성되어 있고, 각 계층에는 이전 계층의 모든 뉴런과 연결된 수많은 뉴런을 포함합니다. 이것은 일반적으로 입력 이미지나 데이터를 설명하는 특징으로 구성된 입력 계층과 분류의 결과로 구성된 출력 계층으로 구성됩니다. 그리고 중간층을 **은닉층**이라고 합니다. 다음 그림은 세 개의 뉴런을 포함한 입력층과 두 개의 뉴런을 포함한 출력층, 네 개의 뉴런을 포함한 은닉층으로 구성된 기본적인 3계층 신경망을 보여줍니다:

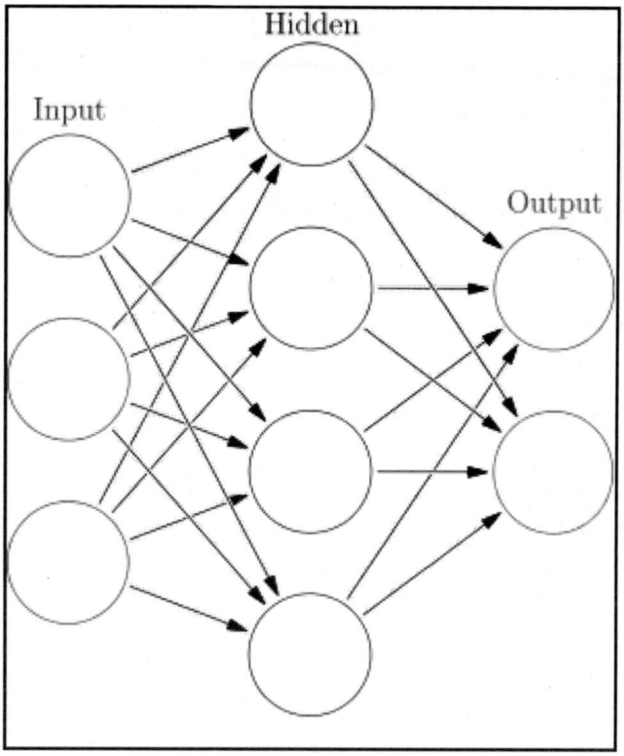

신경망의 기본 처리 단위는 뉴런이며 다음 그림에서 볼 수 있는 간단한 수식을 사용합니다:

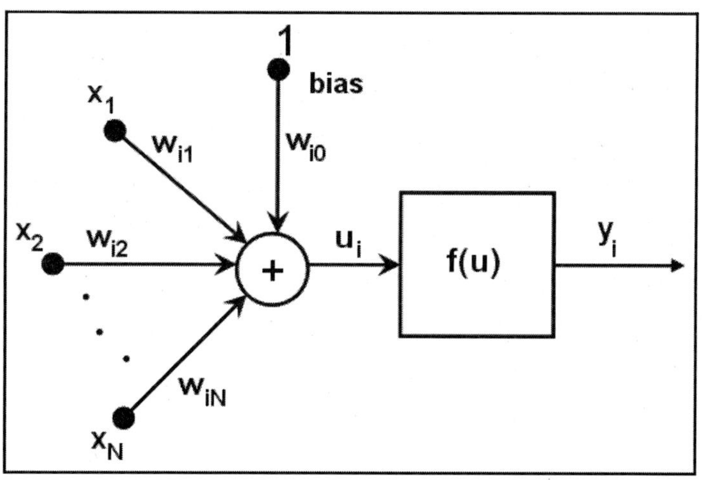

여기서 알 수 있듯이, 각각의 뉴런 **i**는 이전 모든 뉴런들의 출력의 합으로 표현됩니다. 즉, 입력 **i(x1, x2**...)와 가중치(**wi1, wi2**...)의 곱에 bias 값을 더한 값입니다. 이 값은 활성 함수 **f**의 인수가 됩니다. 최종 결과는 뉴런 **i**의 출력값입니다:

$$yi = f(bias * W_{i0} + X_1 * W_{i1} + X_2 * W_{i2} + ... + X_n * W_{in})$$

전통적인 신경망에서 사용하는 가장 일반적인 활성 함수(**f**)는 시그모이드 함수 또는 선형 함수입니다. 시그모이드 함수가 보다 자주 사용되며, 다음에 보여지는 그림으로 나타낼 수 있습니다:

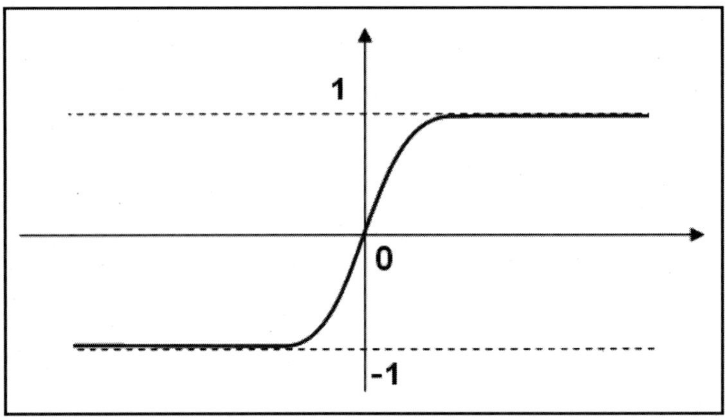

이러한 연결과 수식으로 어떻게 신경망을 학습할 수 있을까요? 입력 데이터를 어떻게 분류할까요? 만약에 우리가 원하는 출력을 알고 있다면 신경망의 학습 알고리즘 중에서 **지도 학습** 방식을 이용하면 됩니다. 학습하기 위해 입력 패턴이 네트워크의 입력 계층에 주어집니다. 초기에는 모든 가중치를 임의의 값으로 설정하고 특징을 입력하여 네트워크로 전송 후 출력 결과를 확인합니다. 만약 오류가 있다면, 우리는 정확한 출력 결과를 얻기 위해 네트워크의 모든 가중치를 조정해야 합니다. 이 알고리즘을 **역전파**라고 부릅니다. 신경망 학습 방법에 대한 자세한 내용은 다음 링크 `http://neuralnetwork-sanddeeplearning. com/chap2.html` 및 `https://youtu.be/IHZwWFHWa-w`를 참조하십시오.

신경망의 기본 개념과 내부 구조에 대해 간략한 소개를 하였으므로, 이제 신경망과 딥러닝의 차이점을 살펴보겠습니다.

합성곱 신경망(convolutional neural network)

딥러닝은 전통적인 신경망과 기본 개념이 같습니다. 그러나 이미지 분석의 경우에는 입력 계층에 차이점이 있습니다. 전통적인 기계 학습 알고리즘은 사용자가 분류할 이미지를 식별하기 위한 가장 좋은 특징을 찾아야 합니다. 예를 들어, 숫자를 분류하고 싶다면, 우리는 각 이미지에 있는 숫자의 경계선을 추출하고, 객체의 영역을 탐지할 수 있습니다. 이 특징들이 신경망 혹은 다른 기계 학습 알고리즘의 입력으로 사용됩니다. 그러나 딥러닝에서는 어떠한 특징을 사용할 것인지 고민할 필요없이 이미지 전체를 신경망의 입력으로 사용합니다. 이처럼, 딥러닝은 **심층 신경망**(DNN)을 통해 가장 중요한 특징이 무엇인지 학습할 수 있으며, 이미지를 검출하고 그것을 인식할 수 있습니다.

이러한 특징들을 학습하기 위해, 우리는 딥러닝에서 중요한 계층을 사용합니다. 바로 **컨벌루션 계층**입니다. 컨벌루션 계층은 필터링된 새로운 이미지를 만드는 소벨 연산자처럼 이전 계층 전체에 커널을 적용하는 컨벌루션 연산을 제공합니다:

컨벌루션 계층에서는 다양한 매개변수를 정의할 수 있으며, 그 중 하나는 이전 계층 이미지에 적용할 필터 개수와 필터 크기입니다. 이러한 필터를 사용하여 학습 단계에서 전통적인 신경망의 가중치처럼 계산됩니다. 이것이 딥러닝의 마술입니다: 레이블된 이미지에서 가장 중요한 특징을 추출할 수 있습니다.

컨벌루션 계층이 **심층**이라 불리우는 주된 이유를 간단한 예를 들어 살펴보겠습니다. 100 ×100 크기의 이미지가 있다고 생각해봅시다. 전통적인 신경망은 입력 이미지와 가장 연관성이 높은 특징을 추출합니다. 일반적으로 약 1,000개의 특징을 가지고 각각의 은닉층에서 특징의 개수를 늘리거나 줄일 수 있습니다. 또한 가중치를 계산하는 뉴런의 수는 일반적인 컴퓨터에서 계산하기에도 적당합니다. 그러나 딥러닝에서 컨벌루션 계층은 보통 3×3 크기의 64개의 커널 필터를 사용합니다. 이것은 계산할 가중치가 3×3×64인 100×100×64 뉴런의 새로운 계층을 생성한다는 얘기입니다. 계층을 점점 더 많이 추가할 경우 이러한 숫자는 빠르게 증가할 것이고 딥러닝 아키텍처는 우수한 가중치와 파라메터를 학습하기 위해 엄청난 컴퓨팅 능력이 필요하게 됩니다.

컨벌루션 계층은 딥러닝 아키텍처의 가장 중요한 부분 중 하나이지만 **풀링**, **드롭아웃**, **플래튼**, **소프트맥스**와 같은 다른 계층도 있습니다. 다음 그림에서 컨벌루션 계층 및 풀링 계층을 사용하는 기본 딥러닝 아키텍처를 확인할 수 있습니다:

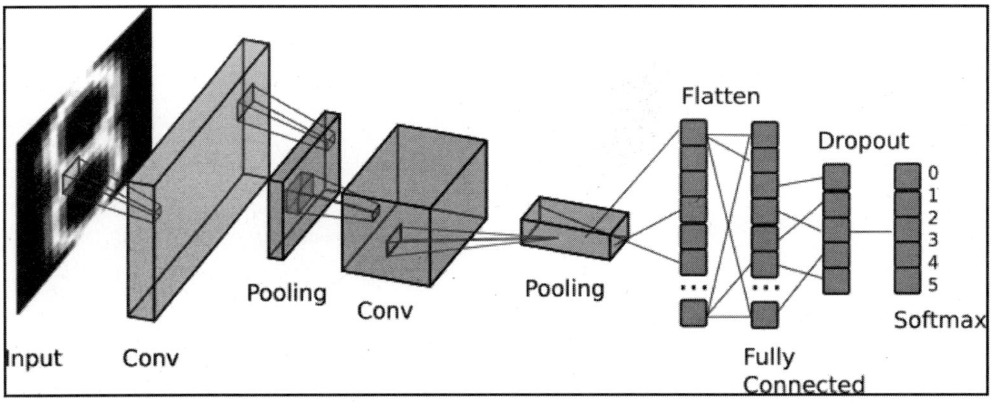

딥러닝 학습이 최상의 결과를 얻을 수 있는 또 다른 중요한 포인트는 레이블된 데이터 양에 있습니다. 데이터 셋이 작을 경우, 딥러닝 알고리즘은 특징(딥러닝 아키텍처의 가중치 및 파라메터)을 학습하기에 충분한 데이터가 없기 때문에 분류 성능이 안 좋을 수밖에 없습니다. 하지만, 반대로 여러분이 엄청난 양의 데이터를 가지고 있다면, 매우 좋은 결과를 얻을 수 있습니다. 그러나 데이터 양이 많아질수록 아키텍처의 가중치와 파라메터를 계산하고 학습하는 데는 많은 시간이 필요합니다. 컴퓨팅에 많은 시간을 소비한다는 이유로 딥러닝이 초창기에는 각광받을 수 없었습니다. 하지만 NVIDIA GPU와 같은 새로운 병렬 아키텍처 덕분에 작업이 가속화되고 역전파 학습을 최적화하는 것이 가능하게 되었습니다.

OpenCV에서의 딥러닝

딥러닝 모듈은 OpenCV 3.1부터 추가 모듈 형태로 제공하기 시작했습니다. OpenCV 3.3부터는 OpenCV의 기본 모듈로 지원하였지만 버전 3.4.3 및 4가 될 때까지도 개발자들이 잘 사용하지 않았습니다.

OpenCV에서 개발자가 딥러닝 아키텍처를 직접 만들어서 학습할 수는 없지만 OpenCV를 활용한 딥러닝 추론은 가능합니다. 사전에 학습된 모델을 가져와서 OpenCV 라이브러리를 사용하여 이 모델로 **순전파**(추론)를 실행하여 결과를 얻을 수 있습니다.

순전파 메소드를 구현하는 가장 중요한 이유는 OpenCV를 최적화하여 컴퓨팅 시간과 추론 성능을 향상시키기 위한 것입니다. 역전파 메소드를 구현하지 않는 이유는 TensorFlow나 Caffe와 같은 전문 라이브러리를 개발하는 데 시간을 낭비하지 않기 위함입니다. OpenCV는 가장 중요한 딥러닝 프레임워크 및 라이브러리를 통해 이미 학습된 모델을 가져올 수 있도록 임포터(importers)를 생성합니다.

만약에 OpenCV에서 사용할 딥러닝 모델을 새로 생성하려면 먼저 TensorFlow, Caffe, Torch, DarkNet 프레임워크 또는 **Open Neural Network Exchange(ONNX)** 형식의 모델을 지원하는 프레임워크를 사용하여 학습시켜야 합니다. 이러한 프레임워크로 모델을 만드는 것은 사용자가 사용하는 프레임워크에 따라 쉽거나 복잡할 수 있지만, 기본적인 딥러닝 아키텍처처럼 여러 계층들을 쌓아야 하며, DNN에서 요구하는 함수와 매개변수를 설정해야 합니다. 최근에는 `https://www.tensoreditor.com` 또는 `lobe.ai`와 같이 코딩하지 않고도 손쉽게 모델을 만들 수 있는 도구가 있습니다. TensorEditor를 사용하면 시각적 설계 아키텍처로 생성된 TensorFlow 코드를 다운로드하여 컴퓨터 또는 클라우드에서 학습시킬 수 있습니다. 다음 그림에서 TensorEditor를 엿볼 수 있습니다:

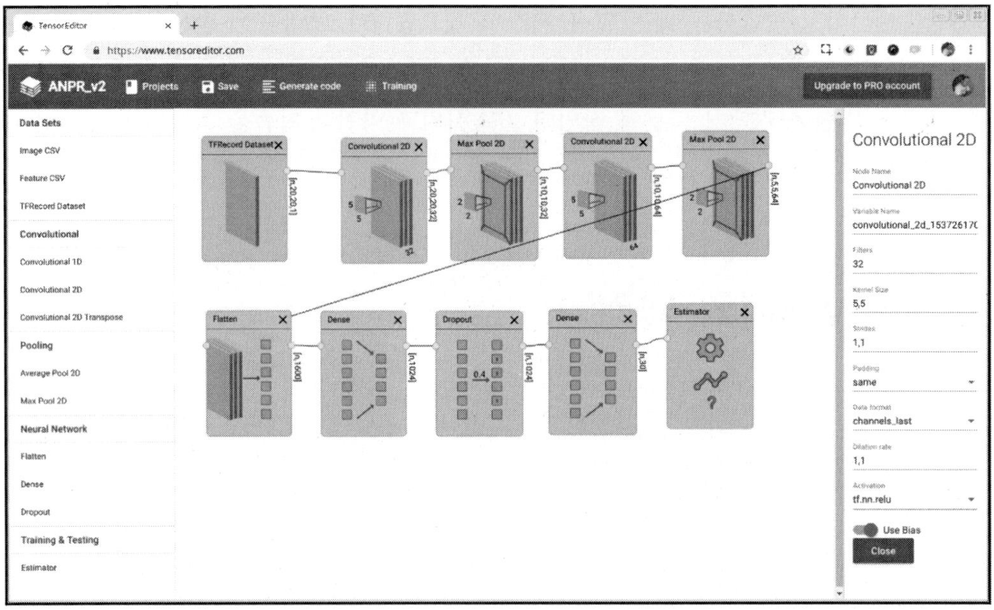

생성한 모델을 학습시키고 결과가 만족스러운 경우, 모델을 OpenCV로 바로 가져와 새 입력 이미지를 예측하는 데 사용할 수 있습니다. 다음 섹션에서는 OpenCV에서 딥러닝 모델을 불러와서 사용하는 방법을 살펴보겠습니다.

YOLO – 실시간 객체 검출

OpenCV에서 딥러닝을 사용하는 방법을 알아보기 위해, YOLO 알고리즘을 기반으로 객체 검출 및 분류 예제를 살펴보도록 하겠습니다. YOLO는 NVIDIA Titan X에서 약 30 fps로 실행할 수 있는 가장 빠른 객체 검출 및 인식 알고리즘 중 하나입니다.

YOLO v3 딥러닝 모델 아키텍처

전통적인 컴퓨터 비전에서는 슬라이딩 윈도우를 사용하여 전체 이미지를 스캔함으로써 다양한 크기와 위치의 객체를 탐지합니다. 여기서 가장 큰 문제는 객체를 찾기 위해 이미지를 여러 번 스캔하는 작업 때문에 엄청난 시간을 소모한다는 점입니다.

YOLO는 우선 이미지를 S×S 셀 격자로 분할합니다. 각 셀 격자는 B개의 바운딩 박스를 예측한 다음, 딥러닝 모델은 바운딩 박스에서 특정 클래스 객체가 나타날 확률과 객체에 맞게 바운딩 박스를 올바르게 추출합니다. 다음 그림은 S×S 셀 격자를 보여줍니다:

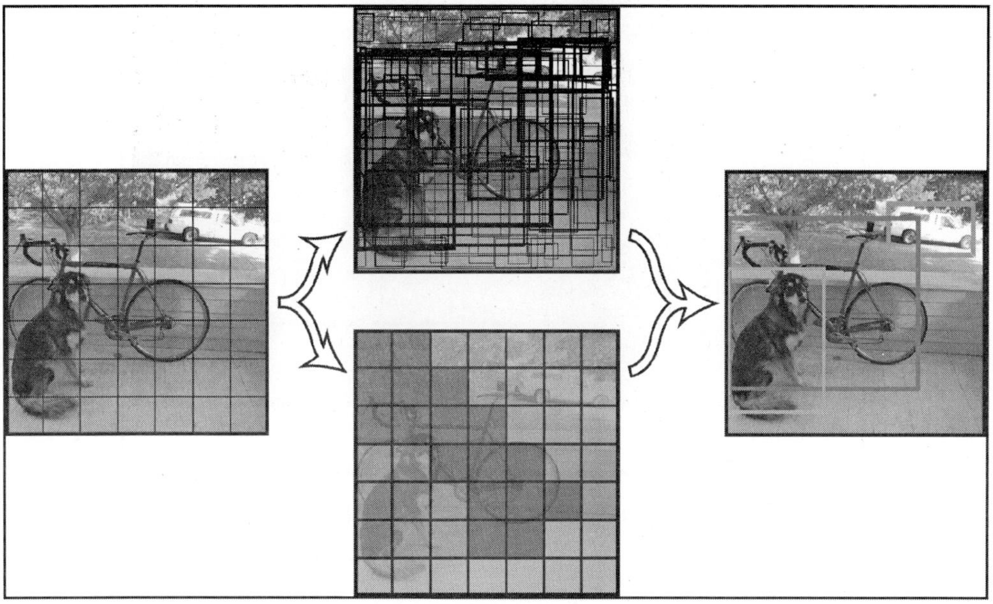

YOLO는 80개 클래스에 대해서 이미지를 19개 셀 격자로 분할하고 격자당 5개의 바운딩 박스로 학습합니다. 출력 결과는 19×19×425입니다. 여기서 425는 바운딩 박스(x, y, 너비, 높이), 객체 신뢰도, 80개 클래스, 바운딩 박스 수를 곱한 값으로 도출됩니다; *5_bounding boxes*(x,y,w,h,object_confidence, classify_confidence[80])=5*(4+1+80)*:

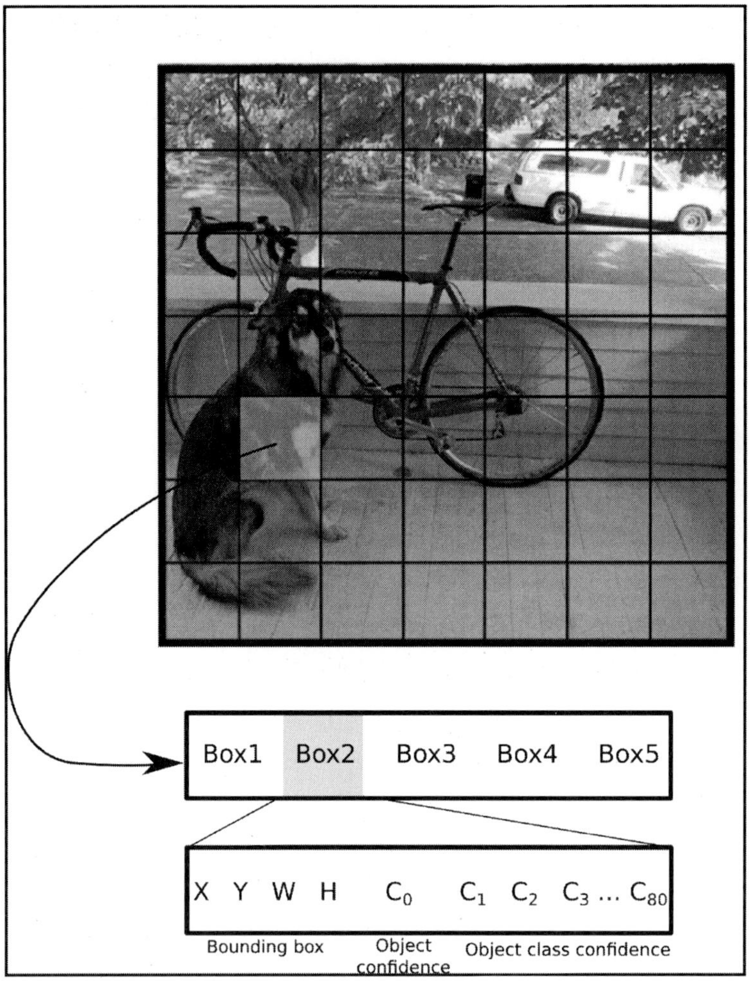

Yolo v3 아키텍처는 53계층 네트워크를 가진 Darknet에 기반을 두고 있고, YOLO가 53개의 계층을 더해 총 106개의 네트워크 계층을 구성합니다. 만약 여러분이 더 빠른 아키텍처를 원한다면, 계층 수가 적은 버전 2나 TinyYOLO 버전을 사용할 수 있는지 조사해보기 바랍니다.

YOLO 데이터 셋, 어휘, 그리고 모델

모델을 OpenCV 코드로 가져오기 위해서 YOLO 웹 사이트에 방문해서 다운로드합니다: `https://pjreddie.com/darknet/yolo/`. 이 웹사이트는 사람, 우산, 자전거, 오토바이, 자동차, 사과, 바나나, 컴퓨터, 의자 등 80개의 클래스로 구성된 COCO 데이터셋을 기반으로 사전 학습된 모델 파일을 제공합니다.

시각화에 사용될 모든 클래스들의 이름을 확인하려면, `https://github.com/pjreddie/darknet/blob/master/data/coco.names?raw=true`를 참조하세요.

클래스 이름은 딥러닝 모델 신뢰도 결과와 동일한 순서로 되어 있습니다. COCO 데이터 셋의 클래스 이미지를 확인하려면 `http://cocodataset.org/#explore`에서 데이터 집합을 탐색하고 일부를 다운로드하여 샘플 애플리케이션을 테스트할 수 있습니다.

사전 학습된 모델과 가중치를 얻으려면 다음의 파일들을 다운로드해야 합니다.

- `https://pjreddie.com/media/files/yolov3.weights`
- `https://github.com/pjreddie/darknet/blob/master/cfg/yolov3.cfg?raw= true`

이제 OpenCV로 모델을 불러올 준비가 다 됐습니다.

YOLO를 OpenCV로 불러오기

OpenCV를 활용한 딥러닝 모듈은 `opencv2/dnn.hpp` 헤더 파일에 있으며 사용자의 코드에서 헤더 파일과 `cv::dnn` 네임스페이스를 포함해야 합니다.

OpenCV의 헤더는 다음과 같아야 합니다:

```
...
#include <opencv2/core.hpp>
#include <opencv2/dnn.hpp>
#include <opencv2/imgproc.hpp>
```

```
#include <opencv2/highgui.hpp>
using namespace cv;
using namespace dnn;
...
```

가장 먼저 coco.names 파일에 들어 있는 클래스들 이름을 가져와야 합니다. 이 파일은 각 라인당 하나의 클래스 이름을 포함하는 일반 텍스트 파일이며 신뢰도 결과와 같은 순서로 정렬되어 있습니다. 이 파일의 각 행을 읽어들여 classes라고 하는 문자열 벡터에 저장합니다:

```
...
int main(int argc, char** argv)
{
    // Load names of classes
    string classesFile = "coco.names";
    ifstream ifs(classesFile.c_str());
    string line;
    while (getline(ifs, line)) classes.push_back(line);
    ...
```

이제 딥러닝 모델을 OpenCV로 가져옵니다. OpenCV는 TensorFlow 및 DarkNet과 같은 딥러닝 프레임워크에 대해 가장 일반적인 리더(readers)/임포터(importers)를 구현하며, 이들 모두 유사한 문법을 가지고 있습니다. 여기서는 OpenCV 함수 readNetFromDarknet을 사용하여 DarkNet 모델과 가중치를 이용합니다:

```
...
  // Give the configuration and weight files for the model
  String modelConfiguration = "yolov3.cfg";
  String modelWeights = "yolov3.weights";
// Load the network
Net net = readNetFromDarknet(modelConfiguration, modelWeights);
...
```

이제 우리는 이미지를 읽어들여 심층 신경망으로 추론할 수 있는 준비가 되었습니다. 먼저, `imread` 함수로 이미지를 읽고 DotNetNuke(DNN)에서 읽을 수 있는 tensor/blob 데이터로 변환해야 합니다. 로드한 이미지로 blob을 생성하기 위해 `blobFromImage` 함수를 호출합니다. 이 함수에서 지정해야 할 매개변수는 다음과 같습니다:

- image: 입력 이미지(1, 3 혹은 4 채널)
- blob: 출력 `mat`
- scalefactor: 각 픽셀 값의 배율
- size: DNN 입력으로 blob을 출력하는 데 필요한 공간 크기
- mean: 채널에서 감산해야 하는 평균 스칼라 값. 이미지가 BGR 형식이고 `swapRB`가 참인 경우, 평균 값은 (R평균, G평균, B평균)순서로 지정
- swapRB: 3채널 이미지에서 첫 번째 채널과 마지막 채널의 교환 여부를 나타내는 플래그
- crop: 크기 조정 후 이미지를 자를지 여부를 나타내는 플래그

다음은 이미지를 읽고 blob으로 변환하는 방법에 대한 코드입니다:

```
...
input= imread(argv[1]);
// Stop the program if reached end of video
if (input.empty()) {
    cout << "No input image" << endl;
    return 0;
}
// Create a 4D blob from a frame.
blobFromImage(input, blob, 1/255.0, Size(inpWidth, inpHeight),
Scalar(0,0,0), true, false);
...
```

마지막으로 blob을 심층 신경망에 입력하고, 추론을 위해 2개의 매개변수(`mat` 형식 결과와 출력이 검출해야 할 계층의 이름)를 필요로 하는 `forward` 함수를 호출합니다:

```
...
//Sets the input to the network
net.setInput(blob);

// Runs the forward pass to get output of the output layers
vector<Mat> outs;
net.forward(outs, getOutputsNames(net));
// Remove the bounding boxes with low confidence
postprocess(input, outs);
...
```

`mat` 출력 벡터는 신경망에 의해 감지된 모든 바운딩 박스를 포함합니다. 바운딩 박스의 신뢰도가 임계값 0.5보다 큰 신뢰도를 가진 결과만 남도록 후처리합니다. 이후 불필요하게 겹치는 바운딩 박스 수를 최소화하기 위하여 임계값 이상의 신뢰도를 가진 바운딩 박스에 NMS(non-maximum suppression) 알고리즘을 적용합니다. 후 처리 코드는 GitHub에서 다운로드할 수 있습니다.

이 예제의 최종 결과로 딥러닝의 다중 객체 검출 및 분류 결과를 윈도우로 표시합니다:

이제 얼굴 탐지를 위해 일반적으로 사용되는 또 다른 객체 검출 알고리즘에 대해 알아보겠습니다.

SSD 얼굴 검출

SSD(Single Shot Detection)는 YOLO와 유사한 개념으로 빠르고 정확한 딥러닝 객체 검출 방법으로서, 네트워크 하나만 사용하여 객체와 바운딩 박스를 동시에 예측합니다.

SSD 모델 아키텍처

SSD(Single Shot Detection)는 알고리즘은 딥러닝 모델에서 이미지를 처리할 때 슬라이딩 윈도우로부터 클래스와 바운딩 박스를 동시에 예측하기 때문에 Single Shot이라고 불립니다. 기본적으로 아키텍처는 다음 단계로 요약할 수 있습니다:

1. 300×300 크기의 이미지를 입력합니다.
2. 입력 이미지는 여러 단계의 컨벌루션 계층을 통과하며 다양한 사이즈의 특징맵을 생성합니다.
3. 2단계에서 생성된 각 특징맵에 3×3 컨벌루션 필터를 적용하여 바운딩 박스 regression 값을 계산합니다.
4. 각 바운딩 박스에 대해, 바운딩 박스 오프셋과 바운딩 박스 안에 물체의 존재 여부(클래스 확률)를 예측합니다.

SSD 모델 아키텍처는 다음 그림과 같습니다:

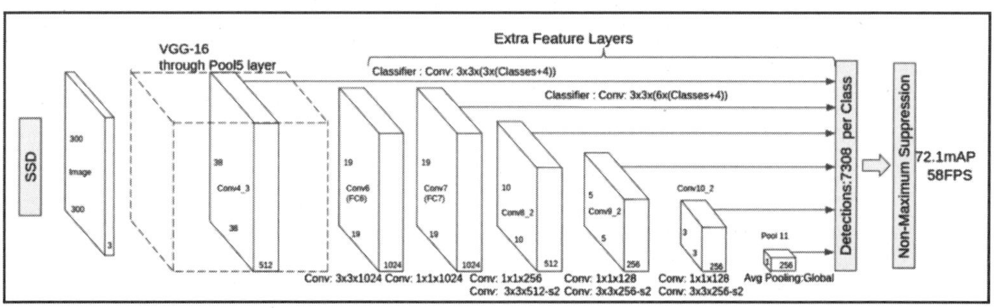

SSD는 YOLO와 유사하게 여러 클래스를 예측하는 데 사용되지만 단 한 클래스에 대한 학습을 수행하도록 마지막 계층을 변경하여 단일 객체를 탐지하는 모델로 수정할 수 있습니다 — 이것이 우리 예제에서 얼굴을 탐지하는 단 하나의 클래스를 예측하기 위한 재학습된 모델입니다.

OpenCV로 SSD 얼굴 탐지 모델 불러오기

코드에서 딥러닝을 수행하려면 해당 헤더 파일을 삽입해야 합니다:

```
#include <opencv2/dnn.hpp>
#include <opencv2/imgproc.hpp>
#include <opencv2/highgui.hpp>
```

그 다음, 필요한 네임스페이스들를 선언합니다:

```
using namespace cv;
using namespace std;
using namespace cv::dnn;
```

이제 코드에서 사용할 입력 이미지 크기와 필요한 상수값을 정의합니다:

```
const size_t inWidth = 300;
const size_t inHeight = 300;
const double inScaleFactor = 1.0;
const Scalar meanVal(104.0, 177.0, 123.0);
```

이 예에서는 카메라 또는 비디오 입력을 처리하려면 이미 학습된 모델과 이 모델 구성 매개변수가 필요합니다. 또한 예측이 맞는지 틀린지 결정하는 데 필요한 최소한의 신뢰도가 필요합니다:

```
const char* params
= "{ help | false | print usage }"
```

```
"{ proto | | model configuration (deploy.prototxt) }"
"{ model | | model weights (res10_300x300_ssd_iter_140000.caffemodel) }"
"{ camera_device | 0 | camera device number }"
"{ video | | video or image for detection }"
"{ opencl | false | enable OpenCL }"
"{ min_confidence | 0.5 | min confidence }";
```

이제 CommandLineParser 클래스를 사용하여 인수를 처리하는 main 함수를 살펴봅시다:

```
int main(int argc, char** argv)
{
    CommandLineParser parser(argc, argv, params);

    if (parser.get<bool>("help"))
    {
    cout << about << endl;
    parser.printMessage();
    return 0;
    }
```

또한 딥러닝 네트워크에 모델 아키텍처와 이미 학습된 모델 파일을 로드합니다:

```
String modelConfiguration = parser.get<string>("proto");
String modelBinary = parser.get<string>("model");

//! [Initialize network]
dnn::Net net = readNetFromCaffe(modelConfiguration, modelBinary);
//! [Initialize network]
```

네트워크에 모델을 잘 로드했는지 확인하는 것이 매우 중요합니다. empty()를 사용하여 모델 로드 여부를 확인합니다:

```
if (net.empty())
  {
  cerr << "Can't load network by using the following files" << endl;
  exit(-1);
  }
```

네트워크를 로드한 후에는 카메라 또는 비디오 파일을 입력 소스로 초기화하고 VideoCapture에 로드합니다:

```
VideoCapture cap;
if (parser.get<String>("video").empty())
{
int cameraDevice = parser.get<int>("camera_device");
cap = VideoCapture(cameraDevice);
if(!cap.isOpened())
{
cout << "Couldn't find camera: " << cameraDevice << endl;
return -1;
}
}
else
{
cap.open(parser.get<String>("video"));
if(!cap.isOpened())
{
cout << "Couldn't open image or video: " << parser.get<String>("video")
<<
endl;
return -1;
}
}
```

이제 프레임을 캡처하고 캡쳐된 각 프레임에서 딥러닝을 사용하여 얼굴을 탐지할 준비가 되었습니다.

우선 반복문에서 각 프레임 캡처를 수행해야 합니다:

```
for(;;)
    {
    Mat frame;
    cap >> frame; // get a new frame from camera/video or read image

    if (frame.empty())
    {
    waitKey();
    break;
    }
```

다음으로, 입력 프레임을 읽은 후에 blob으로 변환하여 심층 신경망에 입력됩니다. SSD에서 사용할 입력 이미지는 **meanVal** 상수 값으로 정의된 평균 값 빼기를 수행하고 300×300(이미 **inWidth** 및 **inHeight** 변수에 상수 값을 초기화함) 크기로 전송합니다:

```
Mat inputBlob = blobFromImage(frame, inScaleFactor, Size(inWidth,
inHeight), meanVal, false, false);
```

이제 net.setInput()으로 네트워크에 데이터를 입력하고 net.setInput과 net.forward()를 사용하여 탐지/예측할 준비가 되었습니다. 탐지 결과는 **mat** 객체로 반환합니다. 여기서 **detectio0n.size[2]**는 탐지된 객체 수이고, **detection.size[3]**는 각각 탐지된 결과(바운딩 박스 데이터와 신뢰도)입니다:

```
net.setInput(inputBlob, "data"); //set the network input
Mat detection = net.forward("detection_out"); //compute output
Mat detectionMat(detection.size[2], detection.size[3], CV_32F,
detection.ptr<float>());
```

Mat detection은 각 행마다 다음을 포함합니다:

- 0번째 열: 객체의 존재여부에 대한 신뢰도

- 1번째 열: 바운딩 박스 신뢰도
- 2번째 열: 얼굴 탐지 신뢰도
- 3번째 열: 바운딩 박스의 좌측-하단 X 좌표
- 4번째 열: 바운딩 박스의 좌측-하단 Y 좌표
- 5번째 열: 바운딩 박스의 우측-상단 X 좌표
- 6번째 열: 바운딩 박스의 우측-상단 Y 좌표

바운딩 박스는 이미지 크기에 상대적(0~1)입니다.

이제 원하는 탐지 결과만 얻으려면 미리 정의된 임계값을 적용해야 합니다:

```
float confidenceThreshold = parser.get<float>("min_confidence");
    for(int i = 0; i < detectionMat.rows; i++)
    {
    float confidence = detectionMat.at<float>(i, 2);

    if(confidence > confidenceThreshold)
    {
```

이제 바운딩 박스를 추출하여 탐지된 객체에 다음과 같이 사각형으로 표시합니다:

```
int xLeftBottom = static_cast<int>(detectionMat.at<float>(i, 3) *
                  frame.cols);
int yLeftBottom = static_cast<int>(detectionMat.at<float>(i, 4) *
                  frame.rows);
int xRightTop = static_cast<int>(detectionMat.at<float>(i, 5) *
                frame.cols);
int yRightTop = static_cast<int>(detectionMat.at<float>(i, 6) *
                frame.rows);

Rect object((int)xLeftBottom, (int)yLeftBottom, (int)(xRightTop -
xLeftBottom), (int)(yRightTop - yLeftBottom));
```

```
rectangle(frame, object, Scalar(0, 255, 0));
}
}
imshow("detections", frame);
if (waitKey(1) >= 0) break;
}
```

최종 결과는 다음 그림과 같습니다:

이 섹션에서는 새로운 딥러닝 아키텍처인 얼굴 탐지를 위한 SSD 사용 방법에 대해 배웠습니다.

요약

이 장에서는 딥러닝의 개념과 객체 검출 및 분류를 위한 OpenCV 사용법을 학습하였습니다. 이는 원하는 목적에 맞게 심층 신경망과 다른 모델과의 협업이 가능하도록 하는 가장 기초가 되는 내용입니다.

이 책에서는 OpenCV 설치 및 컴파일하는 방법, 기본 이미지에 mat 연산을 적용하는 방법, 그래픽 사용자 인터페이스를 생성하는 방법을 소개하였습니다. 기본 필터를 소개하고 공장 부품 검사 예제 이미지에 기본 필터를 적용해 보았습니다. 또한 얼굴을 탐지하고 탐지된 얼굴에 마스크를 조작하기 위한 OpenCV 예제를 살펴봤습니다. 마지막으로 객체 추적, 텍스트 인식 및 분할 등 매우 복잡한 예제를 소개했습니다. 기술이나 알고리즘을 적용하는 방법을 예제를 통해 살펴봄으로써 여러분은 이제 OpenCV를 활용한 애플리케이션을 직접 만들 수 있습니다.

추가 참고 도서

OpenCV를 활용한 딥러닝에 대한 추가적인 내용은 *Pack*에서 출간된 *Object Detection and Recognition Using Deep Learning in OpenCV* 도서를 참고하세요.

찾아보기

ㄴ

ㄷ

ㄹ

ㅁ

ㅂ

ㅅ